城市污水处理业特许经营法律制度研究

薛亮 著

长安经济法学文库 9

法律出版社
LAW PRESS · CHINA

顾问　（以姓氏笔画为序）

刘文华　李昌麒　杨紫烜
肖乾刚　吴志攀　张士元
徐　杰　盛杰民　漆多俊

编审委员会

经邦济世　长治久安

（总序）

长安，作为一个地理名词，是指位于渭河平原中部，东经108.9°、北纬34.2°的关中平原地区。西汉至北周时期的长安城，位于今天西安市西北侧的龙首原，而隋唐长安城则坐落在今天的西安市区。长安，对于华人来说，似乎天然地带着浓厚的历史印记，成为一种中华文明的图腾与中国古代历史象征。这不仅仅是因为曾有13个古代王朝在这里定都，延续近千年的古都历史；更在于这自秦岭北坡向渭河平原上铺展开来的历史长卷中浸透的周秦风骨与汉唐血脉，在当时历史背景下所能达至的人类思想文化的交流、包容的自由境界，以及以文景之治、贞观之治、开元之治为代表的社会文明、安定、经济繁荣的程度。正如古斯塔夫·拉德布鲁赫所言："每一种法律思想都不可避免地带有它得以型塑的'历史气候'的标记，大多从一开始就被不知不觉地限定在历史可能性的界限之内，正是在此意义上它们与事物的性质相关联。"长安也不例外，我们无意人为地去美化和拔高长安在历史文化上的地位和意义，然而就与其紧密联系的特定历史时期而言，我们应当肯定古人的历史格局与视野。因此，我们在将这套丛书命名为"长安经济法学文库"时便带有了这种单纯的自傲与深深的自省。

西北政法大学创立于战火纷飞的1937年的红都延安，1949年南迁西安，即历史文化古城长安。一路走来，历经陕北公学、延安大学、西北人民革命大学、中央政法干校西北分校、西安政法学院、西北政法学院,今天的西北政法大学有新、老两个校区。老校区坐落于古城西安大雁塔校旁的长安南路上,谓之雁塔校区;新校区位于秦岭北麓的长安区韦郭路上,谓之长安校区。经济法学院是西北政法大学12个学院之一,创建于1985年8月,原名经济法系,是经司法部批准的全国首批设立的经济法系之一。1999年5月,更名为法学二系(经济法方向)。2006年11月学校更名为大学之后成立经济法学院。经济法学院现有教职员工67人,其中专业课教师54人,教辅人员14人;教授9人,副教授22人;博士8人,博士在读14人。我院现设有1个法学(经济法方向)本科专业和经济法学、环境与资源保护法、知识产权法学、劳动与社会保障法学4个硕士学位点;设经济法学、知识产权法学、环境与资源保护法学、财税金融法学、劳动法与社会保障法学、企业法与合同法学6个教研室;经济法学、房地产法学、金融法学、知识产权法学、环境与资源保护法学、法律经济学、劳动与社会保障法学、动物保护法学等22个研究中心。目前,已形成了在国内法学界具有重要影响的7个研究方向,即劳动与社会保障法研究方向、知识产权法与科技法研究方向、环境与资源保护法研究方向、金融法研究方向、房地产法研究方向、企业法研究方向、动物保护法学方向。目前,从综合实力上来讲,西北政法大学经济法学院已经成为全国有重要影响的法学院。

"长安经济法学文库"是西北政法大学经济法学院遴选本院教师的优秀研究成果,资助出版的一套学术丛书。其选题,涵盖了目前我院的经济法、劳动法与社会保障法、环境资源法、知识产权法及企业公司法5个学科。这套丛书的出版,首先,得益于经济法院近年来在科研学术水平上的不断提高和积累。学术研究是学校教学的基础,而创新则是学术研究的灵魂所在。经济法学院教师在学术研究中努力前行,追求创新,成果颇丰。在最近5年中共发表学术论文500多篇,其中被核心期刊、中国人民大学书报资料中心《复印报刊资料》等刊物转载、转摘计123余篇;出版学术专著17部;获省部级奖励及其他获奖共29项;目前承担科研项目共55项,其中国家级项目7项,省部级项目16项,厅级、校级项目26项。同时,我院教师出版教材26部,获省部级优秀教学成果奖2项。其次,丛书的出版也得益于经济法重点学科的建设。近年来,经济法学院始终把学科建设作为龙头工作来抓,取得了良好的效果。我院经济法学学科1995年被评为司法部重点学科,2001年被评为省级重点学科。经济法学课程2003年被评为陕西省首届省级精品课程,金融法学、知识产权法学课程2006年被评为省级精品课程,劳动法学和社会保障法学课程2010年5月被评为国家级精品课程,是全国唯一的劳动法与社会保障法学的精品课程。再次,丛书的出版也得益于经济法学院的人才培养计划。经济法学院实施传、帮、带的人才培养模式,支持、鼓励青年教师学业和教学科研水平提升。近3年来,专业教师中取得博士学位6名,博士在读的14名。收入本文库的部分著作,就是他们的博士学位论文中的精品。最后,丛书的出版也得益于法律出版社对西北政法大学经济法学院的支持和帮助。

经济法学是经世济民、安邦致用的学科,经济法学院则应是培养人才、创新学术和服务社会的园地。故而“经邦济世法魂系之,智识无涯学脉永续”是我们的办院宗旨。“长安经济法学文库”汇聚近年来西北政法大学经济法学院的科研成果,展示了经济法学院教师的教学科研能力,正是对我们学院宗旨的诠释。

公元前200年(汉高祖七年)2月,西汉朝廷正式迁入长安,“长安”之用意在于“欲其子孙长安都于此也”。而在2200多年后的今天,当我们编纂这套“长安经济法学文库”时,已经没有了封建帝王千秋万代家天下的美梦黄粱,取而代之的是现代社会主义法律人对于“经邦济世、长治久安”和谐社会的期冀。我想这是对“长安经济法学文库”最美好的祝福,也是对伟大祖国的最美好的祝福。

强　力*

长安静雅斋

2010年7月1日

---

* 西北政法大学经济法学院院长,教授。

序　言

在春风送暖、鲜花开放的阳春之际，受到薛亮博士的邀请，为他的新作《城市污水处理业特许经营法律制度研究》的出版写几句话，深感荣幸。

众所周知，水环境问题是长期困扰我国社会与经济发展的环境问题之一，经过几代人半个多世纪的努力，我国的水环境问题并没有得到明显缓解或改善。

最初，我们认为水环境问题仅是一个资金问题，等资金到位了，治理必会立竿见影。然而，事实告诉我们，资金到位了，水环境问题并没有得到解决。然后，我们认为水环境问题还是一个技术问题，等技术成熟了，治理必会立竿见影。目前，我们几乎已经掌握了世界上所有的水处理技术。然而，资金到位了，技术成熟了，水环境问题还是没有得到根本解决。

在经历了上述资金积累、技术研发的发展过程后，我们逐步认识到水环境问题不仅是一个单纯的资金与技术问题，也是一个法律和政策问题。于是，我们制定了一大批和水环境有关的法律条文和政策规范，规定相关社会团体、企业和个人必须如何如何做，不得如何如何做……法律和法规颁布以后，我们曾天真地认为，中国的水环境问题这次真的可以得到解决了，也该得到解决了。然而，现实又告诉我们："有效果，但不尽如人意。"

我们不禁要问，为什么我们有了资金、有了技术、有了法律法规，中国的水环境问题还不能得到很好的解决？中国的治水问题为什么那么难呢？问题的根源在于"中国的水环境相关法律条文缺乏针对性和可操作性"。

实际上,制定出具有针对性和可操作性的法律法规,绝非易事。需要有深厚的环境学和法律学知识;需要有深入的现场调研,发现问题;需要从资金、技术和现有法律的层面分析问题,梳理问题产生的原因,并提出合理的解决对策。举目神州,受过这样的专业培养,并能以此方法来解决水环境问题的人才寥寥无几。

为此,原本有深厚法律专业知识和实践经验的薛亮博士(法学学士和法学硕士,并长期从事法学研究和教学)到北京大学学习环境学知识,经过在燕园近6年的艰苦努力,拿到了环境学的博士学位。并结合理工科以实验、调研和数据为基础的实证研究方法和法学的大量阅读、分析和归纳的方法,在大量阅读、试验、现场调研的基础上,对中国现有水务业的特许经营的法律条款进行了全面梳理,并提出了几十条具有针对性、可操作性的修改意见。方法切实可行,结论难能可贵。例如,在研究过程中,薛亮博士到很多污水处理厂做深入调研,与工程技术人员和管理人员打成一片。很多水厂的负责人都深深地感慨道:"多少年了,来水厂调研的技术人员很多。从法律角度来调研的人,你是第一个。"为了在法律条文制定过程中,也能充分借鉴他山之石的经验,薛亮博士到新加坡做过为期2周的学术交流,还到我国台湾地区做过为期1个月的学术交流。

通过仔细阅读薛亮博士花费了近6年时间完成的这部著作,我深深地觉得这部著作是我国环境法领域近年来少有的好书之一,非常值得推荐。我衷心希望通过此书的出版,能在一定程度上推进中国水环境问题的解决,也衷心期望本书的方法能对中国相关法律的研究和法律条文的制定起到参考和借鉴作用。

邱国玉*

2017年3月30日

* 北京大学教授。

目　录

图目录

表目录

第一章 绪 论

第一节 研究背景

一、背景

（一）城市污水处理的急迫性

20世纪末，全球面临的一个共同主题是快速的社会变化以及日渐增强的复杂性，简称“快杂性”。城市规模的扩大、密度的增加和空间变异性的增强给城市的可持续发展提出了巨大的挑战。对于正在经受“快杂性”阵痛的中国城市，水作为可持续发展的重要控制性要素，在水资源短缺和水环境污染方面问题尤为突出：

首先，水资源短缺。据统计，截至2010年，我国的水资源总量为30,906.4亿m^2（见表1-1），居世界第6位，但人均水资源量只有2310.4m^2（见表1-2）。按照国际公认的标准，属于中度缺水国家。此外，我国目前有9个省（北京、天津、河北、山西、辽宁、上海、山东、河南、宁夏）属于“极度缺水”省份，有2个省（江苏、甘肃）属于严重缺水省份，总体来看，我国水资源供给情况不容乐观。另外，我国用水总量在逐年上升。截至2010年，我国用水总量为6022.0亿m^2，6年间年均递增1.3%（见表1-3）。就用水结构而言，农业用水由63.6%下降至61.3%，工业用水由22.8%上升至24%。

其次，水环境污染。长期以来，水环境污染一直是全国环境安全中最突出的问题。据中国统计年鉴的数据，1995~2010年，在各类环境突发事件中，水污染所占的份额高于大气污染，更远高于固体废物污染、噪声与振动危害及其他类别(见表1-4)。尤其是流经城市的河流存在岸边污染带,城市段污染严重,北方城市重于南方城市。据2013年中国环境状况公报显示,长江流域昆明段、府河成都段和釜溪河自贡段,黄河流域总排段巴彦淖尔段,三川河吕梁段,汾河太原段、临汾段、运城段,渭河西安段,珠江流域深圳河深圳段,松花江流域阿什河哈尔滨段、淮河流域小清河济南段等17个城市段均为重度污染,水质为劣V类。

表1-1 全国水资源总量 单位:亿立方米,%

年份	2005	2006	2007	2008	2009	2010	年均递增
水资源总量	28,053.1	25,330.1	25,255.2	27,434.3	24,180.2	30,906.4	1.96

资料来源:2006~2011年《中国统计年鉴》。

表1-2 全国人均水资源量 单位:立方米,%

年份	2005	2006	2007	2008	2009	2010	年均递增
人均水资源量	2125.8	1932.1	1916.3	2071.1	1816.2	2310.4	1.7

资料来源:2006~2011年《中国统计年鉴》。

表1-3 全国用水总量 单位:亿立方米,%

年份	2005	2006	2007	2008	2009	2010	年均递增
全国用水总量	5633.0	5795.0	5818.7	5910.0	5965.2	6022.0	1.3

资料来源:2006~2011年《中国统计年鉴》。

表1-4 1995~2010年发生的各类环境突发事件数量 单位:件

年份	总次数	水污染	大气污染	海洋污染	固体废物污染	噪声与振动危害	其他
1995	1966	1031	731		70	40	94
1996	1446	677	585		39	39	106
1997	1992	986	752		55	119	80
1998	1422	788	464		52	74	35
1999	1614	888	582		80	40	24
2000	2411	1138	864		103	266	40
2001	1842	1096	576		39	80	51

续表

年份	总次数	水污染	大气污染	海洋污染	固体废物污染	噪声与振动危害	其他
2002	1921	1097	597		109	97	21
2003	1843	1042	654		56	50	41
2004	1441	753	569		47	36	36
2005	1406	693	538		48	63	64
2006	842	482	232		45	6	77
2007	462	178	134		58	7	85
2008	474	198	141		45		90
2009	418	116	130	2	55		115
2010	420	135	157	3	35	1	89

资料来源:1996～2011年《中国统计年鉴》。

(二)特许经营成为城市水污染防治市场化改革的主要制度实施工具

在严峻的水资源短缺和水环境污染面前,一方面,增长的人口和经济活动对于自然资源和环境服务的需求与日俱增;另一方面,提供完善的污水处理需要大规模投资以改善基础设施。长期以来,城市污水处理行业在我国一直被作为自然垄断行业对待,这给城市污水处理的运营带来了很多问题:一是城市污水处理的经济绩效低下。作为事业单位管理的城市污水处理业缺乏竞争激励机制,城市污水处理业运营绩效低、服务质量差,企业亏损经营,财政补贴包袱沉重。二是城市污水处理业的环境绩效不彰。城市污水处理业产权单一,缺乏稳定、规范的资金渠道。设施投资均由国家和地方政府负责的结果是,城市污水处理业的发展严重滞后于城市发展,水资源短缺和水环境污染的局面未能得到根本改善。

鉴于此,从20世纪90年代开始,为了缓解政府资金投入不足与对污水处理设施需求旺盛之间的矛盾,加快发展城市污水处理市场,通过市场化的方式进行城市污水处理设施的建设、维护和运营就成为城市污水处理业发展的必由之路,中国城市污水处理业的市场化改革进程就此拉开大幕。为了加快和深化改革,原建设部于2002年12月27日颁布了《关于加快市政公用行业市场化进程的意见》(以下简称《市政市场化意见》),并于2004年2月24日颁布了《市政公用事业特许经营管理办法》。此后,在总结实施经验的基础上,国家发改委、财政部等六部委又于2015年4月25日颁布了《基础设施和公用事业特许经营管理办法》。自此,经过20余年的探索实践,特许经营业已成为包括城市污水处理在内的整个市政公用事业推进市场化改革的主要制度实施工具。中国城市污水处理业的市场化改革也呈现出如下几个鲜明特征:

1. 城市污水处理业的投资大幅度增长,社会资金贡献率显著

从表1-5~表1-7中可以看出,2004~2011年,排水行业治理总投资从352.2779亿元增长到2011年的770.0519亿元,7年间实现了投资的翻番。其中,仅在污水领域,工业污染完成治理的投资由2000年的1,095,897.4万元增长到2011年的1,577,471.08万元。从水的生产和供应业的整体来看,使用外资和自筹资金两项加起来在总投资中所占的比例已经超过60%。这些数据都说明特许经营充分地发挥了其本身融资工具的作用,对推动城市污水处理业的市场化进程贡献显著。

表1-5 2004~2011年排水行业污染治理总投资 单位:亿元

年份	2004	2005	2006	2007	2008	2009	2010	2011
总投资	352.2779	368.0000	331.5242	410.0000	495.9604	729.8043	901.5609	770.0519

资料来源:2005~2012年《中国统计年鉴》。

表1-6 2000~2011年污水领域工业污染完成治理投资总额 单位:万元

行业	年份	工业污染完成治理投资
污水	2000	1,095,897.4
	2001	729,214.3
	2002	714,935.1
	2003	873,747.7
	2004	1,055,868.1
	2005	1,337,146.9
	2006	1,511,164.5
	2007	1,960,721.8
	2008	1,945,977.4
	2009	1,494,606.0
	2010	1,295,519.1
	2011	1,577,471.1

资料来源:2001~2012年《中国统计年鉴》。

表 1-7 2004~2008 年水的生产和供应业的投资来源构成 单位:亿元

行业	资金	2004 年	2005 年	2006 年	2007 年	2008 年	占比
水的生产和供应业	总数	434.4	513.8	663.0	847.7	1053.2	100.0
	国家预算内资金	56.4	59.2	62.8	94.3	132.8	11.5
	国内贷款	111.5	102.5	132.2	172.2	203.2	20.5
	使用外资	24.8	22.0	26.4	31.2	25.3	3.7
	自筹	215.7	286.4	391.1	492.4	624.5	57.2
	其他	26.0	43.7	50.6	57.5	67.4	7.0

资料来源:2005~2009 年《中国统计年鉴》。

2. 设施数量大幅增长,污水处理能力节节攀升

从表 1-8~表 1-9 中可以看出,2009 年第 3 季度至 2013 年第 2 季度,全国设市城市、县的污水处理厂由 1792 座上升到 3479 座,污水处理能力由 0.9904 亿立方米/日上升到 1.46 亿立方米/日,累计削减化学需氧量(Chemical Oxygen Demand,COD)由 191.9 万吨上升到 291.5 万吨。而根据中国水网所发布的《中国污水处理 BOT 项目市场分析报告》中披露的数据显示,仅 2009 年,采用特许经营模式的污水处理设施已经占到新增污水处理设施总量的 45.4%。

3. 以特许经营模式为代表的城市污水处理业市场化改革喜忧参半

随着特许经营在城市水污染防治中崭露头角,外国资本、民间资本纷纷涌入中国城市污水处理市场,城市污水处理业市场化改革中潜存的问题也随之浮出水面。作为公用事业重要的组成部分,城市污水处理业本来应该是一个"保本微利"行业。然而,引入特许经营模式后,政府将向社会公众提供的污水处理服务转而由社会资本供给,对于追逐经济绩效和环境绩效不同的出发点,决定了社会资本更倾向于通过特许经营追逐超额利润而非仅仅是长期、稳定的收益来源。而作为自然垄断领域最后的壁垒之一,城市污水处理业的市场化改革更多的是在政策指引下对投资者和特许经营者私人利益的追逐,特别是在特许经营模式推行的早期,如在特许经营合同中对于"固定回报"的承诺,不仅使社会资本攫取了超额利润,而且给国内城市污水处理业的持续健康发展带来了极大隐患。由此,通过呈体系化、完整严谨的制度设计(尤其是法律制度的设计)对相关利益主体的权利义务进行科学界分,以此来保障社会公共利益的制度供给严重不足。在城市污水处理业特许经营的全生命周期中出现了一系列问题,其中尤以"水质""水量"和"水价"等核心问题最为突出。

表1－8 设市城市、县污水处理厂的建设情况和处理能力

时间	设市城市、县污水处理厂(座)	设市城市、县污水处理能力(亿立方米/日)	设市城市污水处理厂(座)	占设市城市总数的百分比(%)	设市城市污水处理能力(亿立方米/日)
2009年第3季度	1792	0.9904	1266	77.40	0.8858
2010年第1季度	2157	1.0900	1415	85.50	0.9435
2010年第2季度	2389	1.1500	1519	88.40	98.42
2010年第3季度	2631	1.2200	1623	90.70	1.0400
2010年第4季度	2382	1.2500	1688	92.80	1.067
2011年第1季度	2996	1.3300	1776	95.90	1.1050
2011年第3季度	3077	1.3600	1827	97.00	1.1400
2011年第4季度	3135	1.3600	1841	97.00	1.1200
2012年第1季度	3198	1.3800	1884	97.30	1.1500
2012年第2季度	3243	1.3900	1903	97.40	1.1500
2012年第3季度	3272	1.4000	1928	97.70	1.1600
2012年第4季度	3340	1.4200	1947	98.50	1.1700
2013年第1季度	3451	1.4500	1981	98.80	1.1900
2013年第2季度	3479	1.4600	1994	98.90	1.2000

资料来源：住建部《关于全国城镇污水处理设施建设和运行情况的季度通报》。

表1-9 全国城镇污水处理厂和36个大中城市的污水处理能力和运行负荷率

时间	全国城镇污水处理厂累计处理污水(亿立方米)	全国城镇污水处理厂运行负荷率(%)	累计削减化学需氧量(COD)(万吨)	平均削减化学需氧量浓度(mg/L)	36个大中城市城镇污水处理厂处理污水(亿立方米)	36个大中城市城镇污水处理厂运行负荷率(%)	36个大中城市城镇污水处理厂累计削减化学需氧量(COD)(万吨)	36个大中城市城镇污水处理厂平均削减化学需氧量浓度(mg/L)
2013年第2季度	110.50	83.50	291.50	262.30	40.90	88.90	117.40	285.60
2013年第1季度	102.60	72.80	271.00	264.50	36.80	83.20	107.60	292.40
2012年第4季度	106.90	82.30	270.90	253.20	39.80	87.30	108.60	272.80
2012年第3季度	109.28	85.09	259.84	236.80	42.01	93.12	105.92	250.92
2012年第2季度	103.56	82.10	278.05	268.23	39.20	87.25	115.32	289.17
2012年第1季度	98.28	78.68	260.00	258.00	36.90	83.20	104.66	283.00
2011年第4季度	102.21	80.50	255.18	248.00	37.68	85.48	103.07	270.00
2011年第3季度	103.68	82.16	249.00	241.40	38.64	90.88	102.79	263.00
2011年第1季度	89.20	74.98	100.83	306.00	30.00	81.48	100.83	306.00
2010年第4季度	91.18	78.18	237.19	259.00	34.71	85.46		
2010年第3季度	89.50	80.30	221.70	248.00	35.20	88.50	91.80	260.00
2010年第2季度	81.00	78.60	237.30	290.00	32.20	86.47	101.75	
2010年第1季度	74.40	76.70	209.72	282.00	29.30	82.21	91.58	
2009年第3季度	74.06	81.27	191.90		31.85	88.33	82.77	

资料来源:住建部《关于全国城镇污水处理设施建设和运行情况的季度通报》。

二、研究的意义

(一)研究的理论意义

1.展开了针对城市污水处理业特许经营法律制度的交叉学科研究

美国哥伦比亚大学心理学家伍德沃斯(R. S Woodworth)于1926年首创“交叉

学科”一词。[①] 自20世纪60年代以来,国际上交叉科学研究日趋繁荣。我国自20世纪80年代提出交叉学科以来,有关的研究方兴未艾。所谓交叉学科,是指在自然科学和社会科学相互交叉地带生长出的一系列新兴学科。交叉学科的产生,是因为当某一个学科的崭新的理论和现实问题难以用本学科的方法解决,需要借助其他相关学科联合攻关时,学科界限成为学科进一步发展的桎梏,相关的交叉学科开始形成。城市污水处理是环境科学中非常重要的组成部分,也是一个技术性丛集的领域。城市污水处理业作为自然垄断行业,长期以来饱受设施老化、冗员严重、效率低下的困扰,加之自然垄断自身天生地对新技术、新工艺的排斥性特点,城市污水处理业的发展越来越跟不上城市水污染防治的形势和趋势。通过引入特许经营模式加快城市污水处理业的市场化进程,在加快设施建设的同时又会产生“撇脂”、公共利益保护缺失等新问题。由此,本书从交叉学科视角展开的研究涵盖了学科间的“远距离”交叉和“近距离”交叉。“远距离”交叉即以属于环境科学的城市污水处理技术为基础,结合法学、经济学等学科,对在特许经营背景下城市污水处理业兼顾环境与经济绩效的制度供给展开研究;“近距离”交叉,即以经济学的研究方法对特许经营背景下城市污水处理业的环境与经济绩效展开定量研究,并在此基础上对法律制度的修订和完善提出有针对性的对策和建议。

2. 探索了专门领域公用事业特许经营法律制度研究的某些理论空白

首先,国内现有关于特许经营的理论研究多是以市政公用事业的整体为视角展开的,鲜有针对城市污水处理业展开的专门性研究。城市污水处理业虽然属于市政公用事业,但比之于其他行业而言具有鲜明的“环境性”特征。由此,本书探索了此方面的理论研究空白。其次,从部门法学角度来看,现有关于市政公用事业特许经营的整体性研究既涉及经济法学也涉及行政法学。由于不同的部门法学有各自不同的针对领域,造成了具体领域理论研究的部门法学藩篱。由此,本书探索在法律制度上对各种规制工具的有机组合作出回应,并以此求得对城市污水处理业特许经营法律实践中出现的各种疑难法律问题的系统化解决。

(二)研究的实践意义

针对城市污水处理业特许经营这一主题,涉及市政公用事业特许经营、环境保护、竞争、价格和规划等多种法律制度,以规制视角在科学界分政府及有关部门、经营者、社会中间层等各种法律关系主体权利义务的基础上,将分散于以上法律制度中的有关条款规定相互协调并连接形成一个有机统一的整体,并能够借此

---

① 参见郑晓瑛:《交叉学科的重要性及其发展》,载《北京大学学报》(哲学社会科学版)2005年第5期。

对实践中出现的相关法律问题加以有效解决,实现"善治"成为当务之急。鉴于此,本书对于城市污水处理业特许经营的立法、执法和司法实践均具有积极的参考和借鉴意义。

第二节 国内外研究进展

一、城市污水处理研究

20 世纪是污水处理技术取得显著进展的重要分水岭,由于农田内涝和由城市扩张带来的土地资源紧张等问题的出现,早在 20 世纪初,"微生物处理法"就取代传统的农田土地成为英美等国处理污水的主要技术。[①] "微生物处理法"是利用微生物的代谢作用,使污水中呈溶解、交替状态的有机污染物转化为稳定的无害物质的方法总称,主要分为好氧氧化法和厌氧氧化法。前者广泛用于处理城市污水及有机性生产污水,有活性污泥法和生物膜法两种。后者多用于处理高浓度有机污水与污水处理过程中产生的污泥。

"活性污泥法"是"微生物处理法"中最早使用的污水处理方法:[②](1)硝化工艺。伴随着城市的快速发展,受纳污水的河流也被认为是污水处理的组成部分,河流无法消纳持续增长的有机负荷,由此产生了对高效污水处理技术的强烈需求。为降低河流的需氧量并消除氨氮对水生生物的毒性作用,硝化工艺应运而生。人们认为,硝化工艺在使用中排放的硝酸盐可以很好地防治排放河流以及湖泊的厌氧情况。然而,由于滴滤池并非总能完全硝化,因此,该工艺在冬季的运行效率是有瑕疵的。(2)除氮功能的活性污泥法。20 世纪 60 年代,细菌学和生物能量学被应用于污水处理的研究。通过应用来自细菌学领域的动力学,Downing 等(1964 年)指出硝化作用依赖于自养硝化菌的最大比增长速率。对于污水处理厂,意味着为保证出水的低氨氮浓度必须保持足够长的污泥龄。McCary(1964 年)发现硝化作用产生的硝酸盐可以被某些异养细菌利用转化为氮气,这一认识促进了硝化—反硝化活性污泥系统的产生。瑞士的 Wurhmann 等(1964 年)提出了反置反硝化,在曝气池后设非曝气(缺氧)池,同时为了促进反硝化而投加甲醇。由于该工艺出水总氮含量低,因而在美国被广泛采用。但是投加甲醇耗资不菲,同时

---

① See Cooper P. F., *Historical Aspects of Wastewater Treatment. In Decentralized Sanitation and Reuse: Concepts, Systems and Implementation*, London, IWA Publishing, 2001, pp. 11 – 38.

② 参见[丹麦]Mogens Henze、[荷兰]Mark C. M. van Loosdrecht、[南非]George A. Ekama、[荷兰]Damir Brdjanovic:《污水生物处理——原理、设计与模拟》,施汉昌等译,中国建筑工业出版社 2011 年版,第 2 ~ 6 页。

污水中先去除有机物然后再加有机物相互矛盾,Ludzack 等(1962 年)提出的前置反硝化更合乎逻辑。Barnard(1973 年)在南非提出的 4 段式 Bardenpho 工艺中将前置、后置反硝化结合在一起,并引入回流控制进入前置硝化池的硝酸盐含量。通过以上革新,包含除氮功能的活性污泥法成为普遍应用的技术。(3)除磷功能的活性污泥法。与氮不同,磷只有转化至固相才能被去除。20 世纪 70 年代在深度处理中开始出现化学加药沉淀除磷。在水资源缺乏地区,地表水的非直接再用程度已经非常高,污水经过深度化学除磷后的排放将导致地表水的盐度快速升高,这对农业使用价值和供水系统的耐久性都有很大影响。为了减轻这些影响,印度的 Srinath 等(1959 年)研发出了生物除磷技术。他们观察到某些特定污水处理厂的污泥在曝气时表现出超量(超过细胞增长所需)的磷吸收现象,这说明磷吸收是一种生物过程,由此催生了第一个生物除磷工艺。20 世纪 70 年代的能源危机进一步推动了生物除磷技术的发展。Barnard(1976 年)提出了生物超量除磷的 Phoredox 原理,即在活性污泥系统中引入厌氧、好氧的交替。此外,工业污水也开始由好氧处理转向厌氧处理,甲烷菌缓慢的增长速率一直是厌氧工艺发展的限制因素,Lettinga(1980 年)及合作者发明的上流式污泥床反应器(UASB)解决了这一问题,成为高浓度和高温废水厌氧工艺的一大突破。21 世纪初,包括 SHARON、ANAMMOX、BABE 等大量综合性的新工艺进一步解决了剩余污泥厌氧消化中释放出来的大量的氮磷问题。

另外,污水处理技术在污泥的消毒以及环境可持续化的污泥处理与处置方面也在快速发展。对于污水的消毒始于20 世纪中期,后来消毒措施部分停止是因为污水加氯产生致癌物质。近年来,某些地区已重新采用过滤、紫外以及臭氧的方法进行消毒。伴随食品安全标准的日趋严格,闲杂污泥处置的农业土地利用防范越来越受到限制,污泥处理显得更加重要,尤其是污泥的脱水性和脱水污泥的减量问题已经成为研究重点。

二、城市污水处理业的特许经营研究

(一)公私合作理论研究

公私合作理论是随着 20 世纪 70 年代末发端于英美等国的民营化浪潮而逐步发展起来的。作为一种制度安排,公私合作制是指在公共部门和私营经济之间的一种基于合约的长期合作,其目的是更加高效、经济地实现公共任务,借此公私部门可以集中各自的优势实现资源互补,同时可以将潜在的风险合理分担。本书探讨的虽然是城市污水处理特许经营制度,但由于特许经营脱胎于公私合作制,因此,在梳理城市污水处理的特许经营的相关理论研究成果时,不可避免地要首先对公私合作制的理论研究进行梳理。

1. 国外研究进展

关于公私合作理论的阐述被引用最多的是美国学者萨瓦斯,其对公私合作理论的界定分为三个层次:(1)认为公私合作在广义上是指公共和私人部门共同参与生产和提供物品、服务的任何安排。(2)认为公私合作是指一些复杂的、多方参与并被民营化了的基础设施项目。(3)认为公私合作是指企业、社会贤达和地方政府官员为改善城市状况而进行的一种正式合作。① 英国学者 Grimsey 和澳大利亚学者 Lewis 则将公私合作理论的内涵界定为,在达成的合同下,私营实体为公共基础设施提供服务。② 除了学术界对于公私合作理论内涵的研究和探讨之外,官方文件、社团组织也有关于公私合作理论内涵的表述。英国财政部于 2000 年发布的《公私合作制:政府的举措》中将公私合作理论界定为公共部门和私人部门为了共同的利益而在一起的长期合作。2004 年欧盟委员会在发表的《公私合作制绿皮书》中将公私合作理论界定为,在公共部门和私人企业之间,为了基础设施的融资、建设、修缮、运营、维护或公共服务的提供而进行合作的各种形式。作为民间社团组织的美国公私合作制全国理事会将公私合作理论界定为,公共机构与营利性公司之间共享彼此技术、资产来为公众提供服务和设施的协议。

从英美学者的研究成果来看,关于公私合作理论的界定较为一致的看法是,公私合作的内涵是指公共部门与私人部门在生产和提供物品和服务方面展开的合作。公私合作的外延可以分为宏观和微观两个层面,宏观层面是指在生产和提供物品和服务方面公共部门与私人部门展开的任何形式的合作;微观层面是指公共部门与私人部门仅就公共基础设施建设方面所展开的合作。

德国学者将公私合作理论界定为公私部门之间协同工作的所有形式,其一般表现为公私部门之间的联络、协调和合作,并且这些工作都应该是在考虑技术、经济和社会等方面的前提下,为克服与完成现存复杂问题和任务而服务的。③ 学者 Heinz 的界定是公私部门之间的紧密合作,从中我们不难发现,对公私合作制理论的界定与英文文献的界定脉络可以说是"一脉相承",即原则上包含了公私部门之间的所有合作行为,但并没有充分阐释应该如何区分不同的公私合作行为。在此,有德国学者进一步提出,公私合作理论应该是"国家机构和私人投资者之间以

---

① 参见[美]萨瓦斯:《民营化与公私部门的伙伴关系》,周志忍等译,中国人民大学出版社 2002 年版,第 105 页。

② See Grimsey & Lewis, *Public Private Partnerships: The Worldwide Revolution in Infrastructure Provision and Project Finance*, New York, Edward Elgar, 2004, p. 2.

③ 参见李以所:《德国公私合作制促进法研究》,中国民主法制出版社 2013 年版,第 6 ~ 8 页。

为实现共同的目标而实施的合作”,或者是“私人和公共服务提供者之间为解决具体问题而组成的合伙”。这两种界定因为附加了“合作的目的”而对以往极端宽泛的界定做出了限定,但同时又导致了公私合作适用范围的狭小。由此,有学者又将公私合作理论界定为“国家和私人之间为了扩展财政来源或利用私人知识产权而形成的战略联合”。此后,学者们主要是从公私合作理论的“目的性”上进行了相关的界定尝试,包括“国家机构和私人经济主体之间的不同形式的协作,而该协作的目的是为了完成原本能够由国家部门承担的公共任务”,或者“私人营利部门和公共部门以正式的公司或特别委员会的形式实施的合作,其目的是给一般原本能够由公共部门独自承担的项目实施和服务提供”。鉴于对公私合作理论目的性的描述仍然没有解决理论界定的“准确性”和“全面性”问题,又有学者试图从公私合作理论适用范围角度做出补充说明,即特别强调公私合作理论在城市更新和发展中的特殊作用。然而由于经济活动的复杂多变,这种界定仍然没有有效地将公私合作理论与其他理论区分开来。

2. 国内研究进展

国内学者对于公私合作理论的阐述脉络与英美和德国学者基本相同。在所有阐述中最具代表性的首推学者余晖和秦虹,他们认为,公私合作是指“公共部门与私人部门为提供公共服务而建立起来的一种长期合作关系”,这种关系一般需要“正式的协议来确立”。[①] 其他相关文献则一般是对这个定义描述的直接引用:(1)“为了提供基础设施和公共服务而在公共机构和民营机构之间达成伙伴关系,签署合同明确双方的权利和义务以确保这些项目的顺利完成。”[②](2)“为了共同完成某些公用事业项目的投资、建设及运营服务,政府部门和民间部门签署合同明确双方的权利和义务,达成伙伴关系。”[③](3)“公共部门与私人部门基于某个项目而形成的相互合作关系。”[④](4)有学者从广义和狭义两个角度来对公私合作理论进行界定。[⑤] 即广义上是指公共部门与私人部门为提供公共产品或服务而建立的各种合作关系,而狭义可以理解为一系列项目融资模式的总称。

---

① 余晖、秦虹主编:《公私合作制的中国试验》,上海人民出版社2005年版,第37页。

② 王梅主编:《市政工程公私合作项目(PPP)投融资决策研究》,经济科学出版社2008年版,第3~4页。

③ 蔡蔚:《我国城市轨道交通投融资体制演进机理探析》,同济大学经济与管理学院2007年博士学位论文,第141页。

④ 田一淋:《基于PIPP模式的公共住房保障体系研究》,同济大学经济与管理学院2008年博士学位论文,第44页。

⑤ 参见王灏:《城市轨道交通投融资问题研究》,中国金融出版社2006年版,第56~57页;王守清、柯永建编著:《特许经营项目融资(BOT、PFI和PPP)》,清华大学出版社2008年版,第21页。

从国内外关于公私合作理论的研究成果来看，其中体现出两个鲜明的特色：

(1)理论内涵的模糊性

国外学者都试图从内涵上对公私合作理论做出准确而全面的界定，从“合作的目的”和“合作的范围和领域”等角度进行了多次尝试，但都最终未果。究其原因，正如有学者所归结的，[①]将公私合作制看作一个严谨的、确定的学术概念，然后再给予定义的做法存在着逻辑性的错误。公私合作理论就是产生在传统的由公共部门垄断的公共服务以及基础设施供给与实质民营化之间存在的所谓“中间地带”，对于公私合作理论的探讨只能放置在公私合作所出现的具体领域中，结合相应的政治历史和法律文化背景进行提炼和总结，所以要凝练出一个“放之四海而皆准”的公私合作理论是非常困难的。

(2)理论适用范围的广泛性

虽然公私合作理论的内涵具有模糊性，但是公私合作理论本身对于原本泾渭分明的公共部门和私人部门带来了合作上的新的契机，公共部门与私人部门之间就公共服务领域进行合作和融资的全面整体规划会涵盖城市交通、铁路运输、公路、桥梁、医院、学校、供水和污水处理等诸多领域，借助长期的合约关系，公共部门通过合同规定了私人部门应提供的服务类型和标准，合同各方在规定时间内都必须完成约定的义务，因此效率大大提高，项目风险随之降低，有效地控制了过去公共部门由于“政府失灵”所导致的政府行为的内部性、权力寻租、官商作风、冗员严重、缺乏专业性、效率低下等问题，使服务质量和水平得到了有效保证。

(二)特许经营理论研究

从本质上来说，特许经营理论与公私合作理论的精神实质是相通的，更准确地说，特许经营是作为公私合作诸种实现方式之一的身份而出现的。然而，比之于公私合作理论内涵的模糊性，特许经营理论则显得更加成熟，现有理论研究主要集中于以下几个方面：

1. 特许经营的内涵

有学者认为，所谓“特许经营”，是指特许人将某项专属权利通过一定的程序授予被特许人在约定的时间和范围内享有和利用，并承担相应义务的一种行为。[②]在特许经营中，政府或其职能部门将市政公用事业的投资和经营权授予投资人设立的项目公司，由项目公司在约定的特许经营期限和范围内得到投资和经营收益，并承担提供相应的公共产品和服务的义务。有的学者认为，特许经营是指政

---

① 李以所：《德国公私合作制促进法研究》，中国民主法制出版社2013年版，第10页。

② 参见张栋主编：《特许经营法律实务》，法律出版社2008年版，第5页。

从学术界关于特许经营理论的研究成果来看,较之于公私合作理论,特许经营理论无论从内涵还是外延上都更为成熟。作为公私合作理论在市政公用事业领域的具体体现,特许经营中的基础主体是政府(特许经营权的授权者),核心主体是政府和经营者,根本目的是通过弥补资金不足提高运行效率。特许经营模式的实施载体是"政府信用"和"经营者优势"(资金、技术、渠道、管理),特许经营模式的内容则紧紧围绕市政公用事业的"产业化"(创新产权制度实现多主体供给)和"市场化"(打破传统自然垄断控制引入竞争)。

(三)公私法区分理论研究

公私合作制在法学领域中的映射就是对传统的公私法区分理论提出了挑战,在客观上要求除了将公私法之间的"分立"作为公私法区分的理论基础而明确之外,也必须对因公私合作制而生的公私法之间的"融合"做出适宜的制度安排和合理的法理解释。仔细梳理目前学术界的相关理论研究成果,其可以浓缩概括在"区分"和"融合"这两个层面上。

1. 公法和私法的"区分"

有的学者认为,公私法区分不仅充分说明了在法律的进程中私法先于公法,其中更蕴含着一个深刻的道理,即公法、公共权力是为私法而设立的。(1)公私法区分作为法律的一个基本分类,有利于从总体上把握各部门法的特征。作为公法,它存在于政治国家领域,以公共利益为本位,采用国家强调的调整方法,对国家"高权"予以必要的照顾。如果是私法,则主要活动于市民社会领域,以个人利益为本位,以意思自治原则为调整机制,一般排除国家权力的干涉。(2)纠正公权的过度使用,保证其在设置的目的范围内运转。根据国家与社会的二元结构理论,国家权力的正当性在于它出自市民社会的需要,其合法性来源于市民社会对权利的让渡和对其权威的承认。明确界定一部分法律空间为私法对象,在一定程度上可限制公权的活动范围。(3)培育私权意识,促进私法的发展。私法把意思自治作为最高原则,一方面限定了公权力的范围和行使限度,另一方面它也可以培育私权意识和维护公民主体人格。① 有的学者认为,公私法区分尤其对于发展变革中的中国有重大意义。原因是中国是公法文化特殊发达、私法文化先天不足的国家。现代法治社会是一种承认多元利益并存、尊重保障人权、严格依法办事、公权私权平衡的理性社会。将公法与私法进行严格区分、将公权与私权明确划界、尊重保护私人利益是现代法治社会的应有之义。现代法治社会是公法与私法

① 参见武宇红:《公私法的划分与嬗变》,载何勤华主编:《公法与私法的互动》,法律出版社2012年版,第4~5页。

和公权与私权并存的社会。在两对关系的设计和价值取向上,应遵循体现现代社会最核心民主、人权、法治的基本原则和精神,即在公法与私法关系上,应尊重私法自治,在公权与私权关系上,应遵循私权优位原则。①

透过学术界对于公私法"区分"的理论研究成果,我们可以得出如下几点认识:(1)渊源于古罗马时期的公私法区分理论至今仍然是法律的一个基本分类,公权与私权,公法与私法之间有着泾渭分明的划分。(2)公私法区分理论的主要价值在于防止由于公权滥用对私权可能造成的侵害。(3)公私法区分理论虽然对私权优位原则予以肯认,但"优位"不等于"优先",私权并非在任何情况下都享有比照于公权的"优先权",对于作为天平两端的公权和私权,所应强调和凸显的是"平衡",其主要原因在于虽然公权的产生是由于私权的让渡,但公权中蕴含了国家对社会的"照护义务",过分强调私权优位恰恰可能适得其反。

2. 公法与私法的"融合"

与公私合作理论本身的"不确定性"以及界定的困难相比,公私合作制于实践中在法学领域的映射却十分引人注目。检索目前学术界的相关研究成果,不仅归纳了公私法"融合"的背景和基础,而且归结出了"私法公法化"与"公法私法化"两种具体的发展趋势:

有的学者认为,亚当·斯密的古典市场经济理论,伴随着几个主要的资本主义国家发生社会和经济危机而受到严重冲击,使资本主义国家生产力得到了发展,但也累积了各种棘手的社会经济问题。"法律社会化"现象应运而生,其表现为:公法和私法相互融合、逐渐渗透,新兴法律部门兴起。这些法律部门独立于公法和私法,被称为第三法域,即社会法。国家权力的有形之手介入私人生活,使本来界限清晰的公私法划分方法遭到质疑,从而出现所谓"私法公法化"和"公法私法化"现象,公私法在各个层面开始相互融合与渗透。② 有的学者认为,公私法融合的因素包括以下几个方面:(1)混合所有制经济为公私法的融合提供了经济基础。(2)全能政府向有限政府理念的转变为公私法的融合提供了政治基础。(3)利益多元化的发展为公私法的融合提供了现实基础。随着经济和社会的发展,以前的二元利益——国家利益和个人利益中分化出来了社会利益。(4)法律调整手段的多样化以及调整范围的扩大化为公私法的融合提供了法理基础。③

---

① 参见张锐智、田大川:《罗马法学家关于公法私法划分的意义与启示》,载何勤华主编:《公法与私法的互动》,法律出版社2012年版,第51~52页。

② 参见邓波:《关于公法与私法理论的若干探讨》,载《江西社会科学》1998年第7期。

③ 参见方立新、姚利红:《公私法的分野与趋同》,载何勤华主编:《公法与私法的互动》,法律出版社2012年版,第161~163页。

1）私法公法化

有的学者认为，[①]在自由资本主义时期，私法所关心的是个人财产权不受侵犯，任何人都能成为民事法律关系的主体，按照自己的意思与他人缔结各种契约关系，因此，财产所有权绝对无限、权利能力平等和契约自由作为私法的基本原则得以确立。但20世纪以来，社会经济关系日益复杂，利益差别越来越大，原有的基本原则难以贯彻执行，因而私法出现了私法公法化这一显著变化。公法化是指公法对私人活动的控制增强，干预传统上属于私法自治的领域，使传统私法概念、制度和原则发生了三个方面的重大变化：第一，所有权的社会化；第二，契约自由受到限制；第三，无过错责任的产生。有的学者认为，[②]私法公法化即市民社会生活中的国家意志支配。其中的私法是从调整对象意义上来说的，即市民社会领域的法律关系；公法化则是从调整方法意义上说的，即国家强制的法律手段。第一，私法价值理念下的本相——强弱博弈。表面上的平等主体之间实际上强弱悬殊，"契约自由"背后掩盖着压制和欺诈。第二，规范层面的渗入——私法公法化，表现为以国家意志支配当事人意志，在行为模式和权利义务安排上实行管制，排除一定范围内的当事人意思自治。首先，立法强制规定了强势方的义务；其次，立法强制规定了信息占优的一方承担信息披露义务；最后，设置了惩罚性赔偿。私法公法化在个别性调整方面表现为行政机构的主动干预，能够发布指令的行政机构权力大大加强。对于社会生活特别是经济领域的行为，行政机构主动进行监督检查，对违反法律义务者直接作出处罚或者代表公共利益向法院提起公诉。

2）公法私法化

有的学者认为，[③]国家权力对经济生活的干预不仅造成了私法公法化，也使公法在很大程度上受到私法的影响，出现了公法私法化趋势。所谓公法私法化，是指由于政府职责的扩大，传统的私法调整方式被部分或间接地引入公法领域，私法关系向公法领域延伸。其表现有以下几个方面：第一，通过私法手段来加强国家干预。第二，公共机构按私法要求执行公共职能。例如，随着国家及公共当局以私法手段履行更多的职能，就趋向于把基本的国家经营活动视为财产活动服从私法规定。第三，传统上的公法性法律部门出现私法性因素或趋向。如在行政管

---

① 参见武宇红：《公私法的划分与嬗变》，载何勤华主编：《公法与私法的互动》，法律出版社2012年版，第9～10页。

② 参见方立新、姚利红：《公私法的分野与趋同》，载何勤华主编：《公法与私法的互动》，法律出版社2012年版，第165～166页。

③ 参见武宇红：《公私法的划分与嬗变》，载何勤华主编：《公法与私法的互动》，法律出版社2012年版，第11～12页。

理中被广泛运用的行政合同的方式,以及在刑事领域中出现的诉辩交易与刑事和解制度等。特别是行政法的私法色彩日渐浓厚,为了回应社会发展的要求,传统的刚性行政、管理行政逐渐让位于柔性行政、服务行政,契约式的管理和灵活性较强的管理等日益广泛地运用到公共管理和服务中。有的学者认为,①公法私法化,即公共管理中的私人意志自由。实践证明,“看得见的手”并不比“看不见的手”更好,因为对于保障实施社会生活的正当行为规则和提供公共物品这两项任务来说,以管制、指令等意志支配的方式来协调人们的行为在成本耗费上要比以放任、协商等意志自由的方式低。但是对于那些向市民社会生活领域扩张的国家职能,以管制、指令等方式来实施在成本耗费上却可能更高,因为组织管理的成本与组织的规模成正比。公法私法化的主要表现是将平等对立、协商较量、等价有偿、恢复补偿等私法手段引入由政府和公权力加入、以公共利益为考量的公法关系,如在行政合同中变指令为一定范围内的协商。另一表现是公益事业私营化。传统观点认为,公益事业由于其商品或服务在消费上难以实现排他性而必须由国家来投资经营和强制收费。但张五常等经济学家则认为,难以实现排他性的物品也完全可以由私人来投资经营,甚至还会比政府经营得更好。公法私法化是国家干预手段的变化,而不是取消国家干预,是在反思、总结之后致力于使“看得见的手”更好地发挥作用。其与私法公法化一起,分别从宏观和微观层面来弥补“看不见的手”的不足,形成独立于传统私法和公法的新的法律领域。

基于学术界对于公私法“融合”的理论研究成果,我们可以得出如下几点认识:第一,公私法“融合”是社会经济发展的必然产物,是对“政治国家—市民社会”的二元社会运行结构发展变迁为多元社会运行结构在法学领域的必然回应。第二,公法私法化和私法公法化的两种发展趋势确实给传统的公私法区分理论注入了新鲜的活力,特别是随着公私合作理论和特许经营理论的发展,20 世纪七八十年代以来席卷整个西方世界的公共行政改革更是有力地推动了“公法私法化”浪潮的兴起。有学者精辟地对公法私法化浪潮中“私优于公”“以私助公”“以私代公”三种模式进行了总结,并对有学者所认为的“公”与“私”之间的界限已经消弭以及公私法划分中的“区分”渐成“明日黄花”而“融合”方兴未艾的思潮进行了反思并指出,②“公共机构运用私法手段完成公共任务或通过私人完成公共任务的控制问题很突出,因为私法手段和私法主体的灵活性不仅蕴含了政府裁量的固有风

① 参见方立新、姚利红:《公私法的分野与趋同》,载何勤华主编:《公法与私法的互动》,法律出版社 2012 年版,第 168 ~ 169 页。

② 参见金自宁:《公法私法化诸观念反思》,载《浙江学刊》2007 年第 5 期。

型,对目标污水处理企业的相对效率进行了评价,对非 DEA 有效的污水处理企业财务成本改进制订了调整方案。①

在污水处理厂的规模技术和运行的有效性方面,有学者利用数据包络分析的方法,采用 CCR 模型对污水处理厂进行效率评价,进而探讨影响其规模技术有效性的因素,对经济欠发达地区污水处理厂的建设、运行和管理提出了相应建议;②也有学者采用 CCR 模型和 BCC 模型对贵州省市级污水处理厂的运行效率进行了综合评价。研究显示,贵州省市级污水处理厂的运行有效性不高。污水处理厂设计规模、负荷率和工艺类型成为污水处理厂综合效率的主要影响因素。③

在运行效率评估模型方面,有学者借助数据包络分析方法(DEA)在效率评估中的应用,构造了污水处理业运行效率定量评价模型,并应用于目标企业的运行效率评估;有学者采用 CCR 模型和 BC^2 模型对目标污水处理企业的运行效率进行了评估,认为污水处理企业设计规模、负荷率和工艺类型成为污水处理企业综合效率的主要影响因素。④

五、城市污水处理业特许经营的规制法研究

目前,学术界还鲜有关于城市污水处理业特许经营规制法的专门性研究,现有的理论研究成果主要是从公用事业特许经营的整体角度展开的,涉及宏观和微观两个层面:

(一)宏观层面的研究

1. 公用事业民营化研究

学者们关于公用事业民营化的宏观研究,基本上是围绕称谓、法律属性和阶段划分 3 个角度展开的。有的学者从公法学的视角进行了探讨,认为民营化是指国家利用或结合民间资源履行行政任务的现象。⑤ 有的学者认为,公用事业民营化在合作国家、社会自我管制、行政的行为行使选择自由 3 个方面具备了行政法

---

① 参见冯颖、姚顺波、刘东方:《基于 DEA 方法下的河南省污水处理厂财务成本控制研究》,载《华东经济管理》2009 年第 10 期。

② 参见高琴、张辉国、安哲、朱斌:《基于 DEA 分析的乌鲁木齐市污水处理厂规模技术有效性研究》,载《新疆大学学报》(自然科学版)2006 年第 5 期。

③ 参见吴琼芳、成官文、唐忠德、陆天友、姚晓园:《基于 DEA 模型的贵州市级污水处理厂运行有效性评价》,载《桂林理工大学学报》2014 年第 5 期。

④ 参见王芙蓉、苏波:《基于 DEA 技术的污水处理厂运行效率评估模型研究》,载《西华大学学报》(自然科学版)2007 年第 7 期。

⑤ 参见翁岳生教授七秩诞辰祝寿论文集:《当代公法新论》(中),台北,元照出版公司 2002 年版,第 140 页。

的理论基础,因此其本质属于政府行政许可行为。① 有的学者则在对国内外相关研究成果进行检索和分析的基础上提出,学术界的研究方向已逐步从以“民营化”“市场化”为论题转向对“公私合作”相关问题的研究,并特别指出了公私合作合同研究的重要性。② 有的学者将整个公用事业的民营化进程划分为前民营化阶段、民营化进程中和后民营化3个阶段,认为制定规制性行政法律法规、实现规制机关的自我规制是第一阶段的主要任务,建立及时、准确、全面的信息公开制度和广泛、畅通、合理的利益表达机制是第二阶段的主要任务,构建科学合理的价格规制规则并实现准确有效的质量规制和实现对规制者的规制是第三阶段的主要任务。③ 有的学者将公用事业民营化进程划分为企业取得公用事业经营权之前和之后两个阶段,认为民营化面临由政府垄断变成企业垄断和政府寻租机会增加两大风险,预防和控制风险的根本在于加强政府监管。政府在第一阶段的监管责任包括合理界定公共服务民营化的界限和建立公平而严格的市场准入制度,第二个阶段的监管责任则包括建立价格规制和绩效评估制度。④ 有学者专门对城市水务业的民营化改革进行了研究,认为肇始于20世纪80年代并延续至今的城市水务业民营化改革形成了5项基本经验,即政府转变理念引入竞争机制、明确职责政企分离、公私合作制为改革的主要模式、推行水务管理一体化改革和加强监管促进公众参与,而其中所存在的问题则包括法律体系不健全、重引资轻竞争、监管中第三方作用的发挥尚付阙如、市场准入机制不完善和政府责任缺失等。⑤ 有的学者认为,城市水务业民营化改革除了存在以上问题之外,产业规模偏低以及风险评估落后也是重要的掣肘。⑥

2. 公用事业特许经营立法研究

有的学者通过对各级各类公用事业特许经营立法的系统梳理,归纳了目前我国公用事业特许经营立法的现状,即专门性立法很少且偏重实体法而忽略程序

---

① 参见王锴:《公用事业民营化探讨——基于公法学的思考》,载《法学论坛》2012年第1期。

② 参见邓敏贞:《公用事业公私合作合同的法律属性与规制路径》,载《现代法学》2012年第3期。

③ 参见吴炜成、王丽芳:《我国公共事业民营化改革及相关法律问题研究》,载《漳州师范学院学报》(哲学社会科学版)2007年第4期。

④ 参见张玉磊、彭展:《强化政府监管　推进公用事业民营化改革》,载《湖北社会科学》2007年第7期。

⑤ 参见蒋达:《中国城市水务产业改革的基本经验及主要问题》,载《学习与探索》2008年第6期。

⑥ 参见邹东升、陈鹤:《市场化境遇下的城市水务改革:模式、问题与应对》,载《中共浙江省委党校学报》2012年第3期。

法。公用事业特许经营面临若干法律困境(如特许经营权被滥用、特许经营范围界定不清、申请者范围过窄、市场准入方式规定不规范、审批制度设计不合理、特许经营期限延长规定不一、价格形成机制不健全、监管体制不顺和争端解决机制不明),对于困境的消解应通过明晰中央与地方的立法权限和建立统一的立法体例来实现。① 有的学者在以若干地方性法规为分析样本进行实证分析的基础上,归纳了公用事业特许经营基本制度的外延(市场准入、特许经营协议、政府监管和市场退出),认为未来立法应优先解决规制机构设置、特许经营权使用费和行政接管三方面的问题。②

(二)微观层面的研究

1. 规制体制研究

有的学者通过对20年来公用事业特许经营的发展历程进行回顾,认为特许经营法律依据的低位阶、特许经营风险意识的双重匮乏以及特许经营公众利益的虚置已使特许经营面临合法性危机,并认为消除危机的根本之道在于强化政府对特许经营的规制,而一个相对完整的政府规制体系应该科学厘定规制目标、设置独立规制机构和审慎选择规制手段。③ 有的学者对公用事业特许经营监管机构模式进行了研究,认为现行公用事业监管机构设置存在机构职能设立叠床架屋、监管权行使主体不清晰、公众参与监管机制缺失等问题。在监管机构模式的制度设计中,必须考虑科层制和官僚文化对我国行政管理体制的影响,充分考量独立于行政系统外的第三方监管机构设置和垂直监管模式设置的可行性。④ 此外,有不少学者采取了比较分析的方法,专门针对城市水务规制体制展开了对比研究:有的学者对国际水务公共服务运营体制进行了比较分析,在回顾英国水务的"完全私营模式"、荷兰水务的"完全公营模式"、法国水务的"私营为主的混合模式"和美国"公营为主的混合模式"的基础上,对法国采取的"准入监管体制"和荷兰、英国、美国采取的"过程监管体制"的优劣进行了对比,总结了我国水务管理应汲取的经验,即总体布局系统规划、构建过程竞争性的水务市场、拓宽融资渠道、立法构建独立高效的绩效监管体系和适应市场化改革转变监管模式。⑤ 有的学者对荷

① 参见章志远:《我国公用事业特许经营的法律困境及其消解》,载《河北科技大学学报》(社会科学版)2011年第2期。

② 参见章志远、李明超:《我国公用事业特许经营立法问题研究——以若干地方性法规为分析样本》,载《江苏行政学院学报》2009年第6期。

③ 参见章志远:《公用事业特许经营及其政府规制》,载《法商研究》2007年第2期。

④ 参见李明超、章志远:《公用事业特许经营监管机构模式研究》载《学习论坛》2011年第3期。

⑤ 参见郑丽丽、苏时鹏、黄森慰:《国际水务公共服务运营和监管体制比较分析及启示——以英国、荷兰、法国和美国为例》,载《福建农林大学学报》(哲学社会科学版)2012年第3期。

兰水务管理体制进行了探讨并指出其鲜明特色，即水务局负责对荷兰境内的水量与水质进行双重管理，从根本上避免了“龙多不治水”的弊端。民众与业主“关心—出资—表态”三位一体的参与方式形成了水务局工作模式的基础，这种监管体制使得荷兰不仅在水利技术，而且在污水处理技术和水生态恢复技术方面均领先于世界。[①] 有的学者对英格兰和威尔士的水务监管体系从监管架构、监管职能、水价监管和绩效评价体系等方面进行了较为详尽的介绍。[②] 有的学者以德国水务事业改革为背景，从行政法角度探讨了改革的理论基础——直接给付行政模式走向间接给付行政模式，并介绍了德国采行的水务改革模式、政府监管的主体、法律依据和措施等内容，归纳了我国在推行水务业市场化改革中应注意的问题，即既要注意事务分配、公权力调整、监管目标确定等一般性问题，还应当注意基准评估制度以及供水业管网和经营相分离的具体制度。[③] 有的学者对我国现行的以水务局为中心的水务管理体制进行了思考，认为存在以下 4 个方面的问题：(1)水务局成立的法律阻碍——“水资源统一管理”还是“水的统一管理”；(2)水务局法律依据的较弱——水利部与建设部存在不一致；(3)现有的水法规滞后于水务管理实践；(4)水务局同流域管理机构的法律关系不明确。该学者认为应从全面清理现有法律法规；建立水务部门与其他政府部门的沟通协调机制，明确流域管理机构与水务局的职责分工和保障公众环境知情权的实现等方面加以完善。[④]

2. 规制内容研究

(1)特许经营合同研究

学者们对于特许经营合同的研究主要是围绕其法律属性展开的，虽然研究的视角有经济法、行政法等，但最终的落脚点却都在公法与私法的互动与交融以及纠纷争议的解决机制上。有的学者认为，特许经营合同属于行政合同，根据 2000 年 3 月 10 日施行的最高人民法院《关于执行〈中华人民共和国行政诉讼法〉若干问题的解释》第 1 条第 1 款的规定具有可诉性，并据此探讨了作为行政合同的特许经营协议中相关当事人的权利救济和义务履行。[⑤] 有的学者认为，在民营化的过程中，公私合作合同是一类具有共同特征的合同的总称，特性经营合同只是其中的一种(还有合同承包、补助合同等)，即便是特许经营合同本身也有“租赁—建

---

① 参见郝晓地：《荷兰水管理体制及水务局职能》，载《给水排水》2003 年第 9 期。

② 参见杜英豪：《英格兰和威尔士的水务监管体系》，载《中国给水排水》2006 年第 8 期。

③ 参见喻文光：《德国水务私有化及其监管》，载《行政法学研究》2005 年第 3 期。

④ 参见陈海嵩：《水管理体制的法律思考——以水务局为中心的考查》，载《中南民族大学学报》(人文社会科学版)2006 年第 3 期。

⑤ 参见王锴：《公用事业民营化探讨——基于公法学的思考》，载《法学论坛》2012 年第 1 期。

设—运营”(LBO)、“购买—建设—经营”(BBO)、“建设—转让—经营”(BTO)、“建设—拥有—经营—转让”(BOOT)、“建设—经营—转让”(BOT)和“建设—拥有—经营”(BOO)等多种实现模式,因此,一方面,应从“公私合作合同”这一更为宏观的领域展开研究;另一方面,对此类合同属性的界定相对来说是较为复杂的,不能一概而论。在对学术界现存的“行政合同说”“民事合同说”和“经济合同说”进行检讨的基础上,该学者提出公私合作合同经济法属性的理论观点,认为要实现对公私合作合同的有效法律规制,必须以公法与私法的互动与交融为前提,并由此构建了相应的公法规制和私法规制体系。① 有的学者认为,特许经营合同不仅反映了公共部门与私人部门间对于公共服务的买卖合同关系,还反映了私人部门与作为公共服务的生产者和经营者与公共部门作为公共服务市场的监管者之间的管理与被管理关系,其应属于兼具公法和私法性质的混合合同,双方当事人应同时受到公法和私法原则的约束。据此,由特许经营合同引发的法律纠纷的解决,不应过多纠缠于该选择行政诉讼还是民事诉讼,应当认真反思现有的民事诉讼、行政诉讼以及民事仲裁制度等正式的法律纠纷解决机制是否完善,是否能有效地解决当事人之间的法律纠纷。② 有的学者将整个特许经营活动分为前置和运作两个阶段。在前置阶段中,政府通过招投标或其他方式选择特许经营者,授予项目公司特许经营权的行为应属于行政许可;在运作阶段中,政府和获得特许经营权的项目公司签订特许经营合同,此时双方当事人是本着平等自愿和充分协商的原则,应属于特殊民商事法律关系。由此,公用事业特许经营法律关系是一种兼具行政法律关系和民商事法律关系的特殊法律关系。③ 有的学者还针对特许经营协议合同中的普遍服务条款展开了研究,认为随着公共管理领域“契约制国家”概念的提出,特许企业在获得特许经营权的同时,作为责任的“继承者”,必须同时履行向社会持续、平等、合理地提供公共服务的义务,而我国在包括城市水务业在内的公用事业民营化过程中,政府改革的主要动机在于“甩掉财政包袱”和解决资金短缺,社会公众尤其是弱势和低收入群体无法分享改革的收益,反而因此承担了不合比例的负担。结合英国的相关制度设计,我国的普遍服务条款应包括总则性条款、平等接入条款、持续供应条款、质量和安全条款等,并在此基础上提出了

① 参见邓敏贞:《公用事业公私合作合同的法律属性与规制路径》,载《现代法学》2012 年第 3 期。

② 参见湛中乐、刘书燃:《PPP 协议中的公私法律关系及其制度抉择》,载《法治研究》2007 年第 4 期。

③ 参见余羚:《市政公用事业特许经营立法刍论》,载《浙江学刊》2007 年第 3 期。

相应的执行机制。[①]

(2)特许经营全生命周期研究

为数不少的学者针对特许经营的全生命周期,即市场准入、企业运营、临时接管和市场退出展开了研究。有的学者对临时接管制度进行了研究,在系统梳理各地方性立法中关于临时接管情形的基础上,从行政法的角度分析了紧急情况、特许经营者违反法律法规规定或特许经营协议约定、特许经营者因无法继续经营申请解除特许经营协议3种情况下临时接管条件的应有制度设计。[②] 有的学者对市场退出制度进行了研究,认为在中央与地方特许政策的推引下,各地公用事业建设急剧推进,但运营项目却频频夭折,其主要原因在于目前的市场退出制度存在特许经营期限设定过长、特许经营企业违规行为的处理有失偏颇、特许行使不规范和前期监管不力导致退出规制陷入困境等问题。在完善公用事业特许经营市场退出机制的制度设计中,应注意厘清中央与地方立法权限、明确特许经营市场退出的条件、设定特许经营市场退出制度的运作程序和完善相关辅助机制4个方面的问题。[③] 有的学者对绩效评估法律制度进行了研究,认为法律文本可操作性的匮乏、公众参与机制的不足和评估结果处理的偏颇,使绩效评估的功效尚未彰显。为了实现绩效评估制度的有效实施,应当从厘定评估目标、明晰评估指标体系的形成机制、健全多元评估主体的参与机制、确立评估结果的回应机制、设定评估制度的运作程序和配置评估结果的异议解决机制等方面进行努力,并避免评估走过场和评估过度化两种不良倾向的出现。[④] 有的学者专门以城市水务特许经营为视角探讨了相关法律制度的构建,认为现有制度设计在市场准入制度(市场准入条件和程序设置)、市场退出制度(自愿退出和临时接管)、水务企业权利保障制度(经营资金来源、政策性损害的利益补偿机制)、政府监管制度和外部监督制度上都存在不足,应有针对性地进行完善。[⑤]

---

① 参见骆梅英:《通过合同的治理——论公用事业特许契约中的普遍服务条款》,载《浙江学刊》2010年第2期。

② 参见章志远、李明超:《公用事业特许经营中的临时接管制度研究》,载《行政法学研究》2010年第1期。

③ 参见章志远、黄娟:《公用事业特许经营市场退出法律制度研究》,载《学习论坛》2011年第6期。

④ 参见章志远、黄娟:《公用事业特许经营绩效评估制度研究》,载《甘肃行政学院学报》2011年第1期。

⑤ 参见吕苏愉、陈红艳、王旭华:《苏州水务特许经营法律制度之构建》,载《水资源保护》2007年第6期。

(3)特许经营消费者权益保护研究

学者们关于特许经营消费者权益保护方面的研究是从规制体系内部和外部两个方面展开的。有的学者梳理了现有立法中关于公众监督委员会的职能、工作方式及成员构成方面的制度设计,指出了现有制度中存在的公众参与形式简单流于形式、公众话语权缺乏有效的整合平台、从市场准入环节到中期评估阶段再到市场退出领域公众参与缺位等问题,提出了拓宽公众参与的方式与渠道、调动公众参与的积极性和促进政企信息公开等完善构想。[①] 有学者专门对城市水务民营化改革中的消费者权益保护问题进行了研究,认为市场化进程中存在消费者知情权的虚置、市场化运营中消费者参与权的虚置、市场化后消费者实际权益的虚置,并指出消费者权益的维护需要建立公众广泛参与的规制制度环境,包括建立为消费者提供了解政府决策和企业运营信息的渠道,为消费者提供与政府、企业对华的平台和引入专业的中介机构进行监督。[②]

(4)特许经营价格规制研究

有的学者认为,价格听证制度是我国城市公用事业价格管理制度的重要组成部分和核心程序。尽管《价格法》和相关法规、规章中对该制度作出了一些规定,但实践中仍然存在不少问题和空白点。因此,首先,在听证模式的选择上宜采用事前听证和正式听证。其次,应当尽量扩大听证申请人的范围,凡利益关系人均有权提请召开价格听证会以维护自身权益。再次,听证会的选择应秉承是否有代表性和是否具有代表能力两个原则。另外,关于听证会代表的产生应采取固定代表与临时代表相结合的原则,人数在 20 ~ 30 人为宜。最后,应注意公开听证中公用企业商业秘密的保护。[③] 有的学者认为,在公用事业价格管制过程中,由于产品性质、消费者利益集团的特点以及管制机构决策运作及制度共同作用,有限理性的消费者个体参与存在参与不足和"羊群效应"两大问题。消费者组织作为消费者的精神家园和代理人与作为个体的消费者相比,由于它的参与更具代表性,能够减轻信息不对称,实现消费者与厂商的平等对抗,因而能够有效地克服消费者个体有限理性及行为模式所带来的缺陷。[④]

---

① 参见安丽娜:《公用事业特许经营中的公众监督委员会制度研究》,载《长春市委党校学报》2012 年第 2 期。

② 参见张丽娜:《城市水务市场化中的政府规制与公众利益维护》,载《中国行政管理》2010 年第 8 期。

③ 参见李胜利:《关于城市公用事业价格听证制度若干问题的思考》,载《行政与法》2003 年第 1 期。

④ 参见刘大伟、唐要家:《社会公共组织参与管制优势的法经济学分析——以公用事业价格听证中的消费者组织为例》,载《法商研究》2009 年第 4 期。

(5)规制内容的整体性研究

学术界关于规制内容的整体性研究主要围绕规制模式的创新、规制自身的法治化和亲贫规制展开。有的学者提出,鉴于我国公用事业民营化的特殊性,应当对政府规制进行重构。重构的路径包括以破除行政性垄断为突破口,构建公用事业政府规制体系、加快建立和完善政府规制法律规范、加快放松规制的改革进程和建立相对独立的规制机构并提高其执行力4个方面。① 有的学者通过对西方传统行政管理向现代公共管理变迁过程中政府规制理论变迁(从公共利益理论到规制俘虏理论再到放松规制理论)的回顾,提出激励性规制的兴起和引入我国公共管理的意义,并从特许投标竞争、区域间比较竞争、最高限价规制和社会契约规制等角度探讨了激励性规制的实施机制。② 有的学者认为,公共利益的价值定位和自然垄断等特性,导致市场竞争机制及以维护竞争为目标的反垄断法在公用事业领域难以充分发挥作用,而对公用事业进行法律干预又非常必要,规制制度因其独特机制而成为法律干预公用事业的优选。但要实现规制的制度价值,法治尤为关键,即追求良性的规制依赖于完善的法律制度基础和可靠的法律促进机制,在公用事业规制经济法益目标定位的框架下,规制的法治化应包括"有理""有权""有限""有效"和"有责"等核心要素,要实现规制法律绩效的优化,就应注重激励性规制的法律创新、良性规制关系的塑造、规制失灵的法律治理和规制与反垄断的协调共治。③ 有的学者提出了规制的全新视角——亲贫规制,认为对于公民而言,获得公用事业基本服务的权利,除了包括获得一个合理、非歧视、价格上负担得起的服务之外,保障负担能力有缺陷的公民能够获得最低限度的供应且不会因为民营化改革而承担不合理的成本负担也是权利所包含的应有之义。英国政府所实施的专项补贴制度及针对不合理用户的倾斜措施等举措提供了一个可资借鉴的范本。④

基于学术界关于城市污水处理业特许经营的规制法研究,我们可以得出如下结论:第一,城市污水处理业作为公用事业的一个分支,现有文献鲜有针对其特许经营展开的专门性规制法研究,目前文献涉足的层面仅触及城市水务业的整体就基本上戛然而止了。然而,城市水务业是指以水的收集、开采、加工、输配、利用、

---

① 参见许石慧:《公用事业监管法治化研究》,载《西南政法大学学报》2009年第1期。

② 参见海峡、杨宏山:《激励性规制:政府规制发展的新趋势》,载《陕西行政学院学报》2007年第4期。

③ 参见许石慧:《公用事业监管法治化研究》,载《西南政法大学学报》2009年第1期。

④ 参见骆梅英:《新福利——英国公用事业领域对弱势和低收入群体的供应保障》,载《行政法学研究》2008年第4期。

保护等为核心内容构成的产业链,包括了供水、节水、污水处理、水的再生利用等众多组分,污水处理有其自身鲜明的"环境性"特征,针对其展开的专门性规制法研究也必然具有与其他行业的不同之处。第二,现有文献虽然基本涉及了包括城市污水处理业在内的公用事业特许经营规制法的方方面面,但基本上都是定性研究,缺乏在实证调研基础上展开的定量研究。值得注意的是,定量研究是切实反映城市污水处理业环境与经济绩效好坏的重要参考系,也是有针对性地实施规制并完善法制的逻辑前提。由此可见,如何跨越理论与实践的鸿沟,使法律制度的完善更富于精准性和科学性是目前理论研究中的一个"短板"。

第三节 目前存在的主要问题及其挑战

关于城市污水处理业特许经营的法律制度研究,纵观现有理论研究成果,发现其中大多数都是针对包括城市污水处理业在内的市政公用事业的整体而展开的,通过对中央层面立法和地方性立法的解构,对法律规制体制和法律规制内容(特许经营合同、消费者权益保护、价格)进行定性研究,研究目标在于通过对具体法律问题的规制实现在特许经营模式下市政公用事业项目的可持续发展。然而,城市污水处理业较之于其他市政公用事业,除具有网络性、社会公益性、自然垄断性、竞争性和规制性等共通性特征外,还具有鲜明的"环境性"特征。城市污水处理是原本应由政府向社会提供的公共产品和服务,在特许经营模式下,承担污水处理具体运营事务的特许经营企业作为环境责任受托方,接受由政府代表的整个社会之委托开展其经营业务。作为市场经济条件下企业正常的行为,其追求的首要目标是特许经营期内的利润最大化,因此,其关注的重点往往在于提供服务的成本、资源的合理配置以及价格的及时调整等影响经济绩效的因素。政府作为污水处理厂资产的最终拥有者和社会环境质量的规制者,为社会公众提供污水处理环境服务,并负有对污水处理设施运行管理及特许服务情况进行规制的责任。因此,政府追求的首要目标是环境绩效的最大化。如何在城市污水处理业特许经营项目的运营中兼顾"经济绩效"与"环境绩效",不仅是牵涉技术层面和管理层面的问题,更应该是法律制度研究中应予直面的核心问题。

一、"水质"问题

采用特许经营模式的城市污水处理业在"水质"方面的问题依特许经营的全生命周期划分表现在如下几个方面:

首先,在市场准入方面,由于目前特许经营法律制度、招投标法律制度和竞争法律制度尚存在诸多不完善之处,特许经营授权方在选择特许经营者上存在“撇脂”、反竞争等问题,造成特许经营无法发挥在属于自然垄断领域的城市污水处理业创设竞争机制的作用,出现特许经营者处理的污水水质超标、特许经营者跑路造成污水处理设施撂荒等现象的出现,这使采用特许经营模式的城市污水处理业不仅未能实现环境与经济绩效的“双赢”,反而使特定区域的水污染情况变得更加严重。

其次,在企业运营方面,水质形成共分为3个环节(第一个环节是工业污水排水户和生活污水排水户将污水排放进入市政排水管网,第二个环节是污水通过市政排水管网接入到采用特许经营模式的污水处理设施,第三个环节是采用特许经营模式的污水处理设施对接入污水进行处理并排放进入自然水体)。在第一个环节中,对于工业污水排水户的规制,虽然国家部委和各地方政府相继出台了环境污染第三方治理的政策文件,但法律制度上缺乏各法律关系主体间权利义务划分和责任承担的制度规定,这造成了污水水质源头控制的缺失。此外,鉴于市政部门、建设部门、水务部门和环保部门的职能划分,在排水户不定时偷排等现象出现时,对接入市政排水管网的污水水质的规制是存在漏洞的。在第二个和第三个环节中,采用特许经营模式的污水处理设施在上游排水户不定时偷排和来水成分复杂的影响下,由于无法进行污染源回溯和固定证据,只能被动接纳水质超标的“进水”造成成本上升,却无法在污水处理费的结算中对于成本上升和水质达标得到体现。反过来讲,一旦经过采用特许经营模式的污水处理设施处理的污水水质超标,环保部门就会根据在线监测数据按照2014年4月24日新颁布的《环境保护法》对于违法排污行为给予“按日计罚”的重罚。

最后,在缺乏绩效评估的基础上,由于临时接管制度的不完善,造成特许经营模式的污水处理企业的无序退出。

二、“水量”问题

采用特许经营模式的污水处理设施正常运营的前提是必须有“足质”“足量”的污水接入。“足质”是指接入采用特许经营模式的污水处理设施的污水必须是与该设施采取的污水处理工艺相适应,污水中污染物浓度过高或过低,都会导致污水处理设施成本上升。“足量”是指接入采用特许经营模式的污水处理设施的污水必须是与该设施的污水处理负荷相适应。实践中的问题是,一方面,很多地方由于仍然采取雨污混流的排水体制,接入采用特许经营模式的污水处理设施的污水浓度过低、水量过大;另一方面,在采用特许经营模式的污水处理设施的建设中,由于城市总体规划、镇总体规划、专项规划之间的协调性差,特别是相关规划在环境影响评价方面存在环评"广度"和"深度"的有限性、环评程序中相关法律关系主体权利义务配置不当等问题,以致出现了因管网配套严重滞后、污水处理企业设计负荷远大于污水排放量造成的污水处理设施"晒太阳"现象的出现。

三、"水价"问题

城市污水处理费以其特有的"价格杠杆"作用成为采用特许经营模式的污水处理设施实现环境与经济绩效的重要制度保障。关于城市污水处理费的价格规制在政策方面文件频出,但法律制度的配套却严重滞后,呈现出鲜明的"政热法冷"现象。由此所带来的问题如下:

首先,城市污水处理价格性质的"单轨制"严重桎梏了市场活力,没有给企业以任何回旋的空间,缺乏必要的激励机制,无法发挥价格对于环境污染防治的杠杆作用。

其次,城市污水处理价格的核定标准仍然较为粗疏,在城市污水处理费的"减征"和"漏征"方面存在漏洞。

再次,"差别化收费"需要配套性制度方可落地。由于行政分权体制下政府规制的衔接漏洞以及环境第三方参与的严重不足,现有城市污水处理价格仍然无法做到对不同类别的排水户通过差别化价格形成机制实现科学调控。

最后,由于未能以"制衡"为主线将城市污水处理定调价机制中的价格(成本)调查、听取社会意见、形成定价方案、集体审议、作出制定价格的决定、公告、价格决定执行情况的跟踪调查和监测七个环节串联成为一个有机的整体,城市污水处理价格的制定和调整成为政府的"烫手山芋"、企业的"热切期盼"和社会公众的"众矢之的"。

鉴于此,本书研究的目的就是通过对采用特许经营模式的城市污水处理厂运营的环境与经济绩效的分析,系统探讨我国现有城市污水处理业特许经营中存在的"水质""水量"和"水价"等核心问题,并探讨这些问题与现有法律制度的关联性,提出改善建议。

第二章　研究方法

一、数据调研方法

缺乏数据一直是制约包括城市污水处理业在内的整个市政公用事业特许经营法律制度研究的主要"瓶颈"之一。为此，本书花费了大量的时间与精力，对西北地区的8座污水处理厂进行了近3年的跟踪调研（2013～2015年），了解和掌握了这些城市污水处理厂建设和运行的实际情况，获得了关于污水处理厂建设运营环境与经济绩效的第一手资料，包括动力费、药剂费、工资及福利、维修费用、折旧及摊销费用、管理费用、财务费用、销售税金及附加、年运行天数、年处理污水量、年中水回用量、年中水回用收入、年其他收入、COD削减量、氨氮削减量、总磷削减量、污泥排放量等。

（一）问卷调查方法

为了研究在城市污水处理业特许经营项目运营中出现经济绩效和环境绩效不佳的主要影响因素，本研究采取了问卷调查的方式，重点以"市场准入—企业运营—市场退出"三个特许经营项目运营的关键环节为切入点，调查政府有关部门和特许经营者在城市污水处理业特许经营项目运营中的权利义务分担，识别城市污水处理业特许经营项目经济绩效和环境绩效不佳的主要影响因素。

1.问卷设计

城市污水处理业特许经营项目运营中的法律问题之调查问卷分为"受访对象基本情况"（针对政府有关部门设置的有2题、针对特许经营者设置的有10题）、"市场准入基本情况"（针对政府有关部门和特许经营者各设置2

题)、企业运营情况(针对政府有关部门设置的有4题、针对特许经营者设置的有2题)和市场退出情况(针对政府有关部门和特许经营者各设置2题)4个部分,总共26道调查问题(针对政府有关部门设置的有10题,针对特许经营者设置的有16题)(附录A、附录B),在问卷调查内容中,针对政府有关部门和特许经营者有所区别。在受访对象基本情况部分中,对于政府有关部门设置的调查内容,包括该部门所辖区域污水处理业特许经营项目的分布和建设运营的总体情况、该部门对所辖区域污水处理业特许经营项目监管的总体情况(资金、人员、监管计划及其落实);对于特许经营者设置的调查内容,包括企业名称、地址、成立时间、运营时间、基本建设投资(万元)、设计能力(万吨/日)、企业性质、隶属单位、投资主体及比例、建设资金来源及比例、运行资金来源渠道、管理方式、管网经营权归属、工艺技术、污水处理程度等。在市场准入部分中,对于政府有关部门设置的调查内容,包括该部门所在区域在"市场准入"环节对于特许经营者的选择方式、该部门是否参与了所在区域特许经营者的招投标或其他竞争性准入程序;对于特许经营者设置的调查内容,包括该特许经营者获得特许经营权是否通过招投标或其他竞争性准入程序、政府有关部门设置的招投标或其他竞争性准入程序是否公平。在企业运营部分中,对于政府有关部门设置的调查内容,包括对于特许经营项目在日常运营中的水质监管计划及实施、对于特许经营项目在日常运营中的水量监管计划及实施、对于特许经营项目的水价核定标准及程序、对于特许经营项目的绩效评估方式及程序;对于特许经营者设置的调查内容则包括动力费(万元)、药剂费(万元)、工资及福利(万元)、维修费用(万元)、折旧及摊销费用(万元)、管理费用(万元)、财务费用(万元)、销售税金及附加(万元)、其他(万元)、年污水处理量(万吨)、年中水回用量(万吨)、年中水回用收入(万元)、COD削减量(吨)、氨氮削减量(吨)、总磷削减量(吨)、污泥排放量(吨)。在市场退出部分中,对于政府有关部门设置的调查内容,包括临时接管的启动和具体程序、临时接管机构的组成及其权限;对于特许经营者设置的调查内容,包括临时接管程序的启动是否侵害到企业的合法权益以及临时接管程序的启动对企业带来的影响。

问卷的设计过程参考了国内相关研究的问卷调查设计。在开始进行正式调查之前,曾针对2个政府有关部门和2个城市污水处理业特许经营项目进行模拟调查,并根据被调查者的反馈情况对问卷进行了优化设计,题目从最初的36道题目合并压缩到26道题目。

2. 问卷调研

根据城市污水处理业特许经营项目的运营实际,本书选取了2013~2015年西北地区有关城市的水务部门、环保部门、市政部门、建设部门、发展改革部门、财政部门等政府行政主管部门以及位于城市主城区、城市远郊区/县的城市污水处理业特许经营项目展开问卷调研，为了使问卷调研尽可能涵盖不同层级、不同地域的政府有关部门和不同地域、不同特许经营模式、不同生产工艺和不同处理负荷的城市污水处理业特许经营项目，也为了尽可能确保填报数据的真实可靠，总共发放问卷100余份，收回有效问卷50余份，有效问卷回收率达51%。无效问卷的判断标准为：

第一，未对问卷调查所需的关键数据作答的；

第二，对问卷调查所需的数据作答明显与实际情况不符的；

第三，对问卷调查所提出的问题回答避重就轻的；

第四，对超过10%的问卷问题未作答的。

（二）现场调研

本书通过"现场调研+运营记录"方式收集了西北地区8座典型污水处理厂的财务成本和产出情况，基本囊括了西北地区采用特许经营模式的城市污水处理设施的主要类型。截至2015年年底，西北地区建成有污水处理厂335座，日处理能力达975.73万吨/日，所采用的主要工艺为周期循环活性污泥法（CASS工艺）、厌氧—缺氧—好氧活性污泥法（A^2O法）、改良厌氧—缺氧—好氧活性污泥法（改良的A^2O法）、间歇式活性污泥法（SBR法）等，基本包括了我国城市所采用的主要污水处理工艺。为了研究城市污水处理业特许经营项目实际运营的经济绩效与环境绩效，在西北地区有关城市政府水务部门、环保部门的帮助下，本书调研收集了西北地区8座污水处理厂的污水处理规模与工艺等信息，为了满足数据统计分析所要求的样本量和代表性，这些污水处理设施既囊括了西北地区污水处理的主流生产工艺，又包含了城市主城区和城市远郊区/县等主要区域特征，同时也涵盖了BOT、TOT等城市污水处理业特许经营项目的主流特许经营模式。

表2-1　西北地区8座污水处理设施的运营管理概况

项目名称	设计规模（万吨/日）	处理工艺	投入运行时间	运营模式	总投资（亿元）	排放标准
A污水处理厂	4	CASS工艺	2013年	BOT模式	2.4	一级A
B污水处理厂	13	A^2O法	2008年	国有模式	4.3	一级A
C污水处理厂	10	A^2O法	2009年	BOT模式	2.6	一级A
D污水处理厂	5	CASS工艺+纤维滤布滤池+A^2O法	2013年	TOT模式	1.07	一级A

续表

项目名称	设计规模(万吨/日)	处理工艺	投入运行时间	运营模式	总投资(亿元)	排放标准
E污水处理厂	26	改良 A^2O 法	2011年	BOT模式	3.13	一级B
F污水处理厂	20	A^2O 法	2011年	TOT模式	4.96	一级B
G污水处理厂	4	SBR法	2012年	BOT模式	1.1	一级B
H污水处理厂	2.5	A^2O 法+混凝沉淀	2013年	BOT模式	1.8	一级A

资料来源:根据实证调研数据整理而得。

二、数据处理与分析方法

作为城市污水处理业特许经营项目的运营者,特许经营者追求的首要目标是特许经营期内的利润最大化,因此,其关注的重点往往在于提供服务的成本、资源的合理配置以及价格的及时调整等影响经济绩效的因素。许多建成的污水处理厂经济绩效不佳甚至没有运行的主要原因之一是污水处理成本较高,因此,加强污水处理厂内部财务成本管理和控制是提高经济绩效的重要手段。目前对经济绩效测度的研究方法主要有参数法与非参数法两大类。① 参数方法包含随机前沿面分析法(Stochastic Frontier Analysis,SFA)、自由分布法(Distribution-Free Approach,DFA)、厚前沿分析法(Thick Frontier Approach,TFA)。非参数方法主要有数据包络分析(Data Envelopment Analysis,DEA)、无界分析(Free Disposal Hull,FDH)、指数法(Index Numbers,IN)以及混合最优策略法(Mixed Optimal Strategy,MOS)。其中,SFA和DEA是实践中常用的两种绩效测度方法。自2000年以后,国内外对于污水处理厂的经济绩效评价中更多地引入了DEA模型作为系统定量研究的方法。在国内,有学者用指标法对我国城市污水处理厂经济绩效进行定量分析,运用DEA方法对中国城市污水处理厂的资源配置效率进行了比较,并得出以下结论:资本对我国城市污水处理厂的产出弹性最大,其次是运营电耗,再次为劳动力。② 有学者运用DEA方法对天津、上海、海口等城市的7座污水处理厂进

① 参见郭京福、杨德礼:《生产前沿参数方法与非参数方法的比较研究》,载《系统工程理论与实践》1998年第1期。

② 参见褚俊英、陈吉宁、邹骥等:《中国城市污水处理厂资源配置效率的比较》,载《中国环境科学》2004年第2期。

行了规模与技术相对有效性评估研究，分别指出了其改进值。① 有学者利用 DEA 方法进行了乌鲁木齐市污水处理厂的经济绩效评价，并探讨影响其规模技术有效性的因素，对经济欠发达地区污水处理厂的建设、运行、管理提出了相应建议。② 有学者借助 DEA 方法在经济绩效评估中的运用，构造了污水处理厂进行效率定量评价模型，对 22 家同规模污水处理厂进行了评估并指明了改进方向。③ 在国外，有学者认为 DEA 方法是一个评估供水系统相对效率、建立基准以衡量水资源管理进展情况的有效工具，巴勒斯坦政策制定者应该重点放在重建供水网络基础设施，从 DEA 最无效的开始，使水损失减少到最低。④

本书根据对西北地区 7 座城市污水处理厂 2013～2015 年的实际调研数据，使用 DEA 方法构造了污水处理厂经济绩效的 CCR 定量评价模型，并运用该模型对 7 座污水处理厂的运行效率进行了科学评价，同时利用求解结果，推导出了影响污水处理厂超过合理成本界限的主要因素，为从法律制度层面展开定性分析并提出完善对策和建议，从定量研究层面提供了前提和基础。

数据包络分析法（DEA），是通过数学规划模型评价具有多个输入和输出的决策单元（DMU）间的相对有效性的效率评价方法。使用 DEA 模型对 DMU 进行效率评价时，不需要确定投入产出指标之间任何形式的表达。因此，DEA 方法对社会经济系统多投入和多产出指标的相对有效性评价独具优势。本书中的 DEA 分析借助了 CCR 模型：DEA 模型设有 n 个决策单元 DMU_j（Decision Making Units），$j=1,2,\cdots,n$，每个 DMU 都包含 m 种投入指标和 s 种产出指标，DMU_j 的输入向量为 $X_j=(x_{1j},x_{2j},\cdots,x_{mj})^T>0$，输出向量 $Y_j=(y_{1j},y_{2j},\cdots,y_{sj})^T>0$，并假设模型满足凸性、锥性、无效性和最小性公理。为了对决策单元 DMU_j 进行评价，经过 Charnes-Cooper 及对偶变化，最终得到下面的线性规划模型：

$\min\theta$

$$s.t.\ \sum_{j=1}^{n}\lambda_j x_j + S^- = \theta x_0 \qquad (2-1)$$

① 参见赵强、张慎峰、吴育华：《污水处理厂规模与技术相对有效评估研究》，载《成都信息工程学院学报》2003 年第 3 期。

② 参见高琴、张辉国、安哲、朱斌：《基于 DEA 分析的乌鲁木齐市污水处理厂规模技术有效性研究》，载《新疆大学学报》（自然科学版）2006 年第 5 期。

③ 参见王芙蓉、苏波：《基于 DEA 技术的污水处理厂运行效率评估模型研究》，载《西华大学学报》（自然科学版）2007 年第 7 期。

④ See Kamal Alshrif, "Governance of water supply systems in the Palestinian Territories: A data envelopment analysis approach to the management of water resources", *European Journal of Operational Research*, 2000, pp. 436－453.

$$\sum_{j=1}^{n} \lambda_j x_j - S^+ = y_0 \tag{2-2}$$

$j=1,2,\cdots,n,S^- \geqslant 0,S^+ \geqslant 0$

其中,θ 表示综合技术效率,x_0 和 y_0 分别表示决策单元 DMU_0 的投入和产出向量;$\lambda=(\lambda_1,\lambda_2,\cdots,\lambda_n)^T$ 是一个 n 维列向量,分别代表 n 个决策单元的投入和产出要素的权重;S^- 和 S^+ 分别为松弛变量(投入的过度量)和剩余变量(产出的不足量)。对模型求解相对效率系数 θ,可对决策单元 j 当前的投入、产出以及效率进行判断。

DEA 方法的重要特点之一是可以通过 DMU 在相对有效平面上的"投影"来改进非 DEA 有效的决策单元,使该决策单元达到相对有效。式(2－3)与式(2－4)中给出了将非有效点调整到有效水平的量化指标。

$$\hat{x}_i = \theta x_i - s^{j^-} \tag{2-3}$$

$$\hat{y}_i = \theta y_i - s^{j^+} \tag{2-4}$$

称(,)为决策单元 j 对应的(x_j,y_j)在 DEA 的相对有效面上的"投影"。记

$$\Delta x_j = x_j - \hat{x}_j \tag{2-5}$$

$$\Delta y_j = y_j - \hat{y}_j \tag{2-6}$$

Δx_j 表示投入剩余量(在现有产出水平下),Δy_j 表示产出亏空量(在已有的投入水平下)。显然,若原来的(x_j,y_j)是非 DEA 有效的,可以在不减少输出的前提下使原来的输入有所减少($\Delta x \geqslant 0$),或在不增加投入的前提下,使输出有所增加($\Delta y \geqslant 0$)。

本书旨在通过选取对决策单元影响较大、可比性较强且易于操作的因素作为评价指标以全面客观地反映各个污水处理厂的环境与经济绩效。

污水处理厂的成本包括人员费(包括职工工资及福利、管理费、车辆费)、动力费(电费及运输费)、维修费(日常的设备维修保养费、仪表的校验费、设备大修费和管道的维护费)和药剂费(包括各种化学试剂、絮凝剂和消毒费)以及其他费用。①

一旦污水处理厂建成,其固定资产、污水处理工艺以及资金来源就已确定,即固定资产折旧及摊销和财务费用为固定投入,无法改变,则影响污水处理厂的经济绩效的主要表现在除上述 3 项以外的运行成本。要使污水处理企业经济绩效处于行业效率前沿,应尽可能降低人员费用、动力费用、维修费用以及药剂费用。故本书所确定的污水处理厂效率评价投入指标为:

---

① 参见原培胜:《城镇污水处理厂运行成本分析》,载《环境科学与管理》2008 年第 1 期。

投入指标：X_1：动力费用（万元）；X_2：药剂费用（万元）；

X_3：工资及福利（万元）；X_4：维修费用（万元）。

作为准公共物品，污水处理厂表现出较强的环境绩效，污水处理量是衡量污水处理厂社会效益的重要指标。故本书确定的产出指标为：

产出指标：Y：污水处理量（万吨）

以DEA方法中的CCR模型为基础，将各污水处理厂的运营数据分别代入进行经济绩效评价，由DEAP软件求解，可以得到各污水处理厂的效率评价表及松弛变量值。根据DEA有效性判定原则：第一，当决策单元的综合技术效率测度为1.000时，表明了要达到现有的输出，至少有一种输入已无法减少，除非同时增加其他种类的输入。而在现有的输入条件下，至少有一种输出已无法增加，除非同时降低其他种类的输出。即目前的财务成本结构合理，成本费用得到有效的利用。第二，当决策单元的综合技术效率测度小于1.000时，表明了投入要素存在减少的余地，而且值越小减少的余地越大，其相对有效性越低。第三，当决策单元的相关投入和产出指标存在松弛变量值时，意味着投入存在冗余，要达到相对有效，成本费用应适度减少。第四，当决策单元的规模效率值小于1.000时，若投入和产出均存在松弛变量值，则说明要维持现有的产出规模必须降低其财务成本，或者在保持现有成本费用的同时扩大其产出规模。若投入和产出均不存在松弛变量值，则说明投入产出比例合理，财务成本费用得到了充分利用，不存在浪费，要使其综合技术效率值提高，需要对其规模进行改进，即等比例的增加其投入产出最终使其相对有效。

政府作为污水处理厂资产的最终拥有者和社会环境质量的规制者，为社会公众提供污水处理环境服务，并负有对污水处理设施运行管理及特许服务情况进行规制的责任，因此，政府追求的首要目标是环境绩效的最大化。借助DEA，通过构造污水处理厂运行经济绩效的定量评价模型，可以得到各污水处理厂投入和产出指标的目标值、改进值和改进幅度，而对于是何种原因导致相关的投入和产出指标存在改进余地，则需要对BOD、COD、氨氮、总磷和SS等城市污水处理业特许经营项目运营的主要环境绩效指标，结合相关的国家标准和行业标准，对各污水处理厂的主要污染物浓度值与国家标准值或行业标准值进行比较，并对各污水处理厂主要污染物的去除率与行业平均去除率进行比较，在此基础上对相关污水处理厂的环境绩效不佳的原因进行分析，并在综合归纳各污水处理厂的环境与经济绩效特征的基础上，提炼影响城市污水处理业特许经营项目的问题成因。

三、实证法学研究方法

实证法学研究方法是以经验为基础的法学研究方法，该方法运用社会学和经济学等社会科学的方法研究显示社会中的法律问题，关注法律与社会的互动关系，特别是解释法律的实施情况，其核心问题是“现实中的法律是什么”。[①] 实证研究方法可以大体分为两类，即定性研究和定量研究。定性的实证研究主要包括观察和访谈等，定量的实证研究主要是统计分析和回归分析等。对于城市污水处理业特许经营的法律制度研究，考虑到城市污水处理业鲜明的“环境性”特征，本研究大量运用了实证法学研究方法，其意图是通过在不断变动的实践中观察城市污水处理业特许经营项目的运行和发展，找出核心法律问题并透析其成因，为从规范法学层面提出法律制度的完善对策和建议打下坚实的基础：

首先，本书关于城市污水处理业特许经营项目运营社会问题的归结运用了实证法学研究方法中的定量实证研究方法，即通过收集样本并通过数学的计量工具进行研究。本书通过对西北地区8座污水处理厂运行中一系列投入指标（动力费、药剂费、工资及福利、日常维护费用）和产出指标（年污水处理量）以及进水和出水中包括BOD、COD、氨氮、总磷和SS在内的主要污染物浓度值等大量数据的收集，通过运用DEA方法构建CCR模型对采用特许经营模式的污水处理厂运行的经济绩效和环境绩效进行评价，并对影响城市污水处理业特许经营项目运营的主要社会问题进行了归纳总结。

其次，本书关于城市污水处理业特许经营项目运营法律问题的归结运用了实证法学研究方法中的定性实证研究方法，即通过深入政府有关部门和采取特许经营模式的城市污水处理厂实地观察，通过与有关人员的访谈厘清城市污水处理业特许经营项目运营中的问题。此外，本书还通过发放调查问卷等方式，通过扩大受访范围和避免实地观察和访谈的不足来夯实对于问题归结的精准性。本书对于城市污水处理业特许经营项目运营法律问题的归结综合运用了定量实证研究方法和定性实证研究方法，因为定量研究所发现的社会问题无法从法条本身找到答案，也很难通过定量研究予以解决。因此，本书在定量研究的基础上通过定性方法了解城市污水处理业特许经营项目的现实运行环境，从而解释为什么会发生定量研究中所发现的社会问题，也通过定量研究与定性研究的结合进一步将定量研究中发现的社会问题凝练和升华为法律问题。

最后，本书在对城市污水处理业特许经营的法律制度的研究中使用了实证法学研究方法中的案例研究方法。个案研究具有两个主要功能：一是从判例中提炼具体的法律规则，二是对于判例进行批判性分析，为判例的将来修正提供参考。虽然我国是以成文法为中心的大陆法系国家，但越来越多的学者借鉴英美法系做

---

① 参见黄辉：《法学实证研究方法及其在中国的运用》，载《法学研究》2013年第6期。

法跳出传统的限于法典之内的逻辑自足性，去寻找和关注实务中的案例。本书在对城市污水处理业特许经营项目若干法律问题的探讨中，在每一个法律问题之后都加入了典型案例或实例，通过案例分析尽最大可能地贴近城市污水处理业特许经营项目的运营实践，对现有法律制度在应对和解决现实问题的功能发挥进行检证，以对现有法律制度的完善和涉及城市污水处理业特许经营项目法律纠纷的解决提出有价值的对策和建议。

四、规范法学研究方法

规范法学研究方法是以逻辑为基础的法学研究方法，主要运用逻辑和语义的方法对于法律规范进行分析和注释，其主要从事两项工作：一是研究法律制度的制定、修改和完善，从而为立法或司法改革做出贡献；二是对法律规则的立法原意和立法宗旨进行解释，以保证法律制度得到较好的实施。前者被称为“对策法学研究方法”，后者被称为“法解释学研究方法”。[①] 对于城市污水处理业特许经营的法律制度研究，最终要回归到规范层面上来，即提出有价值的法律制度修改和完善的对策与建议，并使法律制度能够得到更好的实施，以实现更大的社会效益。

首先，本书采用了法解释学研究方法。对于城市污水处理业特许经营的法律制度研究，本书以特许经营全生命周期“市场准入—企业运营—市场退出”为切入点，综合收集和分析了归属于环境与资源保护法（包括环境保护法、水法、水污染防治法、城市排水与污水处理法、城市排水许可法、环境影响评价法、规划环境影响评价法、环境信用评价法、环境监测法）、经济法（包括反垄断法、招投标法、基础设施和公用事业特许经营法、价格法、城乡规划法、预算法、审计法）、行政法（包括政府信息公开法、行政许可法、行政诉讼法、价格听政法）、民商法（合同法、侵权责任法）的包括中央层面和地方层面在内的数十部立法，结合城市污水处理业特许经营项目的运营实际和其中所反映出来的相关法律问题，对这些立法中的立法宗旨和立法原意进行解释，从而对现有立法中正确且严谨但在法律实践中被曲解或错用的条款进行阐释，对现有立法中有局限性、无法有效应对实践中产生的法律问题的条款进行反思和重构。

其次，本书采用了对策法学研究方法。其一，本书对于通过数据调研方法、数据分析与处理方法、实证法学研究方法归纳和总结的城市污水处理业特许经营项目运营的社会问题和法律问题，在法律制度设计上寻找问题的成因，即法律问题的出现在于法律的实施，而法律实施问题的前提在于法律制度本身的漏洞，法学

① 陈瑞华：《论法学研究方法》，北京大学出版社 2013 年版，第 191 页。

研究的目的就是找出这些漏洞，提出改进立法的建议。当然，从事法学对策研究与物理、化学研究不同的是，缺乏通过实验方式来检验所提出的对策的可行性，也很难判断提出的法律解决方案是否有助于解决问题。本书虽然很难跳出法学对策研究的这一"窠臼"，但仍然尽了最大努力通过在相关城市污水处理业特许经营项目所在地的较小区域范围内，结合本书所提出的对相关法律制度的完善对策和建议，通过政府有关部门在履行规制职责过程中的调整来验证所提出的对策和建议的"可适用性"。比如，在企业运营环节，对采取特许经营模式的污水处理厂"进水"和"出水"的规制以及相应的"水价"核定。在市场退出环节，临时接管程序的启动、时间的把握、机构的组成和运行等。其二，本书在研究中努力将理论研究加以实用化。比如，在市场准入环节，"内部发标违法性"理论如何在相关法律制度中得到体现，行政垄断规制理论是否应该突破其固有的局限性。在企业运营环节，如何把污染第三方治理理论引入到环境保护立法中，如何将行政程序正当性理论引入到规划环境影响评价制度中，如何将行政案卷排他理论引入价格听证制度之中。

五、技术路线图

本书通过理论分析、现状分析、制度分析、案例分析和制度建议 5 个研究步骤实现研究目的：

其一，在理论分析部分，本书运用文献研究方法，首先，通过研究背景的梳理，揭示研究的理论意义和现实意义。其次，对包括城市污水处理研究、城市污水处理特许经营研究（包括公私合作理论、特许经营理论和公私法区分理论）、城市污水处理的环境绩效研究、城市污水处理的经济绩效研究和城市污水处理业特许经营的规制法研究进行系统梳理，夯实本书的理论基础。

其二，在现状分析部分，本书运用数据调研方法和数据调研处理与分析方法，对西北地区 8 座城市污水处理设施运营的环境与经济绩效数据，运用 DEA 方法，通过构建 CCR 模型进行分析与处理，对其运营中反映出来的"水质""水量"和"水价"问题进行归纳和总结。

其三，在制度分析部分，本书运用实证法学研究方法和规范法学研究方法，从城市污水处理设施运营的全生命周期（"市场准入—企业运营—市场退出"）入手，结合招投标法律制度、反垄断法律制度、水污染防治法律制度、城镇排水与污水处理法律制度、规划法律制度、环境影响评价法律制度、价格法律制度、预算法律制度和审计法律制度等，对引致城市污水处理设施运营中出现的"水质""水量"和"水价"等法律问题的成因进行深入分析，并结合本书理论分析部分的研究成果，对相关法律关系主体之间的权利义务安排是否得当展开细致探讨。

其四,在案例分析部分,本书运用案例研究方法,通过对城市污水处理业特许经营的"水质""水量"和"水价"规制典型案例的分析,对于本书在理论分析部分、现状分析部分和制度分析部分中提出的观点进行检证、深化和凝练,进一步锤炼本书对于城市污水处理业特许经营的"水质""水量"和"水价"等法律问题的分析和提出观点的恰当性和适用性,为系统提出针对以上法律问题的"一揽子"解决对策和建议打下坚实的实证基础。

其五,在制度建议部分,本书紧紧围绕城市污水处理设施运营的全生命周期("市场准入—企业运营—市场退出"),针对城市污水处理业特许经营的"水质""水量"和"水价"等核心法律问题,对现有法律制度中提出修改和完善的对策和建议。

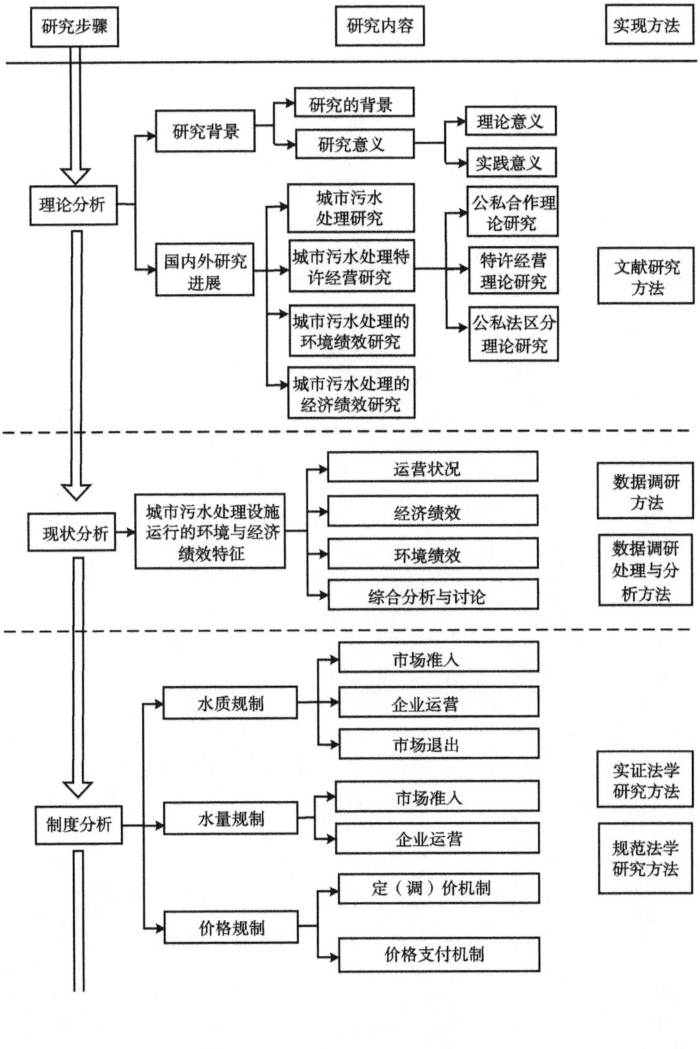

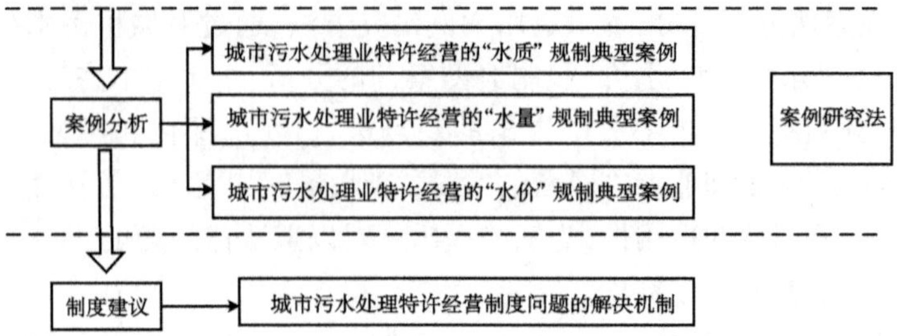
城市污水处理业特许经营的"水质"规制典型案例
案例分析
城市污水处理业特许经营的"水量"规制典型案例
案例研究法
城市污水处理业特许经营的"水价"规制典型案例
制度建议
城市污水处理特许经营制度问题的解决机制

图 2-1 本书的技术路线

第三章　城市污水处理设施运行的环境与经济绩效特征

第一节　运营状况

近年来,通过城镇污水处理设施的建设运行来应对水污染和保护水环境的速度在逐年加快。从住房和城乡建设部公布的2013～2015年《全国城镇污水处理设施建设和运行情况的通报》来看,城镇污水处理设施无论是在设施建设、污水处理量、COD削减量,还是在COD削减浓度上都取得了长足的发展。然而,从全国和各地公布的对城镇污水处理设施的监督检查结果来看,城镇污水处理设施在建设运行中依然问题不少:第一,设施运行负荷率低。有学者对我国城镇污水处理设施的运行状况进行了调查分析,认为配套市政管网建设的严重滞后和政府的超前规划是造成这一现状的主要原因。[①] 从新闻媒体报道中析出的数据也印证了这一点。例如,陕西省环境保护行政主管部门在2013年对现有105座城镇生活污水处理厂的监督检查中发现,设计总处理规模为344.6万吨/日,但实际处理量为239.6万吨/日,整体运行负荷率为70%左右。[②] 截至2012年9月,全国仍有377座污水处理厂在"晒太

---

① 参见陈中颖、刘爱萍、刘永、许振成:《中国城镇污水处理厂运行状况调查分析》,载《环境污染与防治》2009年第9期。

② 参见樊婷婷:《陕西105家城镇生活污水处理厂逾半超标排污》,载西部网:http://news.cnwest.com/content/2013-06/15/content_9516169.htm,最后访问日期:2016年1月9日。

阳”(见表3-1)。第二,水质超标问题时有发生。例如,根据陕西省西安市环保局日前通报的数据显示,2015年陕西省省级通报的西安市15起污水处理设施运行问题中,出水超标问题有12起,占比80%。第三,现有的污水处理收费无法覆盖污水处理设施的全部运营成本。有学者通过选取全国东、中、西部227个污水处理厂为样本,估算这些样本的运营成本及其结构,分析其地区差异与执行标准的关系。结果显示样本平均运营成本为1.38元/吨,并且通过与污水处理厂所在地的污水处理费征收标准比较,判断当前我国大部分地区征收的污水处理费只覆盖污水处理厂的运行成本,并未覆盖我国城镇污水处理厂的全部运营成本。运用成本收益分析研究污水处理厂运行状况,结果显示227个样本的平均单位污水处理费收入为0.80元/吨,平均治理污水的单位收益为3.24元/吨,平均单位盈利水平为2.09元/吨,政策补贴成为污水处理厂的主要收入。①

表3-1 全国部分“晒太阳”的污水处理设施择要

省份	“晒太阳”污水处理设施的名称、数量
浙江省	截至2015年12月有23座,包括金华市婺城区琅琊镇污水处理厂、宁波市象山县贤庠污水处理厂、绍兴市嵊州市甘霖镇污水处理厂、嵊州市长乐镇镇污水处理厂等
湖北省	截至2014年3月有46座
江苏省	徐州市邳州市城北污水处理厂、南京城东污水处理厂三期、溧水柘塘污水处理厂、南京栖霞的铁北污水处理厂
重庆市	重庆市悦来污水处理厂
陕西省	陕西资源再生产业园区污水处理厂
吉林省	四平市梨树县污水处理厂
湖南省	临湘市污水处理厂

资料来源:从网络新闻媒体报道中整理而得。

注:“晒太阳”是指由于管网配套滞后、规划超前等原因导致进入污水处理厂的污水量远小于污水处理厂的正常运行负荷。

① 参见谭雪、石磊、马中、张象枢、陆根法:《基于污水处理厂运营成本的污水处理费制度分析——基于全国227个污水处理厂样本估算》,载《中国环境科学》2015年第35期。

第二节　城市污水处理设施运行的经济绩效

一、经济绩效的总体特征

对于城市污水处理设施运营的经济绩效，多数学者是通过数据包络分析（DEA方法）展开评价的。

（一）河南省污水处理设施的经济绩效

有学者选择了河南省8座污水处理设施，运用数据包络分析（DEA方法），通过构建CCR模型对以上设施的经济绩效进行了评价，认为造成污水处理设施非DEA有效的原因如下：（1）动力费用偏高和劳动力过多，为了提高污水处理设施的经济绩效，必须选择合理的管理体制和运营模式；（2）不同建设规模的污水处理设施对污水处理工艺的需求不同。应该根据各污水处理设施的设计规模、设计目标等客观情况，在保证设计目标能够实现的前提下，选择合适工艺以降低运行费用。①

（二）贵州省污水处理设施的经济绩效

有学者选择了贵州省21座污水处理设施，运用数据包络分析（DEA方法），通过构建CCR模型和BBC模型对以上设施的经济绩效进行了评价，认为造成污水处理设施非DEA有效的原因如下：（1）设计规模不合理、运行负荷率偏低；（2）管网覆盖率不够，污水集中收集率不高；（3）不同建设规模的污水处理设施对污水处理工艺的需求不同。②

（三）新疆维吾尔自治区污水处理设施的经济绩效

有学者选择了乌鲁木齐市5座污水处理设施，运用数据包络分析（DEA方法），通过构建CCR模型和BBC模型对以上设施的经济绩效进行了评价，认为造成污水处理设施非DEA有效的原因是设计规模过大，处理水量无法达到满负荷。③

---

① 参见姚顺波：《基于DEA方法下的河南省污水处理厂财务成本控制研究》，载《华东经济管理》2009年第10期。

② 参见成官文：《基于DEA模型的贵州省市级污水处理厂运行有效性评价》，载《桂林理工大学学报》2014年第5期。

③ 参见高琴、张辉国、安哲、朱斌：《基于DEA分析的乌鲁木齐市污水处理厂规模技术有效性研究》载《新疆大学学报》（自然科学版）2006年第5期。

二、经济绩效分析

本书以西北地区7座污水处理设施2013～2015年的运营数据作为评价对象（见表3-2）。7座污水处理设施的基本情况如下：第一，运营模式。除B厂采用

表3-2 2013～2015年研究中调研的7座污水处理厂经济投入及产出

单位：万元，万吨

污水处理厂	年份	动力费	药剂费	工资及福利	日常维护费用	年污水处理量
A	2013	321.35	233.60	84.00	30.00	1095.00
	2014	342.43	233.60	93.24	35.00	1460.00
	2015	349.40	233.60	109.44	40.00	1460.00
B	2013	950.05	156.05	399.51	93.03	4961.18
	2014	1094.41	262.17	489.83	123.88	5396.52
	2015	1078.78	397.89	520.33	203.94	5728.71
C	2013	525.09	66.38	90.32	64.30	2222.60
	2014	679.43	82.85	106.55	76.40	2603.50
	2015	614.21	88.79	122.23	75.20	2739.20
D	2013	129.87	17.33	118.01	6.22	403.10
	2014	160.02	22.74	128.03	7.96	518.68
	2015	176.04	20.29	131.90	1.89	700.30
E	2013	869.11	25.71	158.10	442.07	4766.58
	2014	729.75	18.56	152.46	803.11	5273.83
	2015	932.91	46.38	174.63	1083.14	6463.75
F	2013	807.78	46.24	228.04	0.80	6119.00
	2014	711.44	52.28	233.63	4.91	5381.00
	2015	627.92	27.88	272.20	9.89	5904.00
G	2013	90.91	19.35	136.72	20.28	584.16
	2014	102.45	29.68	149.56	29.63	1121.70
	2015	106.79	27.41	196.40	31.10	1301.21

资料来源：本书的调研数据。

国有模式外,其余污水处理厂采用的均为特许经营模式。D 厂和 F 厂采用的是 TOT 模式,A 厂、C 厂、E 厂、G 厂采用的是 BOT 模式。第二,所在区域。在采用特许经营模式的污水处理厂中,A 厂、C 厂和 D 厂位于城市远郊区/县,B 厂、E 厂、F 厂和 G 厂位于城市主城区。第三,工艺技术选择及建设运营情况。A 厂于 2011 年开始建设并于 2013 年建成并投入运营,设计污水处理能力为 4 万吨/日,污水处理技术选择为“周期循环活性污泥法”(CASS 工艺)。B 厂于 2006 年开始建设并于 2008 年建成并投入运营,设计污水处理能力为 13 万吨/日,污水处理技术选择为“厌氧—缺氧—好氧活性污泥法”(A^2O 法)。C 厂于 2007 年开始建设并于 2009 年建成并投入运营,设计污水处理能力为 10 万吨/日,污水处理技术选择为“厌氧—缺氧—好氧活性污泥法”(A^2O 法)。D 厂于 2011 年开始建设并于 2013 年建成并投入运营,设计污水处理能力为 5 万吨/日,污水处理技术选择为“厌氧—缺氧—好氧活性污泥法”(A^2O 法)。E 厂于 2009 年开始建设并于 2011 年建成并投入运营,设计污水处理能力为 26 万吨/日,污水处理技术选择为“改良厌氧—缺氧—好氧活性污泥法”(改良的 A^2O 法)。F 厂于 2010 年开始建设并于 2011 年建成并投入运营,设计污水处理能力为 20 万吨/日,污水处理技术选择为“厌氧—缺氧—好氧活性污泥法”(A^2O 法)。G 厂于 2010 年开始建设并于 2012 年建成并投入运营,设计污水处理能力为 4 万吨/日,污水处理技术选择为“间歇式活性污泥法”(SBR 法)。

对表 3-2 中的投入产出数据,运用数据包络分析(DEA 方法),通过构建 CCR 模型对其经济绩效进行评价,得到了各年度 7 座污水处理厂的效率评价表及松弛变量值如下(见表 3-3～表 3-8):

表 3-3　2013 年各污水处理厂效率评价

企业名称	综合技术效率	纯技术效率	规模效率
A 污水处理厂	0.478	1.000	0.478
B 污水处理厂	0.689	0.692	0.996
C 污水处理厂	0.889	1.000	0.889
D 污水处理厂	0.410	1.000	0.410
E 污水处理厂	1.000	1.000	1.000
F 污水处理厂	1.000	1.000	1.000
G 污水处理厂	0.848	1.000	0.848

资料来源:以上数据运用数据包络分析方法计算而得。

表 3－4　2014 年各污水处理厂效率评价

企业名称	综合技术效率	纯技术效率	规模效率
A 污水处理厂	0.658	1.000	0.658
B 污水处理厂	0.622	1.000	0.622
C 污水处理厂	0.995	1.000	0.995
D 污水处理厂	0.401	1.000	0.401
E 污水处理厂	1.000	1.000	1.000
F 污水处理厂	1.000	1.000	1.000
G 污水处理厂	1.000	1.000	1.000

资料来源：以上数据运用数据包络分析方法计算而得。

表 3－5　2015 年各污水处理厂效率评价

企业名称	综合技术效率	纯技术效率	规模效率
A 污水处理厂	0.593	1.000	0.593
B 污水处理厂	0.559	0.564	0.992
C 污水处理厂	0.842	1.000	0.842
D 污水处理厂	0.621	1.000	0.621
E 污水处理厂	1.000	1.000	1.000
F 污水处理厂	1.000	1.000	1.000
G 污水处理厂	1.000	1.000	1.000

资料来源：以上数据运用数据包络分析方法计算而得。

表 3－6　2013 年各污水处理厂 DEA 分析的松弛变量

污水处理厂	S_1^-	S_2^-	S_3^-	S_4^-	S_1^+
A	1.437	103.793	0.000	0.000	0.000
B	0.000	70.085	90.519	63.483	0.000
C	142.594	43.558	0.000	0.000	0.000
D	0.000	4.055	33.332	2.496	0.000
E	0.000	0.000	0.000	0.000	0.000
F	0.000	0.000	0.000	0.000	0.000
G	0.000	12.000	94.205	17.126	0.000

资料来源：以上数据运用数据包络分析方法计算而得。

表 3－7　2014 年各污水处理厂 DEA 分析的松弛变量

污水处理厂	S_1^-	S_2^-	S_3^-	S_4^-	S_1^+
A	31.204	140.310	0.000	0.000	0.000
B	0.000	98.789	0.000	0.000	0.000
C	328.592	60.127	0.000	0.000	0.000
D	0.000	2.300	19.264	0.000	0.000
E	0.000	0.000	0.000	0.000	0.000
F	0.000	0.000	0.000	0.000	0.000
G	0.000	0.000	0.000	0.000	0.000

资料来源：以上数据运用数据包络分析方法计算而得。

表 3－8　2015 年各污水处理厂 DEA 分析的松弛变量

污水处理厂	S_1^-	S_2^-	S_3^-	S_4^-	S_1^+
A	46.947	131.248	0.000	0.000	0.000
B	0.000	191.210	0.000	98.739	0.000
C	250.302	62.613	0.000	0.000	0.000
D	34.785	9.287	49.582	0.000	0.000
E	0.000	0.000	0.000	0.000	0.000
F	0.000	0.000	0.000	0.000	0.000
G	0.000	0.000	0.000	0.000	0.000

资料来源：以上数据运用数据包络分析方法计算而得。

结合表 3－3 ~ 表 3－8，根据 DEA 有效性判定原则，分析如下：

1. 从 2013 ~ 2015 年来看，E、F、G 污水处理厂综合技术效率值为 1.000（G 污水处理厂 2013 年除外），与其他 5 个污水处理厂相比是 DEA 有效的，效率水平位于这 7 家企业的前列。从实证调研来看，这 3 家企业位于城市主城区，建设之前就有较为详尽成熟的排水规划，管网建设、污水处理厂处理规模和技术选择、污水处理厂所在地政府对污水处理厂出水标准要求等都与当地排水实际较为匹配。因此，这 3 家企业财务成本结构合理，成本费用得到有效利用，经济绩效较优。

2. 从 2013 ~ 2015 年来看，A、B、C、D 污水处理厂都不同程度地存在松弛变量，综合技术效率在 0.401 ~ 0.995 变动，DEA 相对无效，说明投入要素存在减少的余地，而且综合技术效率值越小意味着减少的余地越大，其相对有效性越低。在这 4

个污水处理厂中,D污水处理厂的相对有效性最低,表明D污水处理厂投入要素的减少余地最大,意味着D污水处理厂的成本费用超出了保证正常运营的合理花费最多。此外,规模效率偏低使A、D污水处理厂综合技术效率值小于1,要使其综合技术效率提高,应对其规模进行改进。从实证调研来看,位于城市远郊区/县的A、C、D污水处理厂存在以下几个方面的问题:第一,A污水处理厂由于所服务区域是工业园区,园区内的排水户数量近两年增长较快,排水量逐年增加,目前A污水处理厂现有的一期工程已经不能满足污水排放要求。第二,D污水处理厂服务区域的排水户排放的水量逐年增加,并且由于排水管网滞后,大部分污水是直接排入河流接入到该厂,河流沿岸村庄的养殖污水和工业污水都增大了污水处理厂的运行负荷。

3. 从图3-1~图3-3可知,从2013~2015年各项投入指标的改进幅度来看,A污水处理厂和C污水处理厂药剂费和动力费所占的比重较大;B污水处理厂药剂费和维修费所占的比重较大;D污水处理厂药剂费和工资所占的比重较大。药剂费改进幅度大成为4个DEA相对无效的污水处理厂面临的共同问题。结合实证调研的情况来看,"进水"水质差是造成药剂费用和维修费用高并有较大改进幅度的原因。

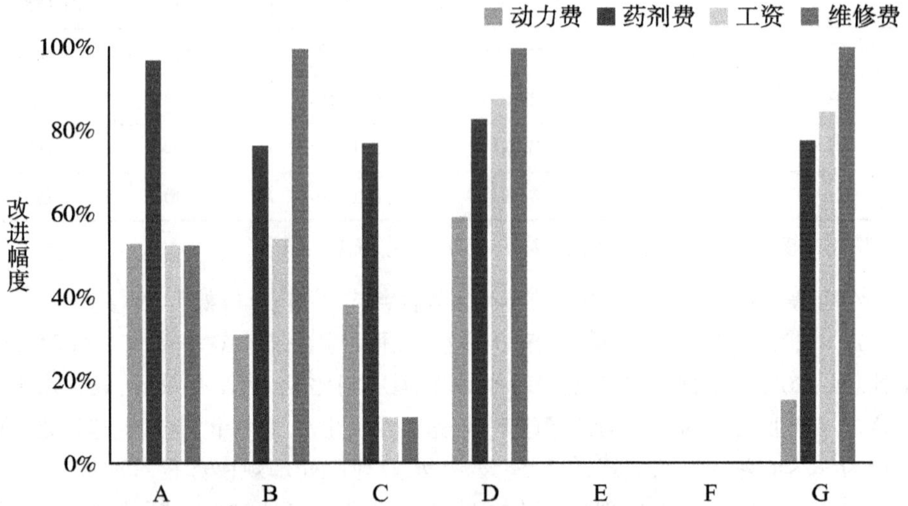

图3-1　2013年A~G污水处理厂各项投入指标的改进幅度

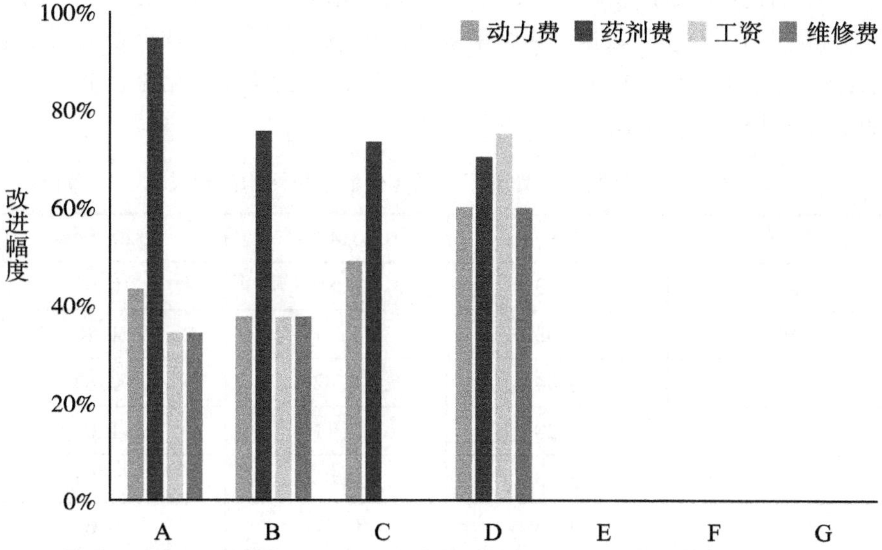

图 3-2　2014 年 A～G 污水处理厂各项投入指标的改进幅度

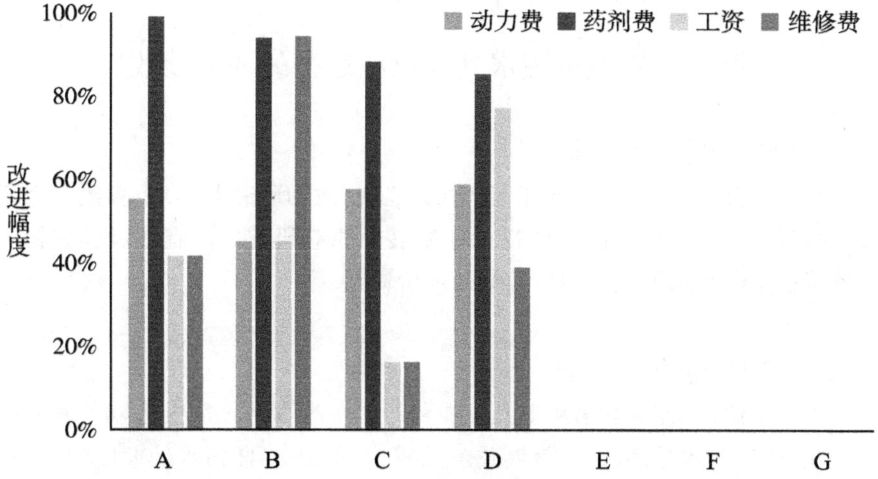

图 3-3　2015 年 A～G 污水处理厂各项投入指标的改进幅度

4. 通过计算得出了 2013 ~ 2015 年 A ~ G 污水处理厂的单位运营总成本（万元/吨）（见表 3 – 9）。从数据计算结果来看，由于 B 厂、C 厂和 D 厂处理的是生活污水，按照现有 0.8 元/吨的居民污水处理费征收标准，均无法覆盖 3 个污水处理厂的单位污水处理总成本。

表 3 – 9　不同污水处理厂不同年份的单位污水处理成本　　单位：元/吨

污水处理厂	2013 年	2014 年	2015 年
A	1.13	0.89	0.93
B	0.93	1.11	1.10
C	0.84	0.82	0.82
D	1.28	1.11	1.06
E	0.93	0.86	0.84
F	0.65	0.74	0.63
G	1.62	0.88	0.78

资料来源：本书调研数据。

第三节　城市污水处理设施运行的环境绩效

一、环境绩效的总体特征

现有文献对于城市污水处理厂运营的环境绩效的研究并不多，多数学者仍然是通过构建企业环境绩效的评估指标体系展开相应研究的。有学者尝试构建了四川省城镇生活污水处理厂的减排绩效评价体系。①

二、环境绩效分析

由于调研数据所限，本书从上文中提到的 7 座污水处理厂中选取了有共同数据的 D、E、F、G 污水处理厂（均为特许经营模式）并加入 H 污水处理厂（特许经营模式）作为评价对象，其中，H 厂于 2011 年开始建设并于 2013 年建成并投入运营，设计污水处理能力为 2.5 万吨/日，污水处理技术选择为“厌氧—缺氧—好氧活性污泥法”（A^2O 法），对以上各厂进出水水质选取能够有数据支撑的 BOD、COD、氨

① 参见吴婷、唐小军、赵磊、王丽娟、甘欣：《四川省城镇生活污水处理厂减排绩效评价指标体系构建研究》，载《环境科学与管理》2015 年第 9 期。

氮、总磷和 SS 这 5 项评价指标，以《污水排入城镇下水道水质标准》（C J343—2010）和《城镇污水处理厂污染物排放标准》（GB 18918—2002）为对照依据进行了评价：

（一）D 污水处理厂

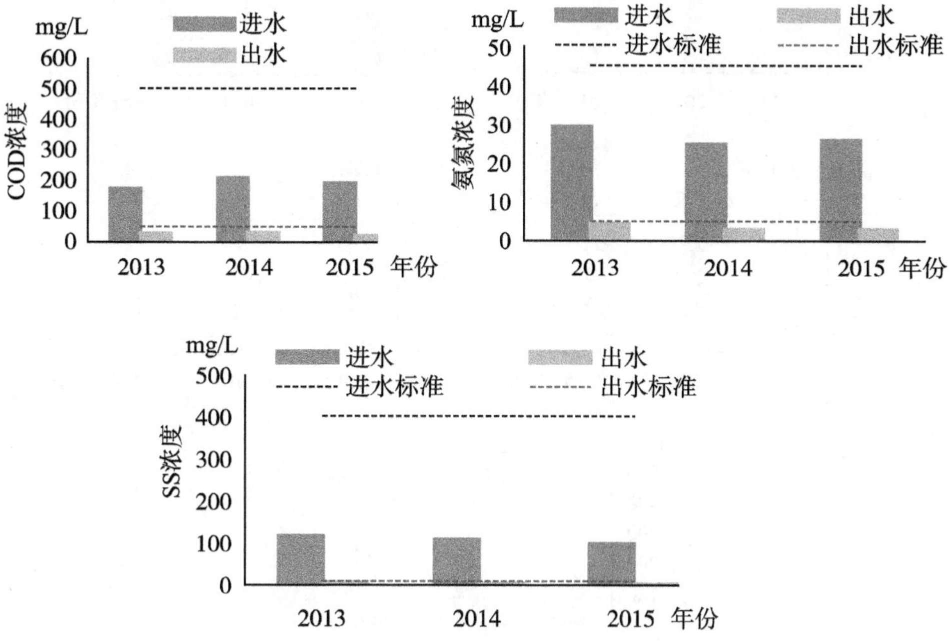

图 3－4　D 污水处理厂进出水污染物浓度与国家及行业标准值的对比①

从图 3－4 可以看出，D 污水处理厂无论是进水水质还是出水水质，COD、氨氮和 SS 这 3 项指标与国家及行业标准值相比均处于标准值要求以下。然而，结合环保行政主管部门公布的执法监督检查结果来看，D 污水处理厂仅在 2015 年 1～10 月就因水质超标问题被省级通报 5 次，水质超标的主要指标是总氮和总磷。这也与 D 污水处理厂所服务的区域特征较为吻合。由于管网配套的滞后，D 污水处理厂所服务区域的大部分排水户均是将污水直接排入河流，然后接入该厂进行处理，这使河流中的污染物有以下来源：首先是排水户排放的生活污水以及餐饮废水；其次是河流沿岸居民的养殖废水以及生活污水；再次是河流沿岸化肥企业产生的废水；最后是河流沿岸村庄农业生产中的面源污染。

① 图 3－4 中 COD 是化学需氧量的缩写，SS 是悬浮物的缩写。

(二)E 污水处理厂

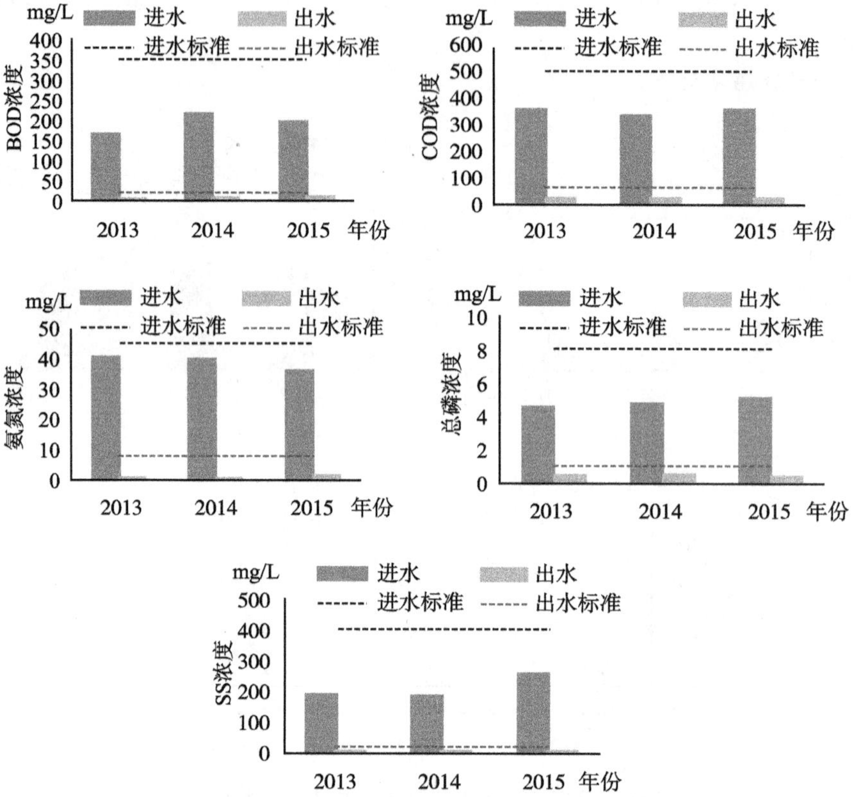

图 3－5　E 污水处理厂进出水污染物浓度与国家及行业标准值的对比①

从图 3－5 可以看出，E 污水处理厂无论是进水水质还是出水水质，BOD、COD、氨氮、总磷和 SS 这 5 项指标与国家及行业标准值相比均处于标准值要求以下，这也与环保行政主管部门的执法监督检查结果相吻合。此外，E 污水处理厂出水水质的达标也与当地对于污水处理厂污染物排放标准级别的选择有较大关系。E 污水处理厂在与当地政府签订的特许经营协议中对于污水处理厂污染物排放标准级别的约定是一级 B 标准，这使 E 污水处理厂在 2013～2015 年出水水质全部达标。

① 图 3－5 中 BOD 是生化需氧量的缩写，COD 是化学需氧量的缩写，SS 是悬浮物的缩写。

(三)F 污水处理厂

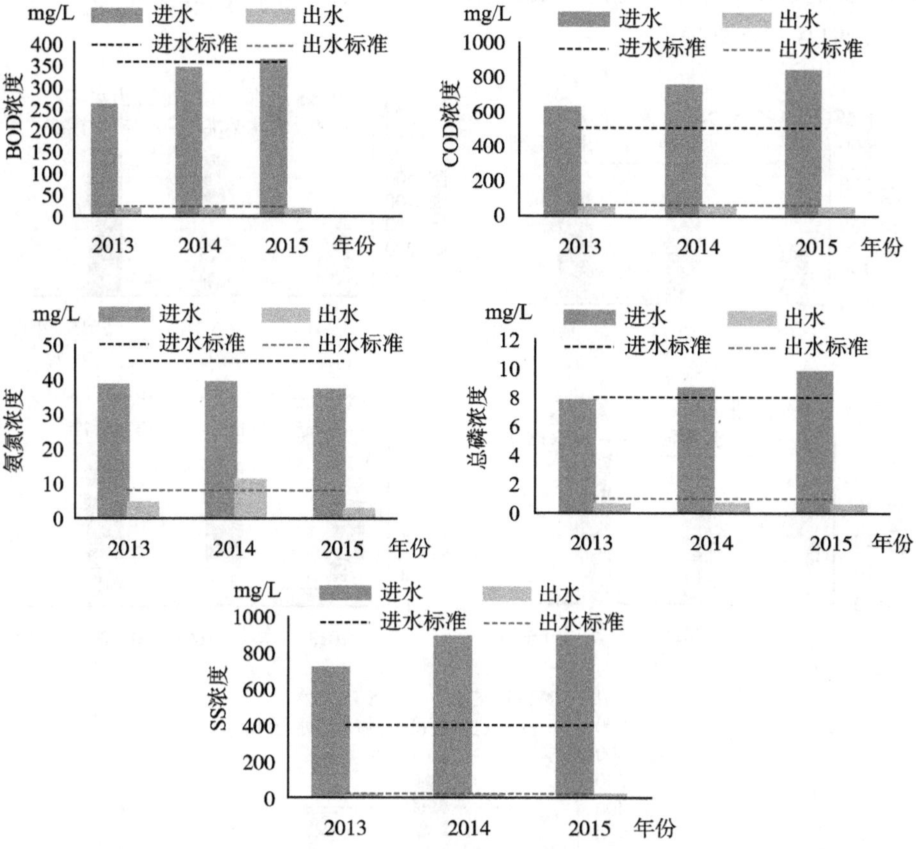

图 3－6　F 污水处理厂进出水污染物浓度与国家及行业标准值的对比①

从图 3－6 可以看出,F 污水处理厂在进水水质方面,COD、总磷和 SS 这 3 项指标与行业标准值相比较,均不同程度地存在超标问题,其中 SS 最为严重,其次是 COD 最后是总磷。由于 F 污水处理厂服务区域范围较大,覆盖了城市两个主城区,所在区域近年来人口迅速增长,生活污水排放量大。该区域也是工业企业较为集中的区域,工业污水排放大量,COD 和总磷浓度较高。F 污水处理厂的各项出水指标已基本上接近国家标准值,且氨氮浓度指标在 2014～2015 年上升较快,在 2014 年超出了国家标准值。与 E 污水处理厂一样,F 污水处理厂在与当地

① 图 3－6 中 BOD 是生化需氧量的缩写,COD 是化学需氧量的缩写,SS 是悬浮物的缩写。

政府签订的特许经营协议中对于污水处理厂污染物排放标准级别的约定也是一级 B 标准，这使 F 污水处理厂在 2013 ~ 2015 年出水水质全部达标。

（四）G 污水处理厂

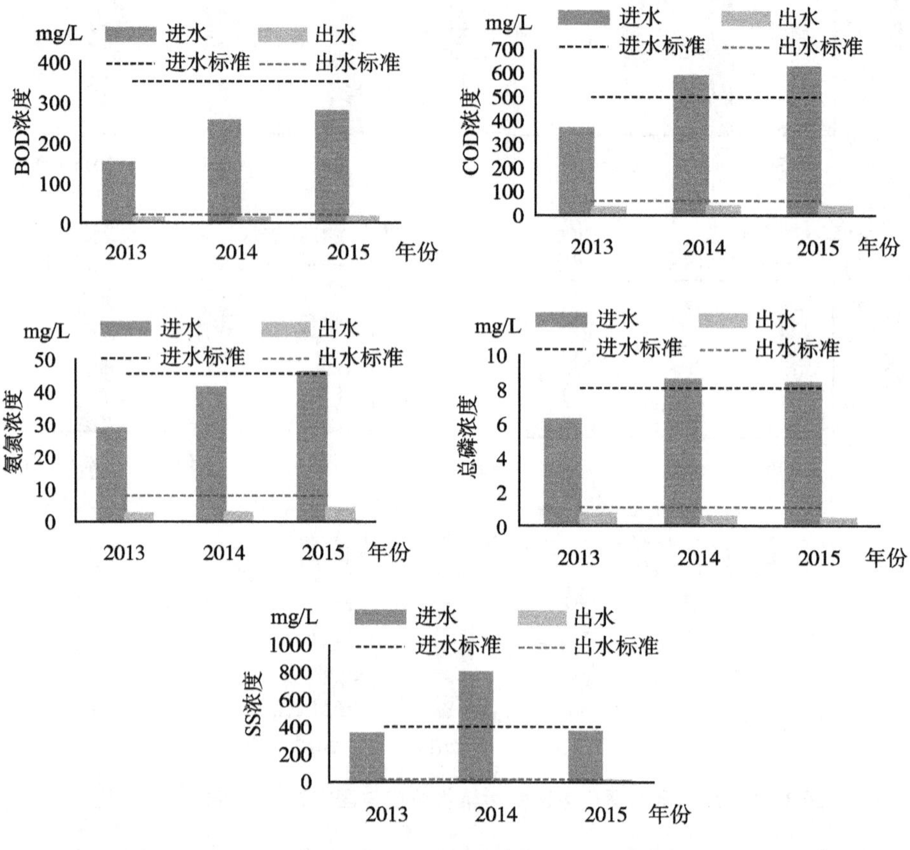

图 3-7　G 污水处理厂进出水污染物浓度与国家及行业标准值的对比①

从图 3-7 可以看出，G 污水处理厂在进水水质方面，COD、总磷和 SS 这 3 项指标与行业标准值相比均不同程度地存在超标问题，其中 SS 最为严重，其次是 COD 最后是总磷。结合实证调研来看，G 污水处理厂服务区域私设排污口问题较为突出，生活污水和工业污水直排造成水质污染。与 E、F 污水处理厂相似，G 污水处理厂在与当地政府签订的特许经营协议中对于污水处理厂污染物排放标准级别的约定也是一级 B 标准，这使 G 污水处理厂在 2013 ~ 2015 年出水水

① 图 3-7 中 BOD 是生化需氧量的缩写，COD 是化学需氧量的缩写，SS 是悬浮物的缩写。

质全部达标。

(五)H 污水处理厂

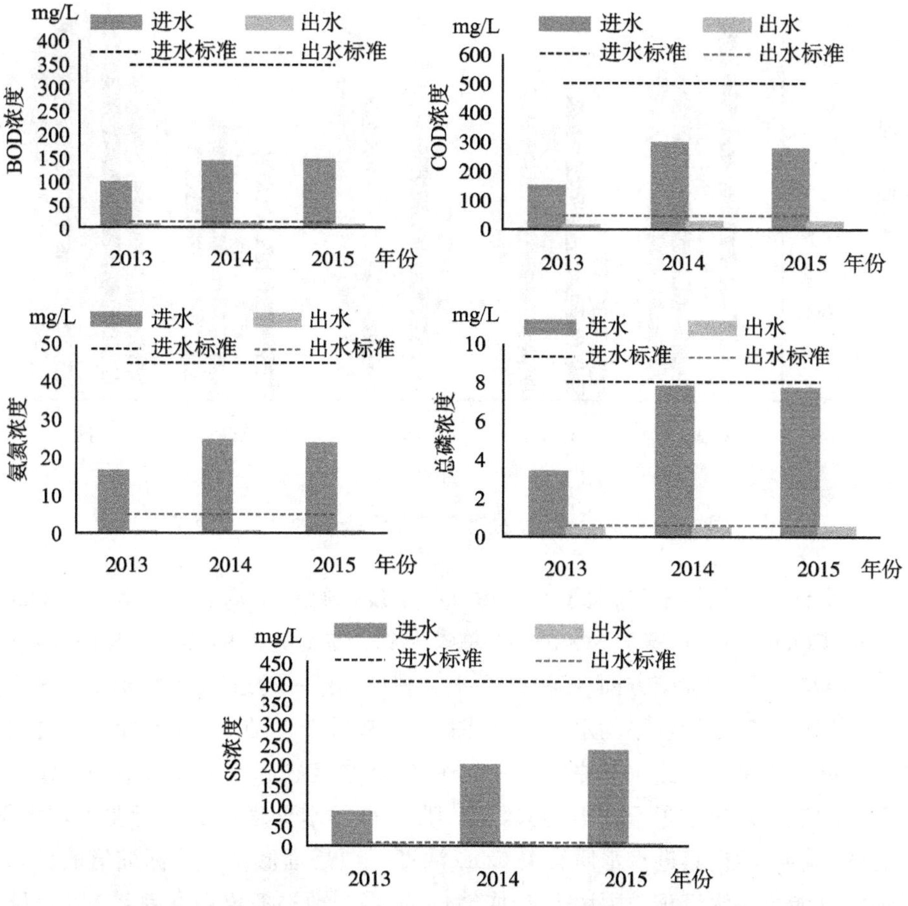

图 3－8　H 污水处理厂进出水污染物浓度与国家及行业标准值的对比[①]

从图 3－8 可以看出,H 污水处理厂在进水水质方面,5 项污染物指标均低于行业标准值,从实证调研来看,H 污水处理厂所在地区属于国家级生态区,当地在河流治理和水生态系统修复方面工作力度较大,加之该地与城市主城区相比人口少、历史遗留问题少,因此,虽然 H 污水处理厂在与当地政府签订的特许经营协议中对于污水处理厂污染物排放标准级别的约定也是一级 A 标准,但其出水水质全

① 图 3－8 中 BOD 是生化需氧量的缩写,COD 是化学需氧量的缩写,SS 是悬浮物的缩写。

部达标。

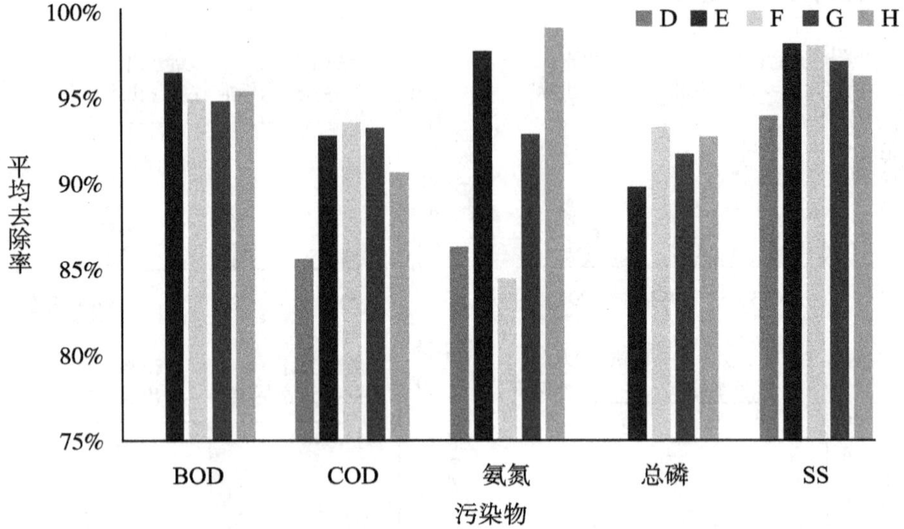

图 3-9 D~H 污水处理厂 5 项污染物的平均去除率

从实证调研数据来看，关于 5 项污染物浓度的行业平均去除率如下：BOD 为 96.4%，COD 为 91%，氨氮为 88.6%，总磷为 91.7%，SS 为 97.8%。从图 3-9 来看，在 BOD 浓度去除率方面，E 和 H 污水处理厂达到并超过行业平均水平，F 和 G 污水处理厂则低于行业平均水平，结合图 3-6 来看，F 厂在 BOD 指标上的进水水质差可能是影响其去除率的原因之一。在 COD 浓度去除率方面，E、F、G、H 污水处理厂均达到并超过了行业平均去除率，唯独 D 污水处理厂低于行业平均水平。结合图 3-4 来看，其进水水质有关 COD 浓度一项是远低于行业标准值的，因此，其原因可能与排水管理（雨污分流、取消自备水源、改造管网收集系统）以及排水设施维护有关。① 在氨氮浓度去除率方面，E、G 和 H 污水处理厂均达到并超过了行业平均去除率，而 D 和 F 污水处理厂则低于行业平均去除率。结合图 3-4 和图 3-6 来看，两厂的进水水质有关氨氮浓度一项均是低于行业标准值的，因此，其原因可能与工艺技术调整（补充碳源、提高活性污泥质量）有关。② 在总磷浓度去除率方面，F、G 和 H 污水处理厂均达到并超过了行业平均去除率，唯独 E 污水处

① 参见邹顺利：《污水处理厂进水 COD 质量浓度偏低原因浅析》，载《市政技术》2011 年第 1 期。

② 参见管小乐、李生斌、聂维明、袁栖、王冰：《污水处理厂出水氨氮超标原因分析及解决途径》载《给水排水》2014 年第 40 期。

理厂略低于行业平均去除率,结合图3-5来看,该厂的进水水质有关总磷浓度一项是低于行业标准值的,因此,其原因可能与工艺技术调整(沉淀效率、泥龄)以及药剂的投加有关。① 在SS浓度去除率方面,E和F污水处理厂均达到并超过了行业平均去除率,D、G和H污水处理厂则略低于行业平均去除率。结合图3-4、图3-7和图3-8来看,G污水处理厂在SS指标上的进水水质差可能是影响其去除率的原因之一,D和H污水处理厂则可能与工艺技术调整(活性污泥浓度)以及药剂的投加(铝铁盐、聚合氯化铝和硫酸铝)有关。②

第四节 本章讨论与小结

采用特许经营模式的城市污水处理设施经济绩效与环境绩效特征的归结,是运用相关法律制度对其运营中出现的法律问题实施规制的前提和基础。本章采用访问研究法和数据包络分析法相结合的研究方法,通过对实证调研数据的分析,得出了如下结论。

1. 从被调研的7座污水处理厂2013~2015年的经济绩效数据来看,6座采用特许经营模式的污水处理厂(A、C、D、E、F、G)的纯技术效率值均为1.000,显示DEA相对有效,说明这些污水处理厂的工艺技术可以满足目前污水处理的实际需要。

2. 从被调研的7座污水处理厂2013~2015年的经济绩效数据来看,6座采用特许经营模式的污水处理厂中有3座(A、C、D)的综合技术效率值均小于1.000,显示DEA相对无效。说明这些污水处理厂的投入要素存在减少的余地。此外,规模效率偏低也是造成以上3座污水处理厂综合技术效率值小于1.000的重要因素。这些污水处理厂均位于城市远郊区/县,排水管网配套滞后及设施运行负荷率低/高的问题均不同程度地存在。此外,这3座污水处理厂的各项投入指标均不同程度地存在松弛变量值,意味着这些污水处理厂的投入存在冗余。药剂费成为各厂改进幅度最大的共通性指标,由于这些污水处理厂与当地政府签订的特许经营协议中均执行的是《城镇污水处理厂污染物排放标准》(GB 18918—2002)一级A标准,从一个侧面反映出以上3座污水处理厂普遍存在"进水"水质差的问题。

---

① 参见邱慎初:《探讨城市污水生物处理出水的总磷达标问题》,载《中国给水排水》2002年第9期。

② 参见倪璟叶、巢少峰、吴颜科、曹吴苏、郑晓英、潘静、冒文娟:《强化混凝法对乡镇污水处理厂出水总磷和SS的控制》,载《污染防治技术》2014年第2期。

3. 从被调研的7座污水处理厂2013～2015年的经济绩效数据来看，6座采用特许经营模式的污水处理厂中有3座（E、F、G）的综合技术效率值均等于1.000，显示DEA相对有效。这3座污水处理厂均位于城市主城区，有较为完善的排水规划，排水管网配套良好且设施运行负荷与排水实际衔接较好。

4. 从被调研的7座污水处理厂2013～2015年的经济绩效数据来看，6座采用特许经营模式的污水处理厂除F污水处理厂外，单位污水处理总成本均超过了0.8元/吨的污水处理费征收标准，显示现有污水处理费无法覆盖污水处理全成本，政策补贴成为采用特许经营模式的污水处理厂的主要收入来源。

5. 从被调研的5座污水处理厂2013～2015年的环境绩效数据来看，有2座污水处理厂进水水质存在相关污染物浓度超标问题，即F污水处理厂进水中的BOD、COD和总磷在2013～2015年均存在超标；G污水处理厂进水中的COD、总磷在2014年和2015年存在超标，氨氮在2015年存在超标，SS在2014年存在超标。

6. 从被调研的5座污水处理厂2013～2015年的环境绩效数据来看，有3座污水处理厂出水水质存在相关污染物浓度超标问题。D污水处理厂虽然从实证调研收集的数据分析来看，其出水水质是达标的，但环保执法监督检查则证明其出水水质并未达标，超标问题还较为严重。F和G污水处理厂从调研数据分析结果来看，其出水水质之所以达标，是因为其与当地政府在特许经营协议中关于出水水质标准约定执行的是《城镇污水处理厂污染物排放标准》一级B标准。

总体来说，从采用特许经营模式的城市污水处理设施经济绩效与环境绩效的分析结果来看，问题集中在“水质”（进水水质超标和出水水质超标问题并存）、“水量”（管网配套滞后和设施运行负荷率过高或过低问题并存）和“水价”（城市污水处理费无法覆盖污水处理设施的全运营成本）3个方面。

第四章 城市污水处理业特许经营的“水质”规制

第一节 “水质”规制问题的制度成因

一、市场准入

城市污水处理业特许经营的市场准入，是指意图进入城市污水处理领域的企业，必须从政府取得从事城市污水处理业的营业执照，方可生产或提供由政府监管的特殊商品和服务。政府通过发放特许权对市场准入进行干预，这种干预实质上就是政府运用监管政策来维持一家企业在相关市场上的垄断特权，把一切潜在进入者拒之门外，其结果往往是人为地造成相关市场的“进入壁垒”，诱发种种不良后果。特别是在巨额垄断租金的刺激下，潜在进入者不会消极观望，而会把努力、时间和其他生产型资源投入到争取政府许可的种种尝试中，导致寻租现象频发。[①] 事实一再证明，只要政府的批准、同意、配额、许可证或特许权等行政分配出现在市场上，就意味着凭空创造了一个稀缺市场，政府监管不力也就不可避免。因此，要真正促进城市污水处理业的健康发展，就一定要扭住“竞争”这根主线毫不放松。

正是在这一背景下，传统的自然垄断理论逐步被可竞争性市场理论所替代，城市污水处理业经历了“厂网分离”后，原有的被作为事业单位管理的城市污水处理业走向市

① 参见周林军、曹远征、张智主编：《中国公用事业改革：从理论到实践》，知识产权出版社2009年版，第118页。

场,特许经营模式成为城市污水处理业市场化的主要制度实施工具。在这一转变中,对于城市污水处理业的规制方式也由传统“政府规制”的单一模式转变为“政府规制+市场竞争”的双重模式。由此,城市污水处理业特许经营的“市场准入”就必然涉及招投标法律制度和反垄断法律制度,因为以上制度对于消除垄断租金、实行有效定价并大幅提高生产效率具有十分重要的意义(见图4-1)。

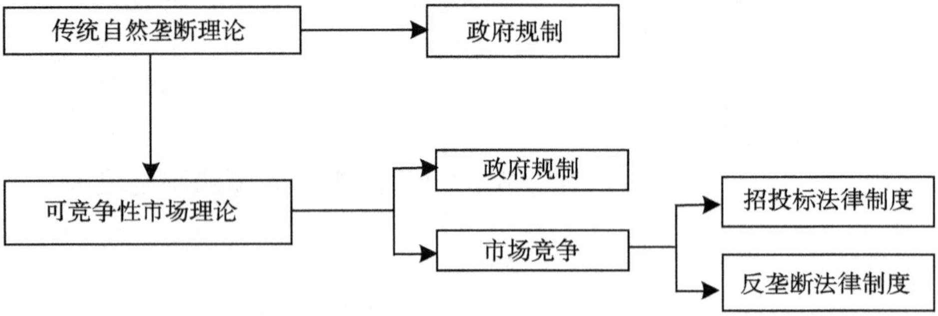

图4-1　公用事业规制理论的演变及规制重点的转换

城市污水处理业特许经营的“市场准入”,涉及的法律制度主要包括3类,即公用事业特许经营法律制度、招投标法律制度和反垄断法律制度。这3类法律制度按照法律位阶的不同,可细分为“中央立法”和“地方性立法”两个层面(见图4-2)。围绕这两个层面的立法,城市污水处理业特许经营的市场准入主要存在如下几个方面的问题。

(一)特许经营项目市场准入方式的单一性

《行政许可法》和六部委颁行的《基础设施和公用事业特许经营管理办法》(以下简称《特许办法》)都规定了以招标为主的市场竞争方式在特许经营权授予上的中心地位。① 我国《行政许可法》第53条规定:“实施本法第十二条第二项所列事项的行政许可的,行政机关应当通过招标、拍卖等公平竞争的方式作出决定。但是法律、行政法规另有规定的,依照其规定。”这里的第12条第2项所列的事项就包括特许经营。我国《招标投标法》第3条也明确规定:“大型基础建设、公用事业等关系社会公共利益、公共安全的项目,必须进行招标。”可见,在公用事业特许经营中,法律明确规定的特许经营权授予方式只有招标和拍卖两种。但根据研究可知,在“地方性立法”层面上,特许经营权的授予方式则表现出了多样

① 特别是《特许办法》第15条第2款规定,“特许经营项目建设运营标准和监管要求明确、有关领域市场竞争充分的,应当通过招投标方式选择特许经营者”。

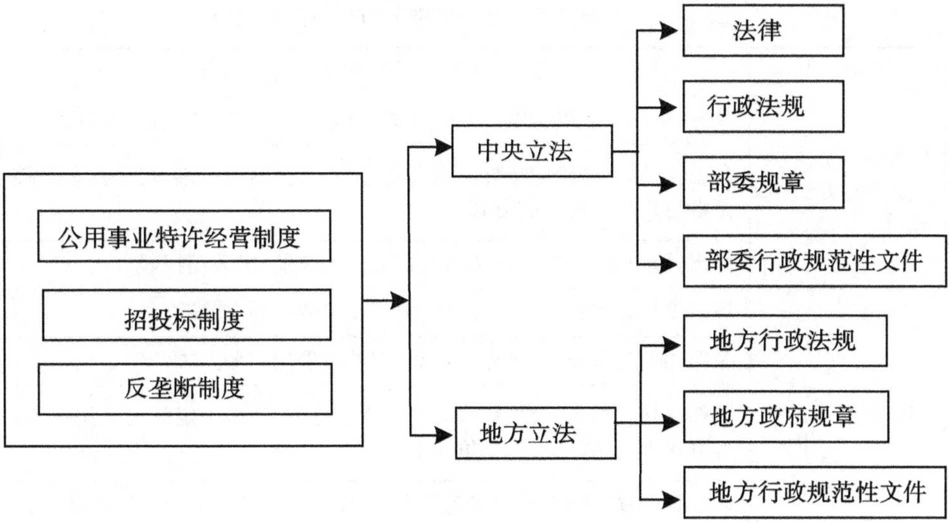

图4-2　中央立法和地方性立法的法律位阶

性特点。除招标、拍卖外，招募、转让、委托经营等方式都有载明。姑且不论“地方性立法”是否缺少明确的法律依据而有越权之嫌，问题在于我国《招标投标法》制定时考虑的主要是建设工程招标投标的实际需要。由于特许经营项目具有高投资、经营周期长等特点，合格的特许经营者往往很少，时常会发生投标少于3人的情况。如果固守工程招标的规则，则往往会导致反复招标或流标，造成人力、物力和时间上的极大浪费。从一些地方的做法来看，在采用招募、转让等方式时只要坚持公开、公正、公平的原则，贯彻公平竞争的理念，严把市场准入关，通过谈判、协商，最终是可以选出“适格”的特许经营者的（见表4-1）。可见，固守以招标、拍卖作为特许经营项目市场准入方式的做法无法因应灵活多变的特许经营项目的实际需要。针对城市污水处理业特许经营项目而言，一方面，要考虑地域差异，即地市级以上城市由于基础设施条件好、政府财力较为充足，在特许经营者的选择上余地较大，而城市远郊区县以及城镇与前者相比显然不在同一个层次；另一方面，也要考虑“厂网分离”和“厂网合一”各自的优缺点。目前，多数地方的城市污水处理业特许经营是在“厂网分离”的基础上推进的，厂与网相比更加具有可竞争性，当前者采取特许经营模式选择了特许经营者后，管网的建设就留给了政府，在地方政府财力有限的前提下，由于管网配套的严重滞后，造成了“厂”与“网”未能及时有效联通形成一个有机整体，也使城市污水处理业采用特许经营模式的初衷落空。

表 4-1　部分省市特许经营准入方式及具体内容

招标方式	邯郸、天津、兰州、湖南、新疆、武汉
以招标方式为主,其他方式为辅	青海:招标不能确定特许经营者的,可采用直接委托或者其他方式
	合肥:招标不能确定特许经营者的,经市人民政府批准,可采用公开接受申请并进行协商的方式
	杭州:特别复杂的项目,招标方式无法确定的,可采用招募方式
招标等公平竞争方式平行适用	济南:招标、招募或法律、法规、规章规定的其他方式
	深圳、淮南:招标、拍卖等,不能确定的可采用招募方式
	成都:招标、拍卖、网络竞价等公开竞价方式,不能确定的可采用挂牌、邀请发价、直接磋商等竞争性谈判方式
	哈尔滨:招标、拍卖等公平竞争方式,无法确定的可采用邀请招标
	北京、上海、河北、吉林、青岛:招标等公平竞争方式
对象不同,适用方式不同	山西:新建市政公用事业项目应采招标方式,而现有市政公用事业项目,可采用资产有偿转让或委托的方式
	贵州:特许经营项目涉及的土建工程及其重要设备应当按照招标投标的法律、法规执行

资料来源:根据各省市政公用事业特许经营地方性立法整理而得。

(二)特许经营项目招投标法律关系主体的模糊性

城市污水处理业特许经营项目招投标法律关系主体包括了监管者、招标人和投标人:

1. 监管者

纵观现有立法(《招投标法》《招投标法实施条例》《房屋市政招投标办法》《增加事项规定》《分包办法》《工程项目招投标办法》),只是明确了建设行政主管部门作为招标监督部门("监管者")的法律地位,然而在实践中,由于特许经营的项目模式很多,如 BOT、BT、BLT、DBO、TOT 等,不同项目模式的具体监督部门和由此所形成的监管体制五花八门。例如,BOT 项目一般由建设工程交易中心负责,TOT 项目一般由各地的产权交易市场来组织,而委托运营项目则一般由各地政府采购中心组织采购程序。《特许办法》仍然未能对此给予统一性规定,由于没有上位法来协调,建设行政主管部门、国有资产管理部门、财政管理部门都会成为事实上的招标监督部门,这就给特许经营模式城市污水处理业的招投标统一性监管理下了隐患。

2. 招标人

现有立法对招标人的内涵与外延未作明确规定,即除了政府及其所所属部门以外,哪些主体还可以作为特许经营项目的招标人?实践中一般将招标人称为“项目法人”,按照实务界惯常的理解,项目法人一般是指具有法人资格和地位,依照有关法律法规要求设立或认定,对建设工程项目负有法定责任的公司。项目法人的产生通常由政府以行政指定、委托或者直接出资设立的公司来承担。《特许办法》第16条规定,“实施机构应当在招标或谈判文件中载明是否要求成立特许经营项目公司”。根据《特许办法》第14条规定,“县级以上人民政府应当授权有关部门或单位作为实施机构负责特许经营项目有关实施工作”。显然,如果不成立特许经营项目公司,县级以上人民政府有关部门或单位就将成为“招标人”。现代市场经济对法治政府的基本要求是政府应该成为“裁判员”而非“运动员”,目前的制度规定不可避免地会将“行政特权”渗透到特许经营的市场准入中。

3. 投标人

按照《招投标法》第25条、第26条的规定,“投标人是响应招标、参加投标竞争的法人或者其他组织……投标人应当具备承担招标项目的能力”。《特许办法》第12条第2款规定:特许经营的可行性评估应当包括市场主体建设运营能力状况。纵观法条规定,即对于投标者的资质要求仅是承担项目的专业能力,那么国有独资公司和混合企业都具有投标者的资格,然而由于它们与公法主体存在的千丝万缕的联系,就极有可能被招标方优先考虑。另外,在邀请招标的情况下,招标人可能仅对国有独资公司和混合企业发出招标邀请,社会上其他经济组织根本无法获取有关项目的招标信息,这样显然存在竞争不公的问题(见表4-2)。

表4-2　市政公用事业特许经营的中央和地方层面立法中的准入条件要求

法律规范	准入条件要求
六部委《特许办法》	(1)法人或其他组织;(2)管理经验;(3)专业能力;(4)融资实力;(5)信用状况
青海、吉林	
贵州	未限定为企业法人;法律、法规规定的其他条件
山西	法律、法规规定的其他条件;普遍服务的能力
深圳	良好的企业声誉;招标、拍卖、招募文件规定的相关条件;法律、法规、规章规定的其他条件

续表

法律规范	准入条件要求
杭州	企业商誉;符合法律、法规、规章和招标(招募)文件规定的其他条件
淮南	其他应当具备的条件
哈尔滨	法律、法规和招标(招募)文件规定的其他条件
北京、成都	实施机关拟定的实施方案中规定
湖南	普遍服务能力
青岛	未作规定
上海、济南	具体条件由招标文件、招募邀请书等规定
合肥	突发公共事件、重大安全事件的应急预案
天津	为特许经营项目中标人

资料来源:根据市政公用事业特许经营的中央和地方层面立法整理而得。

(三)特许经营项目招投标中的反竞争性

1.将行政许可作为招投标的前置程序

《山东省城市市政公用事业经营许可管理办法》(以下简称《山东办法》)第3条规定:"各类城市市政公用事业生产经营单位,均应当提交进行许可申请及规定的申请材料,经过审查合格,取得《经营许可证》后,方可从事市政公用事业生产经营活动。新设立的公用事业企业、外地外行业参与投标的企业,必须首先取得《经营许可证》后,方可从事生产经营活动和特许经营权投标。"该条对新设企业与原有企业、本地本行业企业与外地外行业企业进行了区别对待,将《经营许可证》的取得作为新设企业和外地外行业企业进行特许经营权投标的前置要件,其中存在两个方面的问题。

第一,人为制造出的相关市场的"进入壁垒",极易诱发寻租和腐败,特别是将《经营许可证》的取得作为进行招投标的前置要件,极大地损害了招投标制度在市政公用事业领域引入竞争应有的作用发挥。

第二,《山东办法》第3条的规定涉嫌行政垄断。首先,《山东办法》的制定主体是建设行政主管部门,符合《反垄断法》第32条关于行政垄断主体的资格要求。其次,根据《反垄断法》第34条规定,"行政机关和法律、法规授权的具有管理公共事务职能的组织不得滥用行政权力,以设定歧视性资质要求、评审标准或者不依法发布信息等方式,排斥或限制外地经营者参加本地的招标活动"。第35条规定:"行政机关和法律、法规授权的具有管理公共事务职能的组织不得滥用行政权力，采取与本地经营者不平等待遇等方式，排斥或限制外地经营者在本地投资或设立分支机构。”由此，《山东办法》涉嫌以设定歧视性资质要求滥用行政权力限制招投标和滥用行政权力限制经营者跨地区投资经营（“地区封锁”）。限制招投标行为限制了外地经营者进入本地市场的招投标权利，阻碍了商品、服务、人员在不同地区间的自由流动，从而排除或限制了招投标市场的自由竞争，人为割裂了全国统一、开放、竞争、有序的大市场，理应予以禁止和查处。与《山东办法》在滥用行政权力设定地区封锁中有相似之处的还有《甘肃省市政公用事业特许经营管理办法》。该办法第 12 条规定：“甘肃行政区域以外的企业入甘从事市政公用行业投资、建设和经营活动的，须持有当地省、市、自治区建设行政主管部门的介绍信及相应资料，到项目所在地建设行政主管部门按照规定程序申请市政公用行业特许经营权。”

2. 设定各种“优先权”条件

《青海省市政公用事业特许经营管理条例》（以下简称《青海条例》）第 22 条规定：“特许经营期限届满，市政公用事业主管部门重新选择特许经营者时，在同等条件下，原特许经营者享有优先权。”《河南市政公用行业特许经营管理实施办法》（以下简称《河南办法》）第 6 条规定：“国有市政公用企事业单位，在完成规范性企业改制的基础上按照规定的程序提出申请的，主管部门可以优先授予其特许经营权，并签订特许经营协议。”以上规定将特许经营权的优先授予给予了原特许经营者和完成规范性企业改制的国有市政公用企事业单位，存在的问题主要有两点。

第一，涉嫌身份歧视排除竞争。按照各地的特许经营立法，只要不出现引致临时接管和撤销特许经营权的情形出现，该特许经营者的经营行为就是符合标准的。当然，这个标准仅是最低标准，在实际运营的过程中随着潜在进入者创新技术、扩宽融资渠道和控制成本以及提高质量能力的增强，相关市场的现存经营者被替代是必然的趋势，赋予现有经营者以“优先权”存在“保护落后排斥先进”的制度隐忧，也有违公平竞争的基本理念。另外，市政公用事业市场应该是面向所有潜在进入者开放的，国有身份并不能决然构成其拥有提供更优普遍服务能力的理由。而且之所以当初将特许经营作为政策实施工具大规模推行，其主要原因也是要破除公用事业领域原有国有企事业单位人浮于事、效率低下、连年亏损的弊病，现在在制度中又对国有身份给予优先权的特别关照，当然有违公平竞争的市场法则，不利于各种类型的经营者在相关市场中展开竞争。

表4-3 市政公用事业特许经营地方性立法一览

年份	地方性法规	地方政府规章	地方规范性文件
2003			《河北市政公用事业特许经营管理办法》
2004		《邯郸市市政公用事业特许经营管理条例》	《河南办法》 《甘肃省市政公用事业特许经营管理办法》
2005	《深圳市特许经营管理条例》 《新疆维吾尔自治区市政公用事业特许经营条例》 《北京市城市基础设施特许经营条例》	《天津市市政公用事业特许经营管理办法》 《本溪市市政公用事业特许经营管理办法》 《青岛市市政公用基础设施特许经营管理暂行规定》	
2006	《湖南省市政公用事业特许经营条例》 《淮南市政公用事业特许经营条例》 《云南省城市建设管理条例》	《合肥市市政公用事业特许经营实施办法》 《武汉市市政公用事业特许经营实施办法》	《山东办法》
2007	《杭州市市政公用事业特许经营条例》	《吉林市市政公用事业特许经营办法》	《江苏省城市市政公用事业经营制度》
2008	《山西省市政公用事业特许经营管理条例》 《贵州省市政公用事业特许经营管理条例》		
2009	《青海条例》		

资料来源：根据市政公用事业特许经营的地方层面立法整理而得。

第二，涉嫌行政强制交易行为。《反垄断法》第32条规定："行政机关和法律、法规授权的具有管理公共事务职能的组织不得滥用行政权力，限定或变相限定单位和个人经营、购买、使用其指定的经营者提供的商品。"《青海条例》和《河南办法》实际上是行政机关给经营者某些优惠经营条件，这无疑会对其他经营者或消费者构成强制。这些优惠条件是由特定的身份带给企业的，优先权的获取实质上侵害的是其他经营者的公平竞争权和消费者的选择权，特别是对于消费者，能够保障他们持续、稳定地享有质量可靠、价格相对低廉的公用事业产品和服务本身就意味着消费者福利的增加。

二、企业运营

城市污水处理业特许经营的企业运营，是指在通过“市场准入”环节选择了适格的特许经营者后，特许经营项目在接纳由排水户排放进入市政排水管网输送至企业的污水并进行处理的运营过程。在这个运营过程中会涉及“排水户”“市政排水管网维护运营单位”（以下简称“管网单位”）、“自然水体沿岸居民”（以下简称“沿岸居民”）、“采用特许经营模式的城市污水处理企业”（以下简称“特许污企”）和“政府及其所属部门”5 类法律关系主体。本书将城市污水处理业特许经营的企业运营全过程划分为了以下 3 个阶段：第一个阶段是指工业污水、生活污水和降雨径流进入市政排水管网或自然水体[①]的阶段；第二个阶段是指直接排入市政排水管网或通过自然水体进入市政排水管网接入“特许污企”的“进水”的阶段；第三个阶段是指接入“特许污企”的“进水”经过处理后排放至自然水体的阶段。（见图 4－3）

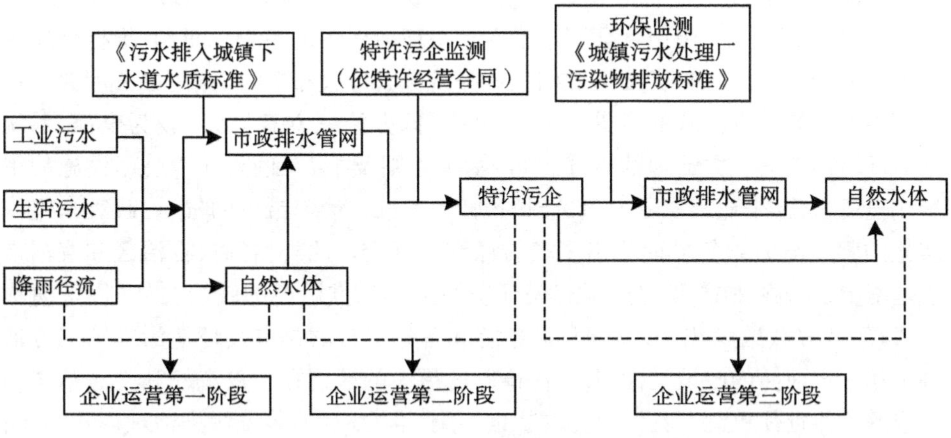

图 4－3　城市污水处理业特许经营“企业运营”流程示意

① 有的地方，由于市政排水管网未能覆盖，排水户排出的污水会直接进入自然水体。

(一)环境污染第三方治理效用有限

如图4-3所示,在企业运营的第一阶段,排水户排放水质的高低是影响"特许污企"运营的关键,尤其是排放工业污水的排水户(以下简称工业排水户)更是各级政府及其所属部门的规制重点,尤其是环保部门将这些工业排水户中的重点污染源分为"国控"和"省控"两类加以规制。首先,工业排水户排放的污水当量大,成分复杂,特别是其中一部分工业排水户排放的是"特殊污水"(油类、酸液、碱液或者剧毒废液;放射性固体废物或者含有高放射性和中放射性的物质;热废水;含病原体的;含有汞、镉、砷、铬、铅、氰化物、黄磷等的可溶性剧毒废渣等)。其次,一旦源头规制不严,污水进入市政排水管网接入"特许污企",一方面会加速管网损坏和老化,另一方面超过了"特许污企"正常运行负荷标准的污水会造成成本上升以及出水水质超标等问题。然而,实践中这些工业排水户的超标排污行为和不定时偷排行为屡见不鲜。一方面,很多工业排水户虽然按照法律要求配备了治污设备,但限于成本考虑和专业性欠缺等因素,擅自停用或间断性开启治污设备的现象时有发生;另一方面,很多工业排水户采取夜间偷排等方式躲避环保执法也并不鲜见。由此,打破"谁污染,谁治理"的传统污染治理模式,将"产污"和"治污"主体分离,形成"谁污染,谁付费,第三方治理"的新污染治理模式成为大势所趋。

2013年11月党的十八届三中全会通过的《中共中央关于全面深化改革若干重大问题的决定》(以下简称《深改决定》)首次提出了"环境污染第三方治理"这一概念,提出要"建立吸引社会资本投入生态环境保护的市场化机制,推行环境污染第三方治理"。2014年12月27日,国务院办公厅公布了《国务院办公厅关于推行环境污染第三方治理的意见》(以下简称《国办第三方意见》),较为全面、系统地对环境污染第三方治理的指导思想、基本原则及主要目标、环境公用设施的市场化投资运营、企业第三方治理机制的创新、第三方治理市场的健全、政策与组织实施的强化与完善等方面作出了较为详细的规定。此外,各省、自治区和直辖市也基本上纷纷在2015年完成了有关环境污染第三方治理的政策文件(以下简称各省《第三方意见》)出台。然而,国务院和各省出台的是有关环境污染第三方治理工作方方面面的政策文件,其与法律制度最大的区别在于没有权利义务结构和相应的法律责任机制。具体而言,在"谁污染,谁治理"的传统污染治理模式下,法律责任的构架体系是由两种法律关系构成的(见图4-4):第一种是环境污染民事关系(侵权损害赔偿关系),即排污者排放污染物或从事其他破坏污染环境的行为,使他人遭受了严重的人身和财产损害的,污染受害者可得向排污者提出损害赔偿请求;第二种是环境污染行政管理关系,即政府及有关部门作为环境行政管理者,针对环境污染行为,对作为行政相对人的排污者的不法行为给予合理的行政处罚。在“谁污染、谁付费,第三方治理”的新型环境污染治理模式下,环境污染第三方治理者作为独立的责任主体承担了排污者应当承担的部分责任。这就使原来的民事法律关系和行政法律关系增加了新的内容(见图4-5)。在新型污染治理模式下,污染第三方治理者作为独立的责任主体分担了排污者的部分责任。污染第三方治理者与排污者之间签订污染治理服务合同,原有的民事法律关系从单一的“侵权损害赔偿关系”(排污者与污染受害者之间)增加为“侵权损害赔偿关系(污染第三方治理者与污染受害者之间)+合同关系(污染第三方治理者与排污者之间)”的双重关系(见图4-6);原有的行政法律关系则从政府及有关部门对“排污者”的“单项监管”转变为对“排污者+污染第三方治理者”的“双向监管”(见图4-7)。

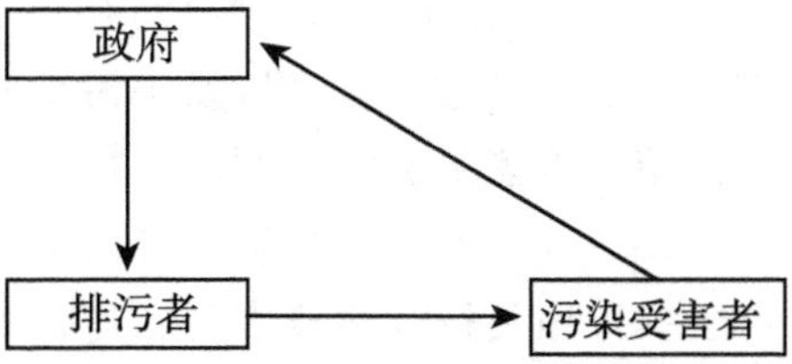

图4-4　传统污染治理模式法律关系

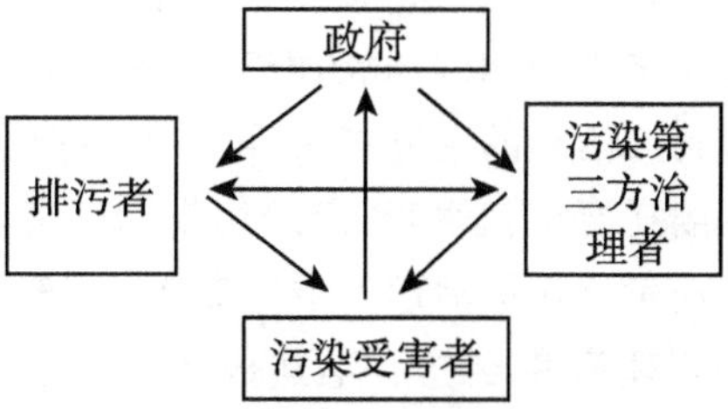

图4-5　新型污染治理模式法律关系

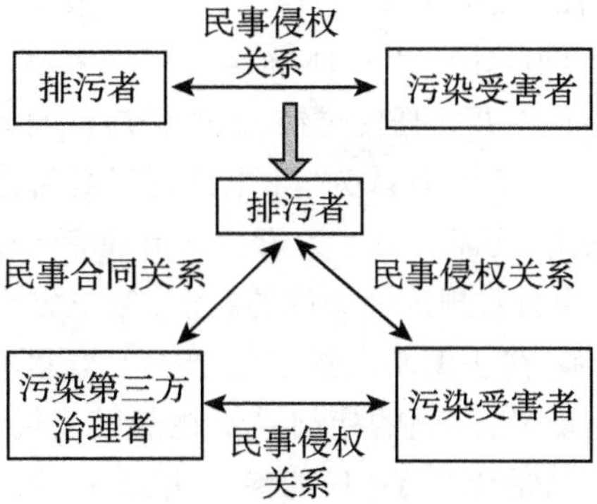

图4-6　新旧污染治理模式民事法律关系的转变

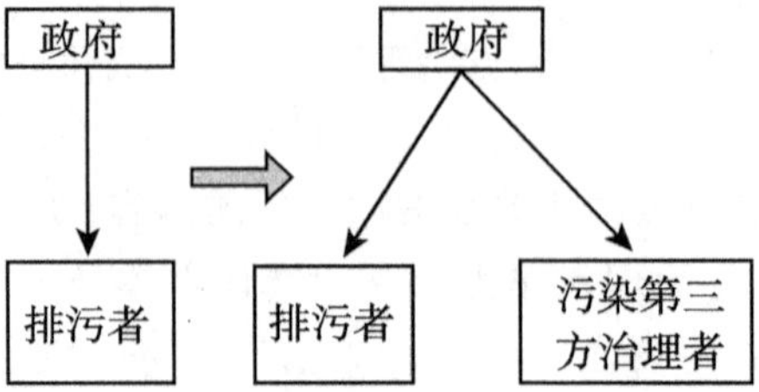

图4-7 新旧污染治理模式行政法律关系的转变

由此,结合“特许污企”的企业运营实际来看,在工业排水户的污水排放第三方治理中存在以下几个方面的问题。

1. 排污者与污染第三方治理者之间的责任分担不均衡

《环境保护法》规定:“企事业单位和其他生产经营者应当防止、减少环境污染和生态破坏,对造成的损害依法承担责任。”《国办第三方意见》规定:“排污企业承担污染治理的主体责任,第三方治理企业按照有关法律法规和标准以及排污企业的委托要求,承担约定的污染治理责任。”各省《第三方意见》中普遍规定,排污企业应承担污染治理的主体责任,环境污染第三方治理企业在有关环境服务活动中因管理不善、弄虚作假造成环境污染的,应依法承担相关行政法律责任和连带责任,并依协议约定补偿排污单位经济损失。通过以上政策文件的规定我们可以发现,这些规定与《环境保护法》的规定是一脉相承的,即重申了“污染者付费”的环境法基本原则,明确了排污者作为环境污染治理的责任主体的身份。在这里,有的学者对何谓“主体责任”提出了疑问,认为无论是《国办第三方意见》还是各省《第三方意见》均对以下问题未作出具体解释,即“如果排污者在因第三方治理污染不力而造成的环境污染中并无任何过错,是否仍应该对因污染而导致的法律后果承担责任?”在此问题下,其学者认为“无论排污者是否已经按照相关合同约定履行了排放污染物的约定,均需要对污染第三方治理者产生的污染责任承担不利后果”。① 笔者认为,作为行政规范性文件的《国办第三方意见》和各省《第三方意见》并不是法的正式渊源,在法无明文规定的情况下当然不能擅自创设相关主体之间的权利义务。换句话说,问题的症结并不在于以上规范性文件对于“主体责任”未作出解释,而在于目前无论是《环境保护法》《水污染防治法》还是《水污染防治法实施细则》等法律、法规,均未将“治污者”作为一个类型化的法律关系主体

① 周珂、史一舒:《环境污染第三方治理法律责任的制度建构》,载《河南财经政法大学学报》2015年第6期。

对其权利义务进行妥善界定，对其法律责任作出明确规定，由此才会造成以上疑问的出现。

更应该注意的是，鉴于国务院下放行政审批权、转变政府职能的要求，取消了“环境污染治理设施运营单位甲级资质认定”后，环保部于2014年3月下发的《关于改革环境污染治理设施运行许可工作的通知》叫停了“环境保护（污染治理）设施运营单位资质认定”的行政许可事项。2014年6月环保部办公厅发布了《关于做好停止实施环境污染治理设施运行许可后续工作的通知》，该文件的意图在于“引导和鼓励治污服务供需双方市场主体自主交易，建立或完善公平竞争、优胜劣汰的良性市场机制”。由此，文件否定了地方政府将“环境污染治理设施运营资质证书”当作提供服务的污染第三方治理者的市场准入必要条件；同时，也要求各地不应再变相设置服务市场许可准入条件等。对于污染第三方治理者不再进行行政审批，这给排污者选择适格的合作者增加了困难。实践中，很多没有资质或资质达不到原法定要求的污染第三方治理者，凭借低价优势竞相挤占市场，当出现由污染第三方治理者导致的侵权损害事件发生时，根据《侵权责任法》第68条的规定，污染第三方治理者存在第三人侵权问题，即对于污染受害者而言，排污者和污染第三方治理者之间存在不真正连带责任。根据《侵权责任法》第65条的规定，无论何种法律关系，排污者均需要对污染第三方治理者所产生的污染责任承担不利后果。但若是由污染第三方治理者过错污染环境造成损害，则排污者可以向污染第三方治理者追偿。实践中，由于原来依赖行政许可建构起来的污染第三方治理的市场准入门槛被取消，很多滥竽充数、没有资质的污染第三方治理者竞相通过低价竞争争取来自排污者的合作选择，这给排污者辨识适格的合作者带来了很大困难。同时，污染第三方治理者在与排污者订立污染治理服务合同时添加了各种免责条款，使合同成为在污染侵权损害发生后污染第三方治理者逃避责任的依据。现有的法律责任制度设计下的最终结果是，排污者承担了畸重的法律责任，大大削弱了其引入污染治理第三方的积极性，最终又回到“谁污染，谁治理”的传统污染治理模式的老路上。

2. 政府的角色定位不清，规制权能模糊含混

新修订的《环境保护法》和各污染防治单行法的条文中大量存在“严禁”“禁止”“不得”“应当”的制度规定，①从规制模式上看仍然属于“命令与控制型环境规制”，这种规制模式的特点即政府通过立法或制定行政部门的规章、制度来确定环境规制的目标、标准，并以行政命令的方式要求企业遵守，对于违反相应标准的企

① 参见刘超：《管制、互动与环境污染第三方治理》，载《中国人口、资源与环境》2015年第2期。

业进行处罚。[①] 然而,从20世纪70年代末期开始,众多学者对这种规制模式提出质疑,认为其缺乏成本有效性,无法起到对相关利益主体的激励作用。污染第三方治理者的出现,赋予了排污者与污染第三方治理者自由订立排污交易合同的权利,大大提升了排污者治污的积极性和自主性。在《国办第三方意见》和各省《第三方意见》中也均明确指出了"政府引导推动"是第三方治理的原则,并且要求政府"强化市场监管和环保执法"。但是,对排污者和污染第三方治理者因为责任分担产生纠纷时,并没有详细的法律制度规定政府的角色以及相应的规制权能。换言之,排污者承担的污染治理是一项基于环境基本法的公法责任,当污染第三方治理者以民事合同履行公法责任时,在缺乏政府及有关部门的具体规制权能的情形下,是否有借私法关系避祸公法责任之嫌呢?

结合污染治理实践来看,在上文中提到的取消了污染第三方治理者市场准入条件的情况下,有两种情况值得注意:第一,内部发标和相互投标问题。一些规模较大的排污者选择剥离人、财、物组建自己的污染治理企业,将难度小且有利润的项目交由子公司来做。一方面,这些企业并不像污染第三方治理者那样"专业",治污效果自然大大缩水;另一方面,母子公司之间的关联交易会造成责任不清、交易机制不公平以及定价机制扭曲等问题。此外,当这些规模较大的排污者自己成立的污染治理企业相互投标治理工程时,在政府规制权能不明的情况下,还会进一步扰乱污染第三方治理市场。第二,共谋问题。在缺乏污染第三方治理市场准入条件下,由于资质参差不齐的污染第三方治理者要争取来自排污者的订单,双方地位实际上是不平等的,这时排污者会利用自身的优势地位动辄以解除合同来威胁污染第三方治理者按照自己需要的方式运作,最终影响了第三方治理效果的发挥。尤其是当污染第三方治理者与排污者共谋逃避本应履行的治理义务时,在政府规制权能不明的情况下,会进一步增加规制难度。实践中发生共谋的可能性很大,原因在于从排污者的角度来看,收买污染第三方治理者的费用要远低于履行合同的费用,而且可以大幅度节约成本。从污染第三方治理者的角度来看,提供虚假证明或偷排的成本要远低于其履行治污合同的成本。此外,由于缺失了污染第三方治理者的市场准入,污染第三方治理者的企业运营和市场退出就成为对于污染第三方治理者的重要规制措施,具体而言,技术标准和绩效标准就成为规制制度供给必备的两类规制工具。其原因是,首先,污染第三方治理作为战略性新兴环境产业,第三方所提供的环境治理服务用什么标准来评价,有赖于有关部门作出明确规定;其次,污染第三方治理者提供环境治理服务的好坏需要由相应标准构成的尺度进行评价和衡量,以作为其是否退出市场的依据。

---

① 参见张红凤、张细松等:《环境规制理论研究》,北京大学出版社2012年版,第116页。

(二)“特许污企”的进水水质无法得到政府规制的保障

如图4-3所示,影响“特许污企”的进水水质的关键节点存在于“排水户排放接入到市政排水管网的污水”和“通过市政排水管网接入到特许污企的污水”两点上。

在第一个节点上,根据2013年10月颁布的《城镇排水与污水处理条例》和2015年1月颁布的《城镇污水排入排水管网许可管理办法》中有关城市排水主管部门的界定,中央层面的排水主管部门是指住房和城乡建设部,但从省、市、县行政审批权和行政处罚权的行使来看,实践中大多是由水务部门作为城市排水的主管部门负责核发城市排水许可证,并对各种违规排水行为进行行政处罚。这种管理体制在实践中出现的问题是,市、县辖区范围内的排水管网大多是由市政部门负责建设和维护的,对于排水户的超标排污情况通常可以通过日常维护巡查在第一时间发现,但由于其并非是城市排水的主管部门而没有行政处罚权,因此只能向水务部门报告。水务部门接到报告会委托其下属的污水监测中心赶赴现场检测水质并固定证据,由于目前大多数城市的污水监测中心主要是对城市污水处理厂的进水水量和出水水量依托厂方上报的数据进行核定以作为日后污水处理服务费核发的依据。对于排水户排放进入排水管网的污水水质、污水处理厂的进水水质和出水水质,主要是依托环保部门对于“国控”和“省控”重点污染源的在线监测数据。由此,一方面,排水户的超标排污行为是不定时的,污水监测中心无法实现与违法排污现场证据固定的实时对接,这进一步增加了“特许污企”对进水水质污染源的回溯及证据固定的困难;另一方面,环保部门监控的重点污染源仅是排水户尤其是工业排水户中的一个组成部分,对于其他排水户排放进入排水管网的水质监测目前是逸出于分权体制下政府规制的范围之外的(见表4-4~表4-8)。

表4-4 建设行政主管部门的权利义务分担

	权利	义务
工业污水 生活污水	核发排水许可证(《城市排水许可管理办法》第8条)	对排水户排放污水的情况实施监督检查(《城市排水许可管理办法》第15条); 委托有资质的排水监测机构定期对排水户排放污水的水质检测,并向社会公开检测结果(《城市排水许可管理办法》第17条); 将监督检查的情况及有关问题的处理结果向社会公开(《城市排水许可管理办法》第20条); 加强对排放口设置以及预处理设施和水质、水量检测设施建设的指导和监督,对不符合规划要求或者国家有关规定,要求排水户采取措施,限期整改(《城镇排水与污水处理条例》第23条)

资料来源:根据城市排水许可法规资料整理而得。

表 4-5 环境保护行政主管部门的权利义务分担

	权利	义务
工业污水 生活污水	1. 核发排污许可证(《水污染防治法法》第 20 条); 2. 对国控、省控重点污染源企业进行监督[《国家重点监控企业污染源监督性监测及信息公开办法(试行)》]	1. 不依法作出行政许可或者办理批准文件的,发现违法行为或者接到对违法行为的举报后不予查处的,或者有其他未依照本法规定履行职责的行为的,对直接负责的主管人员和其他直接责任人员依法给予处分(《水污染防治法》第 69 条); 2. 对国控、省控重点污染源企业进行监督后的信息公开[《国家重点监控企业污染源监督性监测及信息公开办法(试行)》]

资料来源:根据水污染防治和信息公开法律法规资料整理而得。

表 4-6 政府及其他有关组成部门的权利义务分担

	权利	义务
工业污水 生活污水	1. 要求造成水污染的企业进行技术改造,采取综合防治措施,提高水的重复利用率,减少废水和污染物排放量(《水污染防治法法》第 40 条); 2. 对严重污染水环境的落后工艺和设备实行淘汰制度(《水污染防治法法》第 41 条); 3. 禁止新建不符合国家产业政策的严重污染水环境的生产项目(《水污染防治法法》第 42 条)	1. 合理规划工业布局(《水污染防治法》第 40 条); 2. 通过财政预算和其他渠道筹集资金,统筹安排建设城镇污水集中处理设施及配套管网,提高本行政区域城镇污水的收集率和处理率(《水污染防治法》第 44 条)

资料来源:根据水污染防治法律法规资料整理而得。

表 4-7 "排水户"需要履行的法定环境义务

	法定环境义务
《城市排水许可管理办法》	申请领取城市排水许可证书(第 3 条); 按照城市排水规划等有关要求,将污水排入城市排水管网及其附属设施(第 6 条); 办理城市排水许可证书(第 8 条); 排放的污水符合《污水排入城市下水道水质标准》(CJ3082)(第 8 条); 按照许可的规定排放污水(第 12 条)

续表

	法定环境义务
《城镇排水与污水处理条例》	按照国家有关规定将污水排入城镇排水设施(第 20 条); 向城镇排水主管部门申领污水排入排水管网许可证(第 21 条); 按照国家规定缴纳污水处理费(第 32 条)
《水污染防治法》	排放水污染物,不得超过国家或地方规定的水污染物排放标准和重点水污染物总量控制目标(第 9 条)。 保护水环境(第 10 条)。 应当取得排污许可证(第 20 条)。 不得无排污许可证或违反排污许可证的规定向水体排放污水(第 20 条)。 作为直接或间接向水体排放污染物的企事业单位和个体工商户,应当向环保部门申报登记(第 21 条)。 按照法律、法规和环保部门的规定设置排污口,不得私设暗管或采取其他规避监管的方式排放水污染物(第 22 条)。 特殊排水户的水污染防治义务(油类、酸液、碱液或者剧毒废液;放射性固体废物或者含有高放射性和中放射性的物质;热废水;含病原体的;含有汞、镉、砷、铬、铅、氰化物、黄磷等的可溶性剧毒废渣)(第 29 ~ 33 条)。 缴纳排污费(第 24 条)。 配合监督检查、提供必要资料(第 27 条)。 采用原材料利用效率高、污染物排放量少的清洁工艺(第 43 条)。 向城镇污水集中处理设施排放水污染物的,应当符合国家或地方规定的水污染物排放标准(第 45 条)

资料来源:根据城市排水、水污染防治和信息公开法律法规资料整理而得。

表 4－8 市政排水管网维护运营单位的主要职责

	主要职责
市政排水管网的维护运营单位	1. 贯彻执行市政基础设施建设维护、公用事业管理方面的法律法规和方针政策，起草地方性法规和规章草案，拟订中长期发展规划和年度计划，并组织实施。 2. 会同有关部门编制市政基础设施、公用事业建设维护年度投资计划；负责市政投资计划的组织实施，指导公用事业投资计划的实施；参与拟订市、区、开发区共同投资市政公用项目计划，并负责落实。 3. 负责城市道路、排水、桥梁、隧道、城市照明设施等市政基础设施项目建设、维护和管理；负责市政、公用事业建设维护单位的资质管理。 4. 负责城市道路、桥梁、隧道、城市照明等市政设施安全运营；组织、协调、指导市政工程、综合管线突发事故处理。 5. 负责城市地下管线综合管理，负责道路范围内各类综合管线项目的监督管理。 6. 负责城市供热、燃气等公用事业行业管理工作。 7. 负责城市户外广告设置与管理。 8. 负责市政公用基础设施建设维护方面的科学研究，组织科学技术交流与合作；会同有关部门组织对重大科技成果的鉴定、推广和应用。 9. 其他事项

资料来源：根据城市排水法规资料整理而得。

在第二个节点上，由于在现有的法律制度下，排水户的排水行为主要是通过申领各类许可证、①符合各类标准、②缴纳各类费用③和配合检查提供资料等方式实现的，其内在的制度逻辑是，只要"排水户"申领了各类许可证并缴纳了各类费用就可以排污，即便是出现了超标排污的情形，其查处也有赖于政府相关部门法定环境义务的履行，当政府相关部门"怠于履行"或"不依法履行"等法定归责情形出现时，政府机构仅承担"责令改正"的法律责任，政府人员仅承担"行政处分"的法律责任。由于前文中提到的环保部门、水务部门和市政部门在水质规制方面的衔接漏洞，此时在第二个节点上，虽然"特许污企"对于接入到企业的污水也加装了在线监测装置，但一方面，上游排水户的偷排行为是不定时的，且由于来水成分

① 包括城市排水许可证、污水排入排水管网许可证、排污许可证等。

② 包括《污水排入城市下水道水质标准》、水污染物排放标准等。

③ 包括污水处理费、排污费等。

复杂很难进行污染源回溯而锁定偷排的排水户;另一方面,在特许经营合同中只有关于接入到“特许污企”“进水”的笼统约定,即对于“进水”水质超标情况,“特许污企”在做好日常记录的基础上要及时向主管部门报备,以作为日后核发污水处理费的参考性因素。由于无法确定具体的责任主体,“进水”水质差给“特许污企”造成的损失也自然没有了赔偿主体,实践中只要“进水”水质超标问题没有超过“特许污企”的承受负荷,考虑到特许经营合同的长期性和投资回报收益的长期性,“特许污企”只能选择自我消化这部分额外增加的成本。此外,在有些市政排水管网未能覆盖到的区域,或者由于地理原因排水户将污水排入自然水体再进入“特许污企”处理的地方,同样存在政府规制力度不足、对于“特许污企”进水水质无法有效保障的情况。比如,实践中仍然存在一部分工业排水户向自然水体偷排的现象。虽然《环境保护法》第338条和最高人民法院、最高人民检察院《关于办理环境污染刑事案件适用法律若干问题的解释》中都对此类偷排行为进行了规制,意味着偷排行为的入刑。虽然水行政主管部门对重点河湖断面通过加装监控装置强化取证和行政执法力度,但是这些“排水户”通过货运车辆将污染物直接偷排至自然水体行为一般都选择在夜间,选择的地点也都是较为偏僻的水域,限于执法力量,无论是环保部门还是水行政部门很难查处。现有制度对于公民水环境保护的法定义务“偏软”(见表4-9~表4-10)。特别是对于很多个体工商户,现有制度下是依赖其主动申报,但很多从事畜禽饲养等行业的排水户不主动履行义务。虽然这些行为对自然水体造成的污染影响较小,但在“特许污企”运营中,这些倾倒在自然水体中的各类杂物严重影响“特许污企”诸如粗格栅等机器设备的运行并加速了折旧,由此也增大了“特许污企”的运营成本。

表4-9 “沿岸居民”的法定环境义务

	环境义务
“沿岸居民”	1. 公民应当增强环境保护意识,采取低碳、节俭的生活方式,自觉履行环境保护义务(《环境保护法》第6条); 2. 任何单位和个人都有义务保护水环境,并有权对污染损害水环境的行为进行检举(《水污染防治法》第10条)

资料来源:根据水污染防治和环境保护法律法规资料整理而得。

表 4－10　水行政部门的法定环境义务

	环境义务
水行政主管部门	1. 拟定水功能区划(《水法》第 32 条)； 2. 核定水域纳污能力，向环境保护行政主管部门提出该水域的限制排污总量意见(《水法》第 32 条)； 3. 对水功能区的水质状况进行监测，发现重点污染物排放总量超过控制指标的，或者水功能区的水质未达到水域使用功能对水质的要求的，应当及时报告有关人民政府采取治理措施，并向环境保护行政主管部门通报(《水法》第 32 条)

资料来源：根据《水法》整理而得。

(三)政府的选择性规制应当公平

由实证调研可知，目前几乎所有的"特许污企"都将"活性污泥法"作为主要的污水处理技术与工艺。所谓"活性污泥法"，就是通过由繁殖的微生物群体构成的污泥，通过沉淀与水分离，使污水得到净化和澄清，[①]由此，微生物群体成为"活性污泥法"发挥效用的关键。如图 4－3 所示，在"特许污企"的企业运营的第一个阶段和第二个阶段中遗留的问题，在企业运营的第三个阶段被放大了，其原因在于环保行政主管部门对"特许污企"的"出水"加装了"在线监测装置"，24 小时不间断地将"出水"的相关指标传输至环保部门，一旦出现超标问题，就会依据相关法律法规对"特许污企"施以重罚。尤其值得注意的是，每一次对于"特许污企"的处罚都会被记录在案，作为日后核发污水处理服务费的依据。政府财政部门在核发污水处理服务费时，会依据水务部门提供的"特许污企"处理污水的"水量"和环保部门提供的"特许污企"处理污水的"水质"，如果有处罚记录，则会根据合同相应核减污水处理服务费。承担了重罚的"特许污企"拿到的是经过核减的污水处理服务费，进一步增加了日常运营的困难。实际上，回顾"特许污企"的企业运营的全流程后我们会发现，政府规制体现了鲜明的"选择性"特点，对于排水户的规制侧重于"国控"和"省控"重点污染源，对于排放到自然水体的污水水质规制则主要侧重于对于"特许污企"的规制。这种规制模式在分权制结构下，政府部门限于财力、人力和物力的限制实现规制绩效的最大化本无可厚非，但在"特许污企"的企业运营的全流程中则不能科学界分有关法律关系主体的权利义务，片面通过选择性规制实现规制绩效一方面有失公平，另一方面在有些权利义务矛盾较为突出的地方，这种规制模式也是不可持续的(见表 4－11 ~ 表 4－12)。

① 参见李亚峰、晋文学主编：《城市污水处理厂运行管理》，化学工业出版社 2011 年版，第 9 页。

表 4 - 11　政府所属部门的法定环境义务

	法定环境义务
《环境保护法》	企业事业单位和其他生产经营者违法排放污染物,受到罚款处罚,被责令改正,拒不改正的,依法作出处罚决定的行政机关可以自责令改正之日的次日起,按照原处罚数额按日连续处罚

资料来源:根据《环境保护法》整理而得。

表 4 - 12　"特许污企"需要履行的法定环境义务

	法定环境义务
《城市排水与污水处理条例》	与城镇排水主管部门签订维护运营合同,明确双方权利义务(第 28 条); 依照法律、法规和有关规定以及维护运营合同进行维护运营,定期向社会公开有关维护运营信息,并接受相关部门和社会公众的监督(第 28 条); 保证出水水质符合国家和地方规定的排放标准,不得排放不达标污水(第 29 条); 按照国家有关规定检测进出水水质,向城镇排水主管部门、环境保护主管部门报送污水处理水质和水量,主要污染物削减量等信息,并按照有关规定和维护运营合同,向城镇排水主管部门报送生产运营成本等信息(第 29 条); 为进出水在线监测系统的安全运行提供保障条件(第 34 条); 保证按照法律、法规和有关规定以及维护运营合同进行维护运营,不得擅自停运或者部分停运(第 36 条)
《水污染防治法》	保护水环境(第 10 条); 取得排污许可证(第 20 条); 申报登记(第 21 条); 设置排污口(第 22 条); 配合监督检查、如实提供资料(第 27 条); 按照国家规定向排污者提供污水处理的有偿服务(第 44 条); 对出水水质负责(第 45 条)
《水污染防治法实施细则》	向所在地县级以上地方政府环保部门提交《排污申报登记表》(第 4 条)。 出水水质,按照国家规定的或者地方规定的污染物排放标准执行;对出水水质负责(第 15 条)

资料来源:根据城市排水和水污染防治法律法规资料整理而得。

三、市场退出

城市污水处理业特许经营的市场退出主要涉及“临时接管”问题。所谓“临时接管”，是指行政主体为了维护社会公共利益，在具备法定情形时对特定对象采取的强制性接收和管理行为。[①] 按其性质来说，临时接管属于行政即时强制，具有强制性、临时性和即时性特点。城市污水处理业与其他公用事业一样，具有公益性和行业性特点，对城市污水处理业的临时接管必须严格按照法律规定的条件和程序审慎进行，以此保障城市污水处理业的企业运营的连续性和稳定性。

从目前有关公用事业特许经营的“中央层面立法”和“地方层面立法”来看，有关“临时接管”的制度规定主要集中在临时接管情形的列举上（表4－13）。从表中可以发现，我国现行立法中关于公用事业特许经营临时接管情形的规定较为混乱，缺乏统一标准。实际上，临时接管是在“特许经营权”非正常终止的情况下进行的，此时公共利益有遭受损害的风险，国家公权必须对市场进行干预，以此保证公共利益的实现。但是，何种情况下可以认定公共利益受到或者可能遭受损害呢？表中罗列的3种情形仅是有关临时接管的3种情形，但这仅是临时接管的第一步，临时接管程序的启动、接管机构的组成及其权限、具体接管流程等规定则是临时接管制度中更为重要的内容。但综观现有制度，在此方面的规定仍是缺位的。

表4－13　现行立法有关临时接管情形的规定

具体情形	具体规定
紧急情况下的临时接管	在危及或者可能危及公共利益、公共安全等紧急情况下，主管部门临时接管特许经营项目
特许经营者违反法律法规规定或特许经营协议约定时的临时接管	特许经营者在特许经营期内有下列情形之一的，由行业主管部门责令限期改正；逾期未改正的，经市人民政府或者行业行政主管部门决定，可以收回其特许经营权，终止特许经营协议，并实施临时接管： 1. 擅自转让、出租、抵押或者以其他方式处分特许经营权的； 2. 擅自将所经营的财产进行处置或者抵押的； 3. 擅自停业、歇业，严重影响到社会公共利益和安全的； 4. 因管理不善，发生重大质量、生产安全事故的； 5. 因转让企业股权而出现不符合特许经营协议约定的授权资格条件的； 6. 不履行普遍服务义务，或者产品、服务质量不符合标准，严重影响公众利益的；

① 参见章志远、李明超：《公用事业特许经营中的临时接管制度研究》，载《行政法学研究》2010年第1期。

续表

具体情形	具体规定
特许经营者违反法律法规规定或特许经营协议约定时的临时接管	7. 因经营管理不善，财务状况恶化，亏损严重，企业无法正常运行，严重影响公众利益的； 8. 改变市政公用设施项目的土地使用性质，将特许经营项目的设施及相关土地用于特许经营项目之外，擅自改变市政公用设施的功能和用途的； 9. 在可能危及公共利益、公共安全以及为了公共利益需要等情况下，不服从政府的统一指挥、调度的； 10. 法律、法规规定或者特许经营协议约定的其他情形
特许经营者无法继续经营，申请解除特许经营协议时的临时接管	特许经营者因不可抗力无法继续经营的，可以申请终止特许经营协议。市政公用事业主管部门应当临时接管该项目或者采取其他有效措施，保证该市政公共产品或者服务的正常提供，并于接管之日起，按照规定确定新的特许经营者

资料来源：根据市政公用事业特许经营的中央和地方层面立法整理而得。

第二节　“水质”规制问题的解决机制

一、针对“市场准入”的解决机制

（一）从打通与竞争法衔接的角度完善“招投标”制度

1. 确立“内部发标违法性标准”

所谓“内部发标违法性标准”，是指“特许经营项目实施机构”通过行政指定、委托和直接出资设立的公司3种方式成立“特许经营项目公司”，该公司又是某一特定特许经营投标者的出资人或股东，当该特定特许经营投标者中标时，“特许经营项目公司”即构成内部发标（见图4－8）。“内部发标违法性标准”确立的意义在于在包括城市污水处理业在内的公用事业特许经营中，本来就存在行政特权，公私合作理论、特许经营理论和公私法区分理论的精髓在于“竞争”和“控权”。实践中，“特许经营项目公司”带有浓重的行政色彩，作为某一特定特许经营投标者的出资人或股东，实际上增加了其充当“权力寻租掮客”的风险。近年来混合所有制成为我国企业改革的热点，在城市污水处理实践中，很多民营企业（包括上市公司）都寻求有国资背景的企业在其股权构成中占有相应份额，以给其在各地城市污水处理特许经营的“市场准入”中扫清障碍。久而久之，政府的内部发标只会形成少数企业的垄断而成为“行政限定交易”。

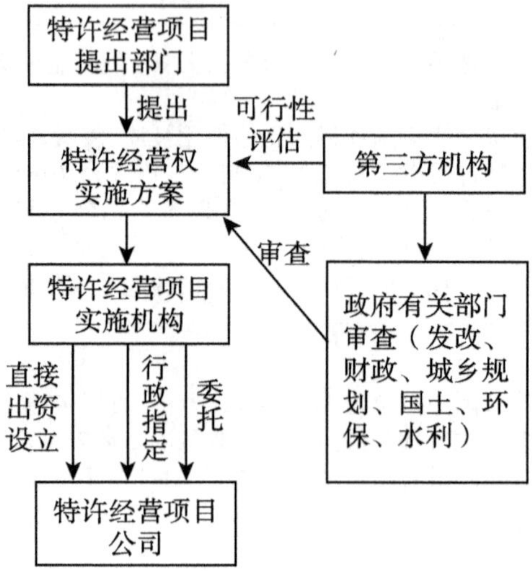

图 4-8　内部发标违法性标准示意

2. 整合招标监管机构，明确“招标人”

应当将目前城市污水处理特许经营招投标中的建设工程交易中心、产权交易市场、国有资产产权交易中心和政府采购中心整合为一个监管机构，对于不同的招标操作流程进行整合和规范，从《招投标法》层面上给出相应制度设计，以明确“招标人”（见图 4-9），对目前混乱的城市污水处理业特许经营招投标市场予以规范。

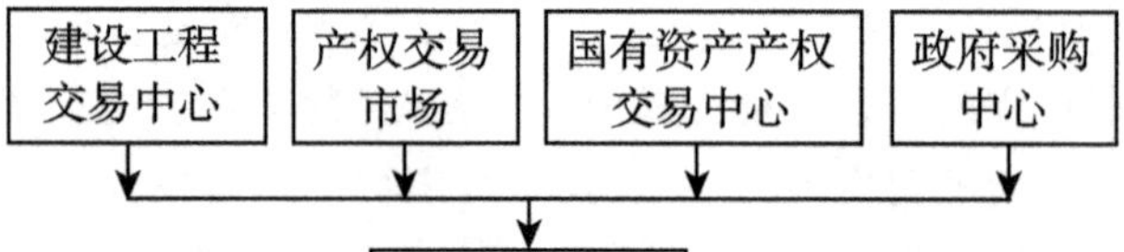

图 4-9　招标监管机构整合示意

（二）完善行政垄断规制制度

1. 扩宽行政垄断行为的认定标准

整体来看，我国《反垄断法》第五章的制度规定属于“行为 + 后果”模式，即“因为某种行为的做出，阻碍、排斥或者限制了竞争”，此种模式属于典型的“事后补救型”。然而，面对实践中形形色色的行政垄断行为，此种模式至少存在两个方面的问题:第一,如果因为某种不作为的行为,阻碍、排斥或者限制了竞争,是否会逸出我国的《反垄断法》规制范围之外？第二,如果因为某种行为的做出,可能会产生阻碍、排斥或者限制的效果,则其是否能够作为行政垄断行为进行规制？因此,应当变目前的“行为+后果”模式为“行为”模式,只要做出了行政垄断行为,无论是否具有实际效果,将可直接适用“本身违法原则”予以规制。

2. 扩宽行政垄断行为的违法主体

我国《反垄断法》规制的行政垄断的违法主体只有两类,即行政机关和法律、法规授权的具有管理公共事务职能的组织。城市污水处理业具有鲜明的区域垄断性,作为推行市场化改革的法律制度,中央部委一级的立法起到的是宏观示范和指导作用,更多的是靠各地结合具体实际进行细化,即省级和地市级立法构成了目前我国包括城市水务业在内的市政公用事业立法的主体。而目前,这些地方性立法中突出反映的问题恰恰是地方立法机关所实施的行政垄断行为,而这一点是目前的《反垄断法》所未能涵盖的。因此,有必要拓宽目前行政垄断行为的违法主体,至少应将地方政府规章和地方规范性文件的制定主体纳入行政垄断违法主体的范畴中来。

3. 明确“滥用行政权力,排除、限制竞争”的标准

根据全国人大法工委经济法室的解释,“对于什么样的行为构成滥用行政权力,排除、限制竞争,一般应考虑以下因素:第一,该行为是否具有排除、限制竞争的效果,只有排除、限制竞争的行为才为反垄断法所禁止。第二,该行为是否有法律或者政策依据。如果行政机关和法律、法规授权的具有管理公共事务职能的组织的行为是依照法律或者国家政策做出的,即使具有排除、限制竞争的效果,也不属于滥用行政权力的行为”。那么,这里至少存在两个问题:第一,法律是广义的还是狭义的？是否包括行政法规、行政规章和行政规范性文件？只要是法律,即便确实具有排除、限制竞争的效果也不属于滥用行政权力的行为,那么立法机关所实施的排除或限制竞争行为就不应该得到规制吗？第二,政策能够成为滥用行政权力的豁免范围吗？了解我国行政垄断发展历史的人都知道,作为政策重要载体的“红头文件”一直是行政垄断的重灾区,如此的解释是否有悖于立法初衷？因此,建议在扩宽行政垄断认定标准和行政垄断违法主体的基础上,将第一项标准改为“该行为是否具有或可能具有排除或限制竞争的效果”,并将第二项标准中的“政策依据”予以删除。

二、针对"企业运营"的解决机制

(一)科学界分污染第三方治理法律关系主体之间的权利义务

1. 完善污染第三方治理责任分配机制

《国务院第三方意见》和各省《第三方意见》均指明排污者应承担污染治理的主体责任,虽然其中未明确什么是主体责任,但笔者认为,主体责任一方面意味着当污染第三方治理者不愿、不能承担污染治理法律责任或者在合同中约定了合法合理的免责条款时,排污者有义务消除自己或污染第三方治理者产生的对生态环境的恶劣影响;另一方面主体责任与主要责任是存在区别的,在一般情况下,污染第三方治理者应成为独立的责任主体,承担其应负的污染治理责任。

第一,排污者与污染第三方治理者之间签订的污染治理服务合同是有偿的委托合同,排污者是委托人,污染第三方治理者是受托人,由排污者支付一定数额的报酬作为委托污染第三方治理者进行环保设施维护、建设以及对污染物专业化治理的对价。首先,污染治理服务合同应遵循《合同法》总则有关合同基本原则的规定,即平等、公平、意思自治、诚实信用、公序良俗原则。其次,还应遵循《合同法》第二十一章"委托合同"的相关制度规定。从归责原则上来讲,应遵循《合同法》第107条的规定,即当事人一方不履行合同义务或者履行合同义务不符合约定的,违约方应承担继续履行、采取补救措施或者赔偿损失等违约责任。若在污染第三方治理者与排污者签订的污染治理服务合同中约定了相应的免责条款,则应遵循《合同法》关于免责条款效力的限制,即合同中"造成对方人身伤害的"和"因故意或重大过失造成对方财产损失的"免责条款是无效的。也就是说,只要任何一方没有推卸人身伤害或者因故意或重大过失造成对方财产损失的责任,污染第三方治理者与排污者在合同中约定的免责条款在法律规定内一般是有效的。但是,在环境侵权行为、环境行政管理行为中是不得约定免责条款的。环境侵权行为适用无过错责任归责原则,环境行政管理属于法律上的强制性规定,即使是有不可抗力的发生,也不得成为污染第三方治理者与排污者的免责条件。

第二,排污者和污染第三方治理者的环境侵权行为的处理。在"谁污染,谁治理"的传统污染治理模式下,由于排污者的污染行为给环境造成的恶劣影响适用无过错责任原则,所以无论加害人主观上是否存在过错,只要其行为给他人的人身、财产造成损害,就应当承担相应的民事责任。那么,在"谁污染,谁付费,第三方治理"的新型污染治理模式下,相关法律关系主体到底应该如何承担相应法律责任呢?对此,有的学者提出了对于排污者和污染第三方治理者的环境侵权行为到底应该适用《侵权责任法》第65条、第68条还是第28条的疑问。该学者认为,如果适用《侵权责任法》第65条、第68条，实际上将污染第三方治理者置于责任承担的幕后，其作为侵权第三人可以不直接承担法律责任。因此，以《侵权责任法》第28条作为排污者与污染第三方治理者的归责原则更加符合“谁造成损害，谁承担责任”的现代法治理念，也有利于污染第三方治理制度的推行和发展。①笔者认为，以《环境保护法》《水污染防治法》和《侵权责任法》为主体的现有法律制度在排污者和污染第三方治理者的环境侵权行为问题上的规定是清晰的。原因如下：首先，《侵权责任法》第65条的规定与《环境保护法》《水污染防治法》的规定是一脉相承的，即突出了污染者在侵权责任承担中的“主体地位”。其次，《侵权责任法》第65条和第28条的规定实际上是将污染侵权中的“内部关系”和“外部关系”进一步予以了明确，即作为污染受害者，既可以选择排污者要求承担侵权责任，又可以选择作为“第三人”的污染第三方治理者要求其承担侵权责任，无论是排污者还是污染第三方治理者均不得以相互之间过错的有无这一内部关系来对抗二者与污染受害者之间的外部关系。不真正连带责任使得排污者与污染第三方治理者通过追偿机制分清相互之间的责任，让真正的侵权者承担相应的侵权责任。由此，现有法律制度对于排污者与污染第三方治理者之间的侵权责任分担的规定是没有问题的，问题主要在于对于污染第三方治理者公法义务和责任的规定。

第三，在现有法律、法规规定中增加污染第三方治理者作为行政相对人的制度规定。立法上应该明确规定，在污染第三方治理中，污染第三方治理者是独立的行政主体，能够作为行政相对人独立承担相应的行政责任。这样，一方面，可以通过行政处罚制度，通过法定的惩罚措施使作为行政相对人的污染第三方治理者不再做出类似的污染行为，避免以私法关系避祸公法责任情况的发生；另一方面，可以通过行政奖励制度通过税收优惠、污染物减排“领跑者”等措施给予污染第三方治理者以正向激励，为排污者通过引入污染第三方治理者提升治污效果提供持续动力。②

2. 科学定位政府角色，明晰规制权能

污染第三方治理的出现本身就说明我国在环境规制方面已经在经历着“命令与控制型环境规制”向“基于市场型环境规制”的转变，在这一转变中，政府的角色已经由“家长式的直接管理者”逐渐演变为“中立的裁判者”。这一方面，说明除了

---

① 参见周珂、史一舒：《环境污染第三方治理法律责任的制度建构》，载《河南财经政法大学学报》2015年第6期。

② 参见常杪：《第三方治理推动治污新变革》，载《环境保护》2014年第20期。

政府及有关部门和排污者外,会有更多的法律关系主体参与到污染治理中来;另一方面,也说明政府在坚守其应负的公法责任之外要创新使用多种规制手段来实现其对市场主体的引导。在这一方面,日本的做法值得借鉴。日本地方政府对从事"第三方治理"的企业和人员进行资格核准、指导和监督工作,制订委托处理业务的处理标准和委托标准,要求委托企业把握委托处理的进展情况,被委托企业提交宣言书,并在处理任务完成后记载相关事项反馈给委托企业。[①] 在这一过程中,日本地方政府的主要职责是通过标准制定等制度供给实现监督与指导,由排污者负责把握污染第三方治理者的任务进展阶段和程度,并且有污染第三方治理者在任务完成后向排污者反馈任务结果,以此来实现双方的沟通与协调。由此,在具体的规制权能方面,应着重从如下几个方面予以明晰。

第一,我国政府应该在制度供给方面,应当抓紧制定污染第三方治理业务的处理标准,可以根据地方实际制定污染第三方治理示范合同,排污者与污染第三方治理者可以根据示范合同进行适度调整,但是,其中关于排放污染物的种类、数量、限期治理的期限以及违约后强制性法律责任等条款均不得改动。另外,政府应该通过相应标准与认证认可制度的完善抓紧培育污染检测机构和污染治理绩效评价机构,抓紧在企业运营和市场退出阶段对于污染第三方治理者的规制。

第二,引入强制性环境信用评价制度。环保部在 2013 年年底制定了《企业环境信用办法(试行)》(以下简称《信用办法》),《信用办法》对企业环境信用评价进行了定义,即环保部门根据企业环境行为信息,按照规定的指标、方法和程序,对企业环境进行信用评价,确定信用等级,并向社会公开,供公众监督和有关部门、机构及组织应用的环境管理手段。该办法中所规定的评价内容包括污染防治、生态保护、环境管理、社会监督 4 个方面共计 21 项指标,通过这 21 项指标将参评企业信用等级分为环保诚信企业、环保良好企业、环保警示企业、环保不良企业 4 个等级;以"绿牌、蓝牌、黄牌、红牌"标示。规定了实行一票否决的 14 种情形。在我国目前取消行政许可放开市场准入的前提下,完全可以引入强制性环境信用评价制度作为对缺失市场准入条件的弥补。对于服务质量差、存在多次排污行为和重大环境侵权损害行为的污染第三方治理者,可以直接降低其信用等级;情节特别严重的,应列入"黄牌"和"红牌"名单限制,甚至剥夺其享有的政府资金补贴、银行贷款、税收减免等优惠政策的资格。

第三,强化环保规制力度。在污染第三方治理模式下,应在加大执法惩处力度的前提下,以环保设施的正常运行为规制重点,对于篡改伪造相关数据逃避规

① 参见任维彤:《日本环境污染第三方治理的经验与启示》,载《环境保护》2014 年第 20 期。

制、违法排污的行为按照上限从严处罚。此外，应该建立污染第三方治理强制实施与限期实施制度。对于因违法而实行前期整改的排污企业，在到期仍然不能达标的，或在一定期限内多次出现违法行为的，强制实施污染第三方治理；对于印染、化工等高污染企业聚集、形成连片污染的重点区域实施限期治理，到期仍然不能达标的责令实施第三方治理。

（二）调整规制理念更新规制措施实现“特许污企”进水水质保障

1. 以特许经营和民事合同代替政府的直接规制

“特许污企”在履行环境义务中之所以出现“出水水质超标”问题，其中一个重要原因是现有法律制度框架对于“政府”角色的定位。在现代市场经济中，政府承担的主要职能是宏观调控和市场规制，这就要求政府在对市场的干预中一定要做到“有所为有所不为”。“出水水质超标”问题之所以发生，很大程度上与政府对“特许污企”担保“进水”水质但实际上却有很多规制漏洞紧密相关。在“进水”和“出水”水质达标的责任链条中，政府不应与“自来水公司”“排水户”“市政排水管网维护运营单位”和“特许污企”中的任何一方签订合同。政府所做的工作应该有重点地切实担负起规制责任。至于“自来水公司”“排水户”“市政排水管网维护运营单位”与“特许污企”相互之间就“进水”水质如何保障达标的微观法律问题，则应交由各方之间通过订立合同进行权利义务的划分以实现“自我规制”（图4－10）。包括城市污水处理在内的中国城市水务业市场化改革虽然取得了巨大成就，但“厂网分离”一直是困扰改革持续深入推进的隐患。确切地说，“特许经营”主要发生于城市供水企业和污水处理企业，而市政供水管网和排水管网则仍然维持自然垄断状态，甚至在我国有些地区，排水管网由市政工程管理处这样的行政事业单位运营管理，更有很多城市通过属于地方政府组成部门的市政公用局在管理。从西方国家的先进经验来看，城市水务业法治的完善有赖于市场的适度集中，即市场中最终出现的是集供排水一体化于一身的大型水务集团，强劲的经济实力和风险负担能力使政府可以对其课以相应义务并严格履行监管责任。在加快推进国内污水处理企业的整合和“市政排水管网维护运营单位”的市场化进程的前提下，可以适时地在法律制度层面上推动“市政排水管网维护运营单位”法律责任的补充和完善，具体措施如下。

首先，在有条件的地方可以采用BOT模式推行市政排水管网与污水处理企业“厂网合一”式的特许经营。特许经营者在建成排水管网和污水处理厂后自然作为运营主体。在没有条件的地方可以采用TOT等模式将市政排水管网单独作为特许经营项目移交给合格的特许经营者维护运营。

其次，变目前由政府对“排水户”的许可证式管理为“排水户”与“市政排水管网维护运营单位”之间的合同式管理。合同中应明确双方的权利义务，“市政排水管网维护运营单位”按照国家和地方相关标准接收“排水户”排放的污水并做好相应档案记录，“排水户”向“市政排水管网维护运营单位”依据民事合同保证接入市政排水管网的污水符合相应国家标准，一旦后者发现前者超标排污，即可在固定证据的基础上请求政府相关部门对前者课以行政法律责任，同时可追究前者由于排放污水水质超标所应承担的民事合同责任。情节特别严重并触犯刑律的，还可以请求司法机关追究前者单位和人员的刑事责任。政府部门可以在委托绩效评价机构对市政排水管网维护运营单位运营绩效评价的基础上，从排水户缴纳的污水处理费中拨付相应费用给市政排水管网的维护运营单位。

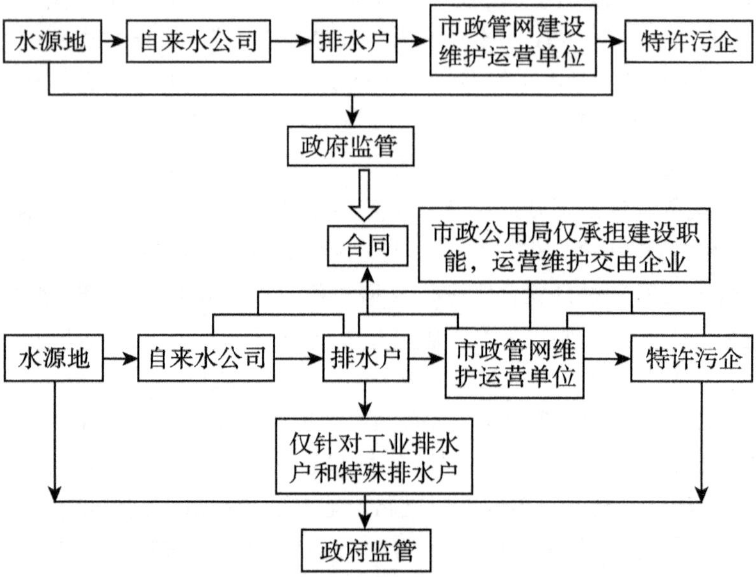

图4-10 “特许污企”“进水”水质的政府规制环节变化

2. 引入并更新公众参与机制，形成对相关主体的有效制约

在城市水环境的保护中，“政府”“排水户”“市政排水管网的维护运营单位”“特许污企”和“社会公众”都是相关的利益主体。政府将城市污水处理产品和服务的供给任务通过“特许经营”方式交给“特许污企”本身并不意味着“撇脂”，“特许”后的政府规制不但不应减轻反而应该增强。前文中提到，与一般的市政公用事业相比，城市污水处理业的“环境性”特征更为明显，引入“特许经营”模式仅意味着包括城市污水处理业在内的整个城市水务业市场化改革实现方式的创新，而城市水环境的保护和相关利益主体环境权益的实现才是改革的出发点和落脚点。

由此,在“政府”转变角色、“市政排水管网维护运营单位”加快市场化进程之后,在如何帮助和促导相关利益主体切实履行环境义务的问题上,公众参与已成为必需。包括《特许办法》在内的“中央层面立法”和“地方层面立法”中已经规定有公众监督委员会制度,但目前的公众参与存在形式零散、方式简单且流于形式、公众话语权没有有效的整合平台等问题。笔者认为,引入并更新公众参与机制最核心的问题是要打破信息屏障,以此改变相关利益主体之间信息严重不对称的现状,为公众参与机制的完善打下坚实的信息基础。由此,笔者建议扩大政府信息公开的范围。依据《政府信息公开条例》第 2 条、第 37 条的规定,“政府”“市政排水管网的维护运营单位”“特许污企”都负有公开信息的法定义务。依据该条例第 9 条的规定,涉及公民、法人或者其他组织切身利益、需要社会公众广泛知晓和参与、反映本行政机关办事程度情况等,都应属于主动公开之列。由此,结合“特许污企”履行环境义务的实际情况,相关利益主体的信息公开范畴应做如下安排:(1)“特许污企”应公开的信息,如企业的产品、服务质量和运营绩效等;(2)“市政排水管网的维护运营单位”则应掌握排水管网的维护运营情况、“排水户”向管网排放污水的情况、“市政排水管网的维护运营单位”向“特许污企”提供“进水”情况等。

三、针对“市场退出”的解决机制

(一)临时接管条件

临时接管条件是临时接管制度中的第一个环节,关系着临时接管程序的启动和进展。对不同情况下的临时接管条件应给予精准界定:

1.“紧急情况下”的临时接管

目前,实践中的做法一般是将突发事件对社会公众的影响分为特别重大、重大、较大和一般等 4 个级别,只有“特别重大”情形才按照“紧急情况”启动临时接管程序。可见,如何认定“紧急情况”尚缺乏一个明确标准。结合城市污水处理业特许经营的制度实践,笔者认为,所谓的“紧急情况”,是指“特许污企”面临发生自然灾害、战争灾害、事故灾害以及公共安全等公共突发事件,无法依靠自身力量或者依靠自身力量成本过高难以有效应对突发事件,使公共利益遭受损害或者面临损害时,由当地政府临时接管涉事特许污企,以保障城市污水处理业特许经营的连续性和稳定性。一般来说,“紧急情况”包括以下两个要素:一是公共利益遭受重大损害或者有面临重大损害的风险;二是靠“特许污企”自身的力量难以解决眼前危机。

2.“违法”或“违约”时的临时接管

“特许污企”未按法律法规规定或特许经营协议约定做出一定的行为,政府主管部门在运用警告、罚款、责令限期改正等常规措施难以奏效，致使公共利益遭受损害或者面临遭受损害的风险时，有权进行临时接管。实践中普遍存在的问题是，如何认定“特许污企”的行为严重侵害了公共利益。比如，“特许污企”的设备在正常运转中，随着时间的累积和产品自身生命周期的限制，会出现因设备维修造成进厂污水无法处理的情况。那么，在这种情况下，是否可以因为出水水质超标给社会公共利益造成损害或者损害的风险就对污水处理企业进行临时接管呢？更何况，在实证调研中发现，由于有的城市的“特许污企”的“进水”是通过自然水体而非市政排水管网输送的，这时由于沿岸居民的排污以及倾倒垃圾甚至死禽死畜等情况，“特许污企”的粗格栅等设备损耗率很高，由此造成的出水水质超标问题就不能简单归咎于“特许污企”了，排水户、沿岸居民的排污行为以及政府规制的不到位都应该成为出水水质的超标的原因。“特许污企”按照排水规划其设计和规模负荷是按照处理生活污水建设和运营的，但由于政府规制不到位，工业污水接入到“特许污企”，由于“水量”和“水质”的变化造成“特许污企”出水水质超标，虽然政府主管部门运用警告、罚款、责令限期改正等常规措施难以奏效，公共利益面临遭受损害的风险。此时，就不能不区分原因地适用临时接管措施。由此，并不是说只要出现“违法”或“违约”情形，就要由政府进行接管。笔者认为，首先，应该追溯出现临时接管情形的原因，在分清责任的基础上考虑是否适用临时接管措施。如果属于政府责任和排水户的责任，则不仅不能适用临时接管措施，反而应该承担对“特许污企”造成的损失并补偿对公众造成的环境损害。其次，应当遵照“比例原则”和“正当程序原则”。如果造成的损害较小，且特许经营者主动进行补救和赔偿时，就不必进行临时接管；反之，如果污水处理企业拒不改正且造成损害较大时，则在进行专家评估的基础上，政府主管部门在履行了必要程序后可以进行临时接管。

3.“特许污企”因无法继续运营申请解除或实际解除特许经营协议时的临时接管

除了不可抗力因素外，不排除有的特许经营者本来就并非冲着真正运营“特许污企”，而可能是为了满足自身其他的经济利益的可能性。当不可抗力因素出现时，特许经营者向政府主管部门提出解除特许经营协议的申请，政府主管部门在履行了必要程序后如果批准解除协议，则进行临时接管并同时启动新的特许经营者的遴选程序，并于接管之日起按照规定确定新的特许经营者。当由于特许经营者为了自身利益申请解除特许经营协议，或者直接扔下已建成的污水处理设施“跑路”时，对于前一种情形，政府主管部门要进行调查研究并听取特许经营者和相关利害关系人的意见，以确定特许经营者是否丧失了特许经营的能力和资格；

对于后一种情形，要严厉追究特许经营者包括刑事责任在内的法律责任。

（二）临时接管主体

关于临时接管主体，虽然现行立法大多规定由建设行政主管部门负责，但实践中，即便是在一个省内，各个城市的负责部门也不尽相同，除了建设行政主管部门外，有的是水务行政主管部门负责、有的是市政公用行政主管部门负责等。因此，临时接管的主体模糊称为“公用事业特许经营主管部门”即可。但是，城市污水处理关系到重大公共利益，单凭公用事业特许经营主管部门很难完成临时接管任务，因此，应该在临时接管时组成临时接管小组，接管小组组成人员除了公用事业特许经营主管部门人员外，还应包括与城市污水处理管理相关的其他政府主管部门的人员以及律师、注册会计师、同行业专家等专业技术机构人员等。

（三）临时接管程序

1. 启动

临时接管程序的启动主要包括两种情形：一是公用事业特许经营主管部门依职权启动；二是公用事业特许经营主管部门依特许经营者或者利害关系人的申请启动。公用事业特许经营主管部门在决定启动临时接管程序时应履行以下程序：一是政府审查。公用事业特许经营主管部门针对临时接管情形进行调查。二是听取意见。公用事业特许经营主管部门应当听取特许经营者的申辩意见、利害关系人的意见和专家意见等。三是特许经营主管部门依据调查材料和各方意见，作出启动临时接管程序的决定后，将相关材料提交上级主管部门备案和本级人民政府决定，同时将启动临时接管的决定告知特许经营者和其他利害关系人。

2. 听证

临时接管听证的程序应由如下几个部分构成：一是发布临时接管听证的公告。公告中应载明被临时接管的特许经营者的名称、临时接管事由、听证时间、地点等。二是组织听证。听证主持人应当是独立于政府部门的专业听证员，参加听证的人员主要包括公用事业特许经营主管部门、特许经营者、与特许经营事项有关的利害关系人、公用事业公众监督委员会成员以及被临时接管企业的用户等。听证中应充分听取各方当事人和利害关系人的意见，对当事人提出的事实、理由和证据进行核实。三是听证会结束后，应当及时把听证的案卷记录提交人民政府。同时，应确立“案卷排他规则”，即行政机关作出是否临时接管的裁决必须以听证会行政案卷所记载的各种事实、证据材料作为依据，任何未经行政程序认定的事实及证据都不能作为行政决定作出的依据。

3. 决定

地方政府在收到听证的案卷材料后，基于听证笔录和公用事业特许经营主管部门提交的案卷材料,来决定是否进行临时接管。其间,应当听取公用事业公众监督委员会的意见。作出临时接管的决定后,应当启动临时接管应急预案,同时将临时接管的决定送达被接管者和利害关系人并在政府公报及门户网站予以公告。

4. 执行

临时接管组织在向特许经营者出具政府作出的临时接管决定书后,进驻特许经营企业实施接管。在临时接管期间,公用事业特许经营主管部门负责组织正常生产,其他部门按预案分工协作。

5. 期限

在公用事业特许经营的地方性立法中,湖南和山西两地将临时接管的期限规定为90 日。笔者在实证调研中发现,特别是对于已经实现自身经济利益直接扔下已建成的污水处理设施“跑路”的特许经营者,会有一系列遗留问题,90 日的时限显然不能满足整改的要求。结合城市污水处理业的特点,建议适当延长临时接管期限。

表 4-14 临时接管组织和被接管污水处理企业的权利义务分担(1)

	权利	义务
临时接管组织	1. 对被接管企业的审查询问权; 2. 对被接管企业的监督权; 3. 对被接管污水处理企业的正常经营权	保证污水处理服务的连续性和稳定性
被接管污水处理企业	聘请专业人员协助处理权(包括律师、会计师等)	1. 配合临时接管组织开展工作; 2. 如实答复接管组织的询问; 接管期间不得随意处分企业资产; 3. 向临时接管组织提供相关资料文件(财产目录、原使用的机器设备、材料、人事资料、财务报表及其他必要文件)

资料来源:根据市政公用事业特许经营的中央和地方层面立法整理而得。

(四)临时接管的终止

公用事业特许经营主管部门对“特许污企”进行临时接管后,并不意味着接管程序的终结,有关临时接管终止的权利义务安排如下(见表4-15):

表 4-15　临时接管组织和被接管污水处理企业的权利义务分担(2)

	权利	义务
临时接管组织	1. 归还特许经营权(对于能够及时整改、接受处罚、承担违约责任的); 2. 取消特许经营权(对于拒不整改、无力继续经营的); 3. 收归国有权(对于不适合继续采取特许经营模式的)	1. 不得将被接管污水处理企业的债权转移至自身; 2. 对接管期间的收入及发生的费用进行结算并制作报告书; 3. 返还接管后的营运剩余
被接管污水处理企业		承担被接管前所发生的债权债务和因接管发生的费用

资料来源:根据市政公用事业特许经营的中央和地方层面立法整理而得。

第三节　城市污水处理业特许经营“水质”规制的案例分析

一、湖南骏泰纸浆公司与湘牛环保公司水污染第三方治理责任纠纷①

(一)纠纷简介

湖南骏泰浆纸公司(以下简称骏泰公司)成立于 2006 年 6 月,是湖南省泰格林纸集团的一家全资子公司,位于怀化市工业园内,主要产品为软硬木浆,副产品为塔罗油、松节油,主要污染物是造纸中产生的污水。湖南湘牛环保实业有限公司(以下简称湘牛公司)是湖南湘牛投资集团有限公司一家全资子公司,近 5 年来主要业务为工业废水处理及深度处理回用、环保设施第三方运营。骏泰公司于 2006 年 6 月投产后,自建了一套污水处理设备,并于两年后开始运行。但随着排污标准的提高及自身产能的扩大,污水处理达标排放的压力越来越大。为了降低环境治理风险,提高治污效率,骏泰公司拟委托专业化环保公司对其污水处理厂进行改造、运营和维护,并于 2012 年在湖南全省范围内进行了招投标,最终选择了湘牛公司并委托其对骏泰公司原有的污水处理厂进行改造、运营和维护。双方于 2013 年 9 月签订了合同,按照双方达成的协议,水污染第三方治理服务合同期限为 10 年,骏泰公司每年支付湘牛公司运营费用 5000 多万元。但在协议签订之后,湘牛公司不愿全额承担骏泰公司老化设备改造费用,从而导致污水处理的实际运

① 参见佚名:《骏泰纸浆再曝偷排污水,成母公司岳阳林纸主要亏损源》,载凤凰财经网:http://finance.ifeng.com/a/20140722/12769071_0.shtml,最后访问日期:2016 年 5 月 19 日。

行效果并不理想。骏泰公司每天排污约 3.5 万吨,污水由设在工业园的污水处理厂接收处理,污水处理价格为 1.5 元/吨,骏泰公司每天需向工业园污水处理厂交纳 5.25 万元左右的污水处理费。2014 年 7 月湖南省人大环资委调查小组深入怀化暗访环保情况,发现在短暂整改之后,骏泰公司的隐蔽污水管依旧在向当地河流排出刺鼻恶臭污水,甚至比 2013 年下半年暗访时的水流更黑、水量更大。

(二)纠纷分析

1. 法律关系的构成

本案是关于水污染第三方治理纠纷的典型案例。从本案中水污染第三方治理法律关系的构成来看,骏泰公司作为工业排水户,湘牛公司和工业园污水处理厂作为污染第三方治理者、骏泰公司所在流域——舞水河周边居民和政府及有关部门一同组成了水污染第三方治理模式下的新型法律关系,即"谁污染,谁付费,第三方治理"(图 4-11)。在骏泰公司与舞水河周边居民之间,原本就存在"侵权损害赔偿"的民事法律关系,在新型法律关系下,这种单一的"侵权损害赔偿"民事法律关系转变为"侵权损害赔偿(骏泰公司与舞水河周边居民 + 湘牛公司、工业园污水厂与舞水河周边居民)+ 合同关系(骏泰公司与湘牛公司、工业园污水厂)"的三个层次的双重民事法律关系。原有的行政法律关系从政府及有关部门对骏泰公司的"单项监管"转变为对"骏泰公司 + 湘牛公司、工业园污水厂"的"双向监管"。

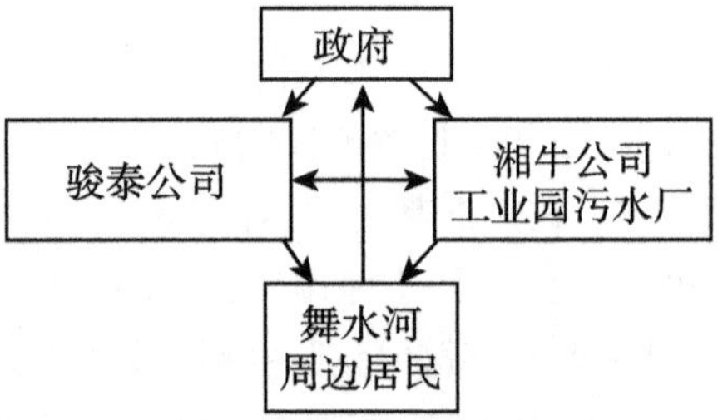

图 4-11 "骏泰公司"与"湘牛公司"水污染第三方治理纠纷法律关系

2. 法律关系的运行

从法律关系的运行来看,该纠纷存在以下两方面的问题:

第一,工业排水户与水污染第三方治理者之间的责任分担不均衡。由案情简介可知,骏泰公司引入湘牛公司作为水污染第三方治理的初衷是,骏泰公司于 2006 年 6 月投产后虽然自建了污水处理设备,但随着排污标准的提高及自身产能的扩大,污水处理达标排放的压力越来越大,需要引入专业化的污染第三方治理者帮助其完成污水达标排放保护水环境防治水污染的公法责任。然而，湘牛公司以骏泰公司设备老化改造费用高昂为由拒绝履行合同，导致了双方纠纷的产生。骏泰公司为了躲避公法责任降低成本，宁愿将污水偷排至舞水河也不愿输送至工业园污水处理厂处理，最终的结果是舞水河周边居民不仅无法进行正常的农业、渔业生产，而且要承受污水对其生活造成的恶劣影响。由于本案细节披露的有限性，我们并未发现有关骏泰公司与湘牛公司合同纠纷以及追究湘牛公司责任的相关报道，但总体来看，骏泰公司并未因湘牛公司的加入转变排污致害的局面。从合同履行的角度来看，即便湘牛公司以有关设备老化改造费用高昂为由提出免责抗辩，其也是无法成立的，因为在环境侵权行为、环境行政管理行为中是不得约定免责条款的。环境侵权行为适用无过错责任规则原则，环境行政管理属于法律上的强制性规定，即使是有不可抗力的发生，也不得成为污染第三方治理者与排污者的免责条件。

第二，政府的规制权能存在模糊含混之处。本案中，政府环保部门除了2012年7月21日骏泰公司的蒸煮锅发生的黑液泄漏事故（在此次事故中，20吨未经处理的污水直排舞水河造成鱼虾大面积死亡）进行过介入调查，要求骏泰公司洒消泡剂并消除影响外，再无有关政府环保部门对舞水河污染问题进行查处的相关媒体报道。其中，环保部门不仅对排污者的规制力度远远不够，对于作为污染第三方治理者湘牛公司的规制更是呈现缺位状态。这与现有立法中未能将污染第三方治理者作为独立的行政主体，通过行政责任和公法义务承担的明确规定，使其独立承担相应的行政责任有很大关系。

二、陕西省某市A区污水处理TOT项目

（一）陕西省某市A区污水处理TOT项目简介

陕西省某市A区污水处理TOT项目所在地总面积915平方公里，人口70多万，辖23个街道办事处、28个社区，285个行政村。渭河东西贯通，将A区分为南北两部分：渭北平原沃野，有清河、石川河南流入渭；渭河以南有骊山南峙，除少部分低山丘陵外，大多为苔原河川平地，自西向东有零河、戏河、沙河等8条河流，北流入渭。地貌特征显著，地势南高北低，浅山丘陵、黄土台塬、冲击平原由南向北依次分布。

陕西省某市A区污水处理厂原厂是由A区（原A县，后撤县改区）政府申请1500万元国债资金建设，并采取TOT模式委托陕西B环保工程责任有限公司（以下简称B公司）运营的特许经营项目。在运营中，由于污水处理费的拨付迟迟不能到位以及合作中的种种矛盾，项目由政府回购，B公司退出合作。后陕西省某市

A 区区政府通过招投标程序，最终在包括天津创业水务等数家投标者中，陕西 C 有限公司（以下简称 C 公司）成为最终的中标者。随后，C 公司于 2011 年 12 月成立了全资子公司——陕西省某市 A 区 D 水务有限公司（以下简称 D 公司），注册资本 4000 万元。2011 年 10 月 C 公司与陕西省某市 A 区基础设施建设投资有限公司签订了《陕西省某市 A 区污水处理厂特许经营权转让（TOT）协议书》。2012 年 5 月 1 日，D 公司与陕西省某市 A 区水务局签订了《污水处理服务协议》。D 公司开始特许经营陕西省某市 A 区污水处理厂。陕西省某市 A 区污水处理 TOT 项目规划总规模 10 万吨/日。其中一期工程设计规模 5 万吨/日，占地 19,564 平方米，2005 年 4 月开工建设，2007 年 5 月建成，2008 年 1 月开始运行，实际处理能力为每日 2.5 万吨。采用 SBR－CASS 处理工艺，排放水质达到国标一级 B 标准。2013 年 D 公司以 BOT 模式承建陕西省某市 A 区污水处理厂一级 A 标准技术改造项目。新增占地面积约 2500 平方米，总投资 2510 万元。采用“预处理＋改良 SBR 生物池＋絮凝沉淀池＋纤维滤布滤池＋接触消毒池”工艺，脱氮采用生物脱氮工艺，除磷采用“生物除磷＋化学除磷”工艺，消毒采用二氧化氯消毒工艺，污泥处理采用带式浓缩脱水一体机。排放水质达到国标一级 A 标准。项目于 2014 年 1 月 1 日正式运行。2015 年 D 公司承担了陕西省某市 A 区污水处理厂二期扩建工程。总投资 5703.47 万元，扩建处理规模 2.5 万吨，新增建设用地 17,075 平方米。污水处理工艺采用“A/A/O 工艺＋纤维滤布滤池”，污泥工艺为“浓缩＋板框高压双隔膜压滤机”。新建细格栅及曝气沉砂池、生物池、二沉池、鼓风机房、回流及剩余污泥泵房、除磷加药间、污泥池及污泥泵房、污泥脱水间、生物指示池；利用现有建（构）筑物有粗格栅机提升泵房、消毒接触池、加氯间、纤维转盘滤池；改造建（构）筑物有取水河道；辅助建构筑物有水源热水泵、变配电间、水质监测中心和仓库等，出水水质执行一级 A 标准。

（二）陕西省某市 A 区污水处理 TOT 项目运营中出现的问题

1. 进水水质难以得到政府规制的有效保障

陕西省某市 A 区的排水分为两种形式，除了主城区中的部分区域中排水户都是将污水排入市政排水管网输送至 A 区污水处理 TOT 项目处理外，其余区域的排水户都是将污水直接排入明渠汇入三里河、零河、五里河等河流，输送至陕西省某市 A 区污水处理 TOT 项目。在第一种排水形式中，部分工业排水户存在偷排情形：有的工业排水户不定时集中偷排，有的工业排水户利用槽罐车将污染物运送至三里河、零河、五里河等河流的偏僻河段倾倒。陕西省某市 A 区的市政排水管网是由某市市政公用局统一规划、建设，对于排入到市政排水管网的污水除要求排水户办理排水许可证外对于水质的监测目前处于空白状态；相较于第一种排水形式，第二种排水形式对于陕西省某市 A 区污水处理 TOT 项目的影响较大，原因如下：三里河、零河、五里河等河流沿岸的排污行为未得到有效控制，养殖污水、小型工业污水和固体废物直接排放进入河流，进水水质中总磷等指标均时常超标。各种固体废物较多也造成陕西省某市 A 区污水处理 TOT 项目粗格栅等设备运行磨损的加剧。从一个自然年度的整体运营情况来看，陕西省某市 A 区污水处理 TOT 项目的“进水”水质常年处于进水水质容纳标准的“上限”。

2. 政府的选择性规制有失公平

陕西省某市 A 区污水处理 TOT 项目鉴于“进水”水质常年处于进水水质容纳标准的“上限”的运营实际，多次将日常运营中“进水”水质超过进厂标准的情况形成运营情况书面材料上报给区水务局和环保分局，特别在书面材料中强调了对于上游工业排水户以及三里河、零河、五里河等河流沿岸居民违法排污行为应该加强规制的意见和建议，但环保部门仍然根据安装在陕西省某市 A 区污水处理 TOT 项目的在线监测装置，根据污水出水水质的超标情况对 D 公司进行通报和处罚。2015 年 1～10 月，某市环保局接到省级通报文件 7 份，共通报污水处理厂 15 家次，其中 D 公司一家就被通报 5 次。西安市环保局已按照《环境保护法》规定的处罚上限对 D 公司进行了处罚。从环保行政执法角度来讲，陕西省某市 A 区污水处理 TOT 项目处于污水处理链条的最末端，从某种程度上来讲，抓住了经过项目处理的污水的出水水质问题，就等于堵住了自然水体被再次污染的源头，这种“抓大放小”的思路普遍存在于目前的执法实践中。然而，笔者需要指出的是，水污染防治是各方利益主体的“共同治理”而非“单个治理”，管住污水处理项目的出水水质是必需的，但是通过“精细化规制”在污水处理的全链条中实现规制的“无缝对接”则是当务之急。具体而言：第一，作为“经营者”的政府投资建设平台（如城市投资集团等）和水务企业应当加大管网建设的力度，实现对排水户排放污水的“全覆盖”和“全收集”以及排水管网与污水处理项目的互联互通。第二，作为“政府的组成部门”（如水务部门、环保部门和市政部门等），应当避免在规制权能的履行中出现各种“积极冲突”和“消极冲突”。就目前城市污水处理业特许经营项目的“水质”规制而言，其一，对于“排水户”排放进入市政排水管网的水质，仅凭环保部门对于“国控”和“省控”重点污染源的水质规制是不够的。“抓大放小”的执法监管思路固然有助于从总体上对于“水质”进行把控，防止因为大的水污染事件的出现而影响水污染防治的全局，但是，“水质”问题的彻底解决必须有赖于“精细化规制”。其二，对于自然水体沿岸的违法排污行为，仅凭水务部门的日常监管也是远远不够的。陕西省某市 A 区污水处理 TOT 项目的代表意义就在于，该项目所针对的排水/污水处理模式是“排水户—排水管网—污水处理厂”和“排水户—自然水体—污水处理厂”混杂型，对于“排水户—自然水体—污水处理厂”模式下的自然水体的日常监管，是城市污水处理业特许经营项目“水质”形成的关键一环，也是容易形成监管“盲区”和“死角”的环节。鉴于此，笔者认为，目前在全国全面推广的“河长制”是应对这些问题的有效方法，但更应该值得注意的是，通过推行大部制改革有效整合环保和水务的执法监管力量，实现“更广范围”“更强力度”的监管能力提升理应纳入议事日程。第三，作为“事业型社会中间层”（如排水水质监测机构、污水水质监测机构等），应当在加快市场化改革进程中，能够以更为低廉的价格和更为优质的服务为“经营者”“政府有关部门”提供权威、科学、公正的监测数据和结果。就目前城市污水处理业特许经营项目的运营而言，至少在以下两个环节迫切需要“事业型社会中间层”的介入：其一，对于排水户排放进入市政排水管网的水质的在线监测；其二，对于通过市政排水管网/自然水体输送进入污水处理厂的“进水”水质的在线监测。监测数据和结果对于在城市污水处理业特许经营项目运营中分清责任、定分止争都具有非常重要的证据效力，同时，也可以倒逼政府有关部门认真履行规制职责，有效创新规制方式，实现对于城市污水处理业特许经营项目运营全链条的有效水质保障。当然，以“市场准入—企业运营—市场退出”作为基本逻辑思路加快城市排水/污水处理监测的制度建设是必须予以解决的前提性问题。

第四节　本章讨论与小结

城市污水处理业特许经营项目的全生命周期包括了市场准入、企业运营和市场退出三个环节，城市污水处理业特许经营的“水质”规制问题，看似仅发生在特许经营项目的企业运营环节，实际上，在市场准入环节对合格特许经营者的选择，在市场退出环节对不合格特许经营者的清退和政府的临时接管（因特许经营者的违法或违约行为造成对社会公众的损害），都是“水质”规制中不可或缺的重要组成部分。

本章在法律法规文本分析和实证调研相结合的基础上，通过分析发现：

1. 在市场准入环节，随着城市污水处理业打破自然垄断引入竞争的趋势日益明显，特许经营模式的选择要求与之相适应的规制方式也应由传统的“政府规制”的单一模式转变为“政府规制 + 市场竞争”的双重模式。但目前包括招投标、反垄断和公用事业特许经营等在内的法律制度仍存在特许经营项目市场准入方式的单一性、特许经营项目招投标法律关系主体的模糊性和特许经营项目招投标中的反竞争性三个方面的问题。

2. 在企业运营环节，作为采用特许经营模式的城市污水处理设施的“进水”源头，对“排水户”污染问题的规制成为保障城市污水处理设施正常运营的前提。虽然环境污染第三方治理方兴未艾，开始崭露头角，但在排污者与第三方治理者之间的责任分担不均衡以及政府的角色定位不清导致规制权能模糊含混双重因素的干扰下，实践中环境污染第三方治理效用有限，无法担负起其应有的制度功用。此外，由于现有包括水污染防治法律制度和公用事业特许经营法律制度的制度漏洞，使采用特许经营模式的污水处理企业的“进水”水质无法得到有效保障，加之政府的选择性规制有失公平，造成了目前特许经营者面临“进水”水质差但“出水”水质要求高的困境。

3. 在市场退出环节，目前的法律制度在临时接管程序的启动、接管机构的组成及其权限、具体接管流程等方面存在制度缺陷，造成实践中不顾特许经营者权益的暴力接管和不顾社会公众利益的特许经营者“跑路”的双重困境的存在。

鉴于此，本章提出了解决城市污水处理业特许经营“水质”规制问题的机制：

（一）在市场准入环节

首先，从打通与竞争法衔接的角度完善“招投标”法律制度。具体而言，在《招标投标法》及其实施条例中确立“内部发标违法性标准”，在现有《招标投标法》第26条和《招标投标法实施条例》第34条的基础上，进一步对“利害关系”作出扩充性规定，即这里的利益关系不仅是指利益冲突关系，即便是招标人与投标人存在一般管理关系，也不应允许投标人投标。此外，应进一步修改《招标投标法》第7条和《招标投标法实施条例》第4条，整合招标监管机构并成立专门、统一的招投标行政监督管理部门以此明确招标人。

其次，完善行政垄断规制制度。具体而言，拓宽目前《反垄断法》第五章中对于行政垄断的认定标准，变目前的“行为+后果”模式为“行为”模式，只要做出了行政垄断行为，无论是否具有实际效果，可直接适用“本身违法原则”予以规制。此外，建议全国人大法工委经济法室修改现有的立法解释，明确“滥用行政权力，排除、限制竞争”的标准，将“政策依据”予以删除，并将“排除、限制竞争的行为”扩充为“该行为是否具有或可能具有排除或限制竞争的效果”。

（二）在企业运营环节

首先，科学界分污染第三方治理法律关系主体之间的权利义务。其一，在《环境保护法》第四章“防治污染和其他公害”中增加关于“污染第三方治理”相关法律关系主体权利义务界分的规定，即对于“污染第三方治理者”，负有“污染治理义务”（污染第三方治理者，应当采取措施处理排污者在生产建设或者其他活动中产生的废气、废水、医疗废物、粉尘、恶臭气体、放射性物质以及噪声、振动、光辐射、电磁辐射等对环境的污染和危害至国家标准要求。污染第三方治理者应当建立污染第三方治理责任制度,明确单位负责人和相关人员的责任,严禁通过暗管、渗井、渗坑、灌注或者篡改、伪造监测数据,或者不正当运行治理污染设施等逃避监管的方式违法排放污染物)、享有“取得收益权和免征税费权”(污染第三方治理者有权依据与排污者达成的合同取得其所提供服务的对价,对于污染第三方治理者免征排污费,对于开征环境保护税的地区对污染第三方治理者予以免征)。对于“国家及有关部门”,负有“示范合同制定义务”(国务院环境保护主管部门制定《污染第三方治理服务示范合同》,对于排污者和污染第三方治理者的权利义务分担做出规定,排污者与污染第三方治理者经过协商订立的合同内容必须满足示范合同的要求)、享有“污染第三方治理许可制定权”(国家依照法律规定实行污染第三方治理许可管理制度。实行污染第三方治理许可管理的企业事业单位和其他生产经营者应当按照污染第三方治理许可证的要求提供污染治理服务;未取得污染第三方治理许可证的,不得提供污染第三方治理服务)。此外,在《水污染防治法》第三章“水污染防治的监督管理”中根据以上权利义务安排增加相应规定。其二,在《环境保护法》第二章“监督管理”第16条后增加关于“污染第三方治理者服务质量标准”的条款规定,具体而言,“国务院环境保护主管部门根据国家环境质量标准和国家污染物排放标准,制定国家污染第三方治理服务质量标准。省、自治区、直辖市人民政府对国家标准中未作规定的项目,可以制定严于国家标准的地方标准。地方标准应当报国务院环境保护主管部门备案”。此外,在《水污染防治法》第二章“水污染防治的标准和规划”中根据以上权利义务安排增加相应规定。其三,在《环境保护法》第二章“监督管理”中增加关于“强制性环境信用评价”的规定,即“国家实行强制性环境信用评价制度。关于环境信用评价的实施,由国务院环境保护行政主管部门制定具体办法”。此外,在《水污染防治法》第三章“水污染防治的监督管理”中增加相应规定;在《环境保护法》第四章“防治污染和其他公害”中增加关于“污染第三方治理强制实施与限期实施制度”,即“对于因违法而实行前期整改的排污企业,在到期仍然不能达标的,或在一定期限内多次出现违法行为的,强制实施污染第三方治理;对于印染、化工等高污染企业聚集、形成连片污染的重点区域实施限期治理,到期仍然不能达标的责令实施第三方治理”。此外,在《水污染防治法》第四章“水污染防治措施”中增加相应规定;在《环境保护法》第六章“法律责任”中针对“擅自篡改监测数据”和“擅自停止治理污染设施运行”两种行为明确规定行政处罚直接适用上限规定。

其次,调整规制理念更新规制措施实现采取特许经营模式的污水处理企业的“进水”水质保障。(1)对《城镇排水与污水处理条例》第四章“污水处理”第28

条、第29条进行修改，规定政府相关主管部门的“水质监督检查权”和“委托绩效考评权”、经营者（包括重点排水户、城镇排水管网维护运营单位、城镇污水处理设施维护运营单位）的“依法运营义务”“信息公开义务”“接受监督义务”“水质保证义务”和“运营信息报备义务”。具体而言，对于第28条，删除“城镇排水主管部门与城镇污水处理设施维护运营单位签订运营合同”的表述，将其修改为“排水户、城镇排水管网维护运营单位、城镇污水处理设施维护运营单位相互之间应当签订合同，明确双方权利义务。城镇排水主管部门应当对排水户排入到城镇排水管网的纳管水质和通过城镇排水管网接入到城镇污水处理设施维护运营单位的进水水质依据相关国家标准和行业标准进行监督检查。重点排水户、城镇排水管网维护运营单位、城镇污水处理设施维护运营单位应当依照法律、法规和有关规定以及合同约定运营，定期向社会公开有关运营信息，并接受相关部门和社会公众的监督。城镇排水主管部门委托第三方机构对城镇排水管网维护运营单位和城镇污水处理设施维护运营单位的运营绩效进行定期考评，绩效考评结果作为核定城市污水处理服务费的依据”。对于第29条，增加如下表述：“城镇排水管网维护运营单位应当保证通过城镇排水管网接入到城镇污水处理设施维护运营单位的进水水质符合国家和地方规定的水质标准，不得排放不达标污水。城镇排水管网维护运营单位应当按照国家有关规定检测排水户排入到城镇排水管网的纳管水质和通过城镇排水管网接入到城镇污水处理设施维护运营单位的进水水质，向城镇排水主管部门、环境保护主管部门报送污水水质和水量、主要污染物等信息。城镇排水管网维护运营单位应当按照国家有关规定向价格主管部门提交相关成本信息。”（2）对《特许办法》第三章“特许经营协议履行”进行修改，增加特许经营者的“信息公开义务”，即“特许经营者应当依照有关法律、行政法规的规定，定期公开应予公开的特许经营项目运营信息”。对《城镇排水与污水处理条例》第四章“污水处理”进行修改，对“重点排水户、城镇排水管网维护运营单位和城镇污水处理设施维护运营单位”的“信息公开义务”给出法定性要求，以此与上文中修改后的《城镇排水与污水处理条例》第四章“污水处理”第29条形成呼应。具体而言，增加一个条款规定，即“重点排水户、城镇排水管网维护运营单位和城镇污水处理设施维护运营单位应予主动公开的运营信息，由城镇排水主管部门会同环境保护行政主管部门另行制定实施办法。鼓励重点排水户、城镇排水管网维护运营单位和城镇污水处理设施维护运营单位主动公开法定要求之外的运营信息”。

（三）在市场退出环节

首先，进一步明确临时接管的条件。（1）对《特许办法》第四章“特许经营协议变更和终止”进行修改，增加一个“紧急情况下临时接管”的条款，即“在特许经营期限内,因紧急情况导致特许经营者无法继续履行协议约定义务,由政府有关部门对特许经营项目实施临时接管。本法所指的紧急情况,是指发生自然灾害、战争灾害、事故灾害,以及公共安全等公共突发事件,特许经营者无法依靠自身力量或者依靠自身力量成本过高难以有效应对突发事件,使公共利益遭受损害或者面临损害的情形”。(2)在分清责任的基础上按照“比例原则”和“正当程序原则”处理“违法”或“违约”时的临时接管。对《基础设施和公用事业特许经营管理办法》第四章“特许经营协议变更和终止”第38条进行修改,规定政府有关部门的“公平追责义务”和“依程序接管义务”和特许经营者的“不得不当提前终止协议义务”。即“政府应当对因严重违约导致的临时接管在公平追责的基础上启动临时接管程序。若造成因严重违约造成的损害较小,且特许经营者主动补救和赔偿,不启动临时接管程序。若特许经营者拒不改正且造成损害较大时,政府主管部门在进行绩效评估、专家论证的基础上可以进行临时接管”。“非法定情形和约定情形的出现,特许经营者不得不当提前终止协议。否则,政府有关部门可在绩效评估和专家论证的基础上对该特许经营者给予行政处罚,并根据企业信用评价相关法律法规对其进行处理。”

其次,明确临时接管的主体。对《特许办法》第四章“特许经营协议变更和终止”进行修改,增加一个“临时接管的主体构成”的条款,即实施机构启动临时接管程序时应成立临时接管小组,小组组成人员包括基础设施和公用事业特许经营主管部门、行业主管部门、公用事业公众监督委员会、专家、第三方机构和人员(包括绩效评估机构、律师和注册会计师等)。

再次,明确临时接管的程序。对《特许办法》第四章“特许经营协议变更和终止”进行修改,增加以下5项关于临时接管程序的条款:“临时接管的启动包括以下两种情形:一是公用事业特许经营主管部门依职权启动;二是公用事业特许经营主管部门依特许经营者或者利害关系人的申请启动。公用事业特许经营主管部门在决定启动临时接管程序时应履行政府审查—公众参与—作出决定程序。”“临时接管应经过正式听证。公用事业特许经营主管部门应发布公告,其中应载明被临时接管的特许经营者的名称、临时接管事由、听证时间、地点等。听证主持人应当是独立于政府部门的专业听证员,参加听证的人员主要包括公用事业特许经营主管部门、特许经营者、与特许经营事项有关的利害关系人、公用事业公众监督委员会成员以及被临时接管企业的用户等。听证中应充分听取各方当事人和利害关系人的意见,对当事人提出的事实、理由和证据进行核实。听证会结束后,公用事业特许经营主管部门应当及时把听证的案卷记录提交人民政府决定。在政府有关部门作出是否临时接管的裁决时,必须以听证会行政案卷所记载的各种事实、证据材料作为依据，任何未经行政程序认定的事实及证据都不能作为行政决定作出的依据。”“政府有关部门在收到听证的案卷材料后，基于听证笔录和公用事业特许经营主管部门提交的案卷材料来决定是否进行临时接管。其间，应当听取公用事业公众监督委员会的意见。作出临时接管的决定后，应当启动临时接管应急预案，同时将临时接管的决定送达被接管者和利害关系人并在政府公报及门户网站予以公告。”“临时接管组织在向特许经营者出具政府作出的临时接管决定书后，进驻特许经营企业实施接管。临时接管期间，公用事业特许经营主管部门负责组织正常生产，其他部门按预案分工协作。”“公用事业特许经营临时接管期限由公用事业特许经营主管部门商行业主管部门确定，最长不得超过3个月。”

最后，明确临时接管终止后的权利义务分担。对《特许办法》第四章“特许经营协议变更和终止”进行修改，增加1项关于临时接管终止后权利义务分担的条款，规定“临时接管组织”的“归还特许经营权”“取消特许经营权”“收归国有权”和“不得转移债权义务”“妥善处理接管期间的收入义务”“返还接管后的营运剩余义务”。此外，还应规定“被接管特许经营者”的“承担接管前债权债务和因接管发生费用义务”。

第五章 城市污水处理业特许经营的“水量”规制

第一节 “水量”规制问题的成因

一、市场准入

城市污水处理业特许经营项目的正常运营,除了满足“水质”要求外,“水量”也是不可偏废的。其原因在于,首先,排水户排放的足够当量的污水是建设城市污水处理业特许经营项目的前提。城市污水处理有“分散式”和“集中式”两种模式。虽然《环境保护法》第 41 条和《水污染防治法》第 17 条等法律法规中均规定了建设项目的“三同时”制度,但鉴于“分散式”治污模式覆盖范围的有限性和治污能力的非专业性,“集中式”治污模式有其自身特有的优势。其次,排水户排放的污水当量是城市污水处理业特许经营项目的设计规模和工艺选择的重要前提。如果不能占有城市供水数据、城市排水数据、城市社会经济发展数据等大量详细可靠的资料、基础数据并对其进行深入细致分析研究,则是无法采用科学的方法对未来发展进行预测,并考虑多种影响因素综合确定污水处理规模的。如果城市污水处理业特许经营项目的设计规模过小,则其既不能满足城市污水处理要求,又不具有规模效益,建设不经济。相反,如果建设规模过大,则实际污水量无法达到设计处理水量,造成污水处理能力闲置,污水处理价格将会大幅升高。[①] 由此，对于城市污水处理业特许经营项目的规划就显得非常重要。

城乡规划是政府一定时期内对城市、镇、乡、村庄的建设布局、土地利用以及经济和社会发展有关事项的总体安排和实施措施，是政府指导和调控城乡建设和发展的规划体系。一方面城乡规划在统筹城乡发展、协调区域发展方面发挥其自身效用使得各类建设行为实现经济绩效的最大化；另一方面城乡规划通过对城市空间和土地使用的控制或调节，改变城乡各组成要素之间及其与环境的相互作用关系，进而影响着城乡空间的环境绩效。城乡规划法决定了规划过程的“规则”，构成了城乡规划的决策过程、编制过程和行政过程的规划主体行为规范，影响着规划价值选择，也协调着经济绩效和环境绩效的有机统一。然而，在我国现有的社会经济发展过程中“快杂性”特征明显，在实践中，城乡规划更多地沦为地方政府追求 GDP 实现地方财政收入增加的工具，而环境影响评价作为一种嵌入式决策支持工具，就是在各类行为主体参与规划过程中，通过环境影响评价影响规划目标的制定、结果的审批以及实施和监督，使之从 GDP 为纲单纯强调对于内需的拉动，转而强调绿色、循环和可持续发展。要使城市污水处理业特许经营项目的“水量”与项目的规模与技术选择相匹配，一方面要有科学的规划作为先导，另一方面要通过严谨的环境影响评价机制使规划最终实现经济绩效与环境绩效的有机统一。

在市场准入环节，城市污水处理业特许经营项目的“水量”规制问题较少发生在城市主城区，这一方面是因为城市主城区包括排水规划在内的各类规划前期调研较为细致，规划之间的协调性较好，尤其是规划的环境影响评价较为到位，较好地兼顾了城市发展条件下城市污水处理设施运营的经济绩效与环境绩效；另一方面是因为城市主城区的管网配套相对完善，历史欠账少，建设资金配套更为充足。由此，实践中市场准入环节城市污水处理业特许经营项目的“水量”规制问题，其高发区域主要集中在城市远郊区县、乡（镇）和位于其间的“两园一区”（产业园、工业园和经济开发区）。结合现有法律制度和采用特许经营模式的城市污水处理设施的建设运营来看，存在的问题主要集中在如下几个方面。

（一）规划环评的“广度”和“深度”有限

根据《城乡规划法》，城市污水处理业特许经营项目的建设主要涉及城市总体规划、镇总体规划、专项规划和控制性详细规划 4 类规划的编制：

首先，城市总体规划是对一定时期内城市的性质、发展目标、发展规模、土地利用、空间布局以及各项建设的综合部署、具体安排和实施措施，是引导和调控城

① 参见李明：《城市污水处理项目市场化运作与管理》，中国铁道出版社 2010 年版，第 37 页。

市建设，保护和管理城市空间资源的重要依据和手段。经法定程序批准的城市总体规划，是编制近期建设规划、详细规划和专项规划的法定依据。为了贯彻落实城市总体规划，在城市总体规划制定完成后，城市政府还应当根据城市总体规划、土地利用总体规划和年度计划以及国民经济和社会发展规划，从本地实际出发，制定城市近期建设规划，以加强对城市详细规划制订工作的指导和控制。在城市近期建设规划中，要对城市重要基础设施、公共服务设施和中低收入居民住房建设以及生态保护等重点内容作出安排。而镇的总体规划是对一定时期内镇的性质、发展目标、发展规模、土地利用、空间布局以及各项建设的综合部署、具体安排和实施措施。由于镇是连接城乡的桥梁和纽带，是我国城乡居民点体系的重要组成部分，因此，城市总体规划和镇总体规划实际上构成了城乡规划的总纲。

其次，城市详细规划是指以城市总体规划为依据，对一定时期内城市的局部地区的土地利用、空间布局和建设用地所作的具体安排和设计。城市详细规划分为控制性详细规划和修建性详细规划。前者是指以城市的总体规划为依据，确定城市建设地区的土地使用性质和使用强度的控制指标、道路和工程管线控制性位置以及空间环境控制的规划要求。控制性详细规划是引导和控制城镇建设发展最直接的法定依据，是具体落实城市总体规划各项战略部署、原则要求和规划内容的关键环节。后者则是以城市的总体规划或控制性规划为依据，制定用以指导城市各项建设和工程设施及其施工的规划设计。而镇的详细规划其内涵和分类与城市详细规划是基本一致的。

最后，根据《城乡规划法》第5条的规定，“城市总体规划、镇总体规划……的编制，应当制定国民经济和社会发展规划，并与土地利用总体规划相衔接”。本条中除指明城市总体规划和镇总体规划的编制要依据国民经济和社会发展规划并与土地利用总体规划相衔接外，还意味着城市总体规划、镇总体规划与其他专业规划的关系。城乡规划不是孤立和封闭的体系，城乡规划的编制要以其他专业规划为基础，城乡规划应当与各个专业规划相协调。

综上所述，城市污水处理业特许经营项目建设的规划除涉及当地国民经济和社会发展规划、城市总体规划、城市近期建设规划、城市控制性详细规划、镇总体规划、镇的控制性详细规划之外，根据其自身特点，依据《环境保护法》第19条的规定、《水污染防治法》第15条和《城镇排水与污水处理条例》第3条、第7～13条的相关制度规定，还应当与环境保护专项规划、水污染防治专项规划以及城镇排水与污水处理专项规划等专业规划相协调。

由此，根据《政府信息公开条例》第10条的规定，县级以上各级人民政府及其部门应重点公开包括国民经济和社会发展规划、专项规划和区域规划在内的信息。那么,表3-1中统计的全国部分“晒太阳”的城市污水处理项目所涉及的规划文本的信息公开情况如何呢?笔者通过检索,发现在城市总体规划、城市近期建设规划、城市控制性详细规划、镇总体规划和镇的控制性详细规划的信息公开方面,镇的总体规划和镇的控制性详细规划的信息公开普遍不理想。在环境保护专项规划、水污染防治专项规划和城镇排水与污水处理专项规划的信息公开方面也不同程度地存在信息公开不足的问题(见表5-1~表5-2)。当然,根据《政府信息公开条例》第12条的规定,乡(镇)人民政府在其职责范围内应重点公开的信息并不包括以上两类规划。但鉴于我国工业化、城镇化进程的加快,“两园一区”大多位于乡(镇)辖区范围内,镇总体规划和镇的控制性详细规划的信息公开不到位,不利于通过公众参与汇集各方面智慧和意见,帮助当地政府克服“两园一区”污水处理设施的配套问题,即“两园一区”为吸引企业入驻,往往在园区建设初期就引入特许经营者花费大笔资金建设污水处理厂。但由于投资进程与园区发展速度不能完全匹配,建成的污水处理厂在相当一段时期内常常“吃不饱”。

表5-1　“晒太阳”的污水处理项目涉及的5类规划信息公开情况

“晒太阳”的污水处理项目所在地	城市总体规划	城市近期规划	镇总体规划	城市控制性详细规划	镇控制性详细规划
金华市婺城区琅琊镇	Y	Y	N	Y	N
宁波市象山县贤痒镇	Y	Y	N	Y	Y
绍兴市嵊州市甘霖镇	Y	Y	N	Y	Y
绍兴市嵊州市长乐镇	Y	Y	N	Y	Y
徐州市邳州市	Y	Y	N	Y	N
南京市白下区	Y	Y	N	Y	N
南京溧水经济开发区	Y	Y	N	Y	N
南京市栖霞区新港开发区	Y	Y	N	N	N
重庆市两江新区	Y	Y	N	Y	N
陕西省礼泉县资源再生产业园	Y	Y	N	N	N
吉林省四平市梨树县梨树镇	Y	Y	N	N	N

资料来源:根据以上地方规划局网站公布的网络资料整理而得。

表 5-2 “晒太阳”的污水处理项目涉及的3类专项规划信息公开情况

“晒太阳”的污水处理项目所在地	环境保护专项规划	水污染防治专项规划	城镇排水与污水处理专项规划
金华市婺城区琅琊镇	N	Y	N
宁波市象山县贤痒镇	N	N	Y
绍兴市嵊州市甘霖镇	Y	Y	N
绍兴市嵊州市长乐镇	Y	Y	N
徐州市邳州市	Y	Y	N
南京市白下区	Y	Y	Y
南京溧水经济开发区	Y	Y	Y
南京市栖霞区新港开发区	Y	Y	Y
重庆市两江新区	Y	Y	Y
陕西省礼泉县资源再生产业园	Y	Y	Y
吉林省四平市梨树县梨树镇	Y	Y	Y

资料来源：根据以上地方规划局、环保局和水务局公布的网络资料整理而得。

根据《环境影响评价法》(以下简称《环评法》)和《规划环境影响评价条例》(以下简称《规划环评条例》)以及其后环保部门印发的作为“一法一条例”具体细化的《编制环境影响报告书的规划的具体范围(试行)》和《编制环境影响篇章或说明的规划的具体范围(试行)》(环发〔2004〕98号)等的规定，表3-1中所梳理的各地“晒太阳”的污水处理设施所在地应该对城市总体规划、镇总体规划和控制性详细规划编制环境影响篇章或说明，而对专项规划编制环境影响报告书。笔者对全国具有典型代表意义的“两园一区”的规划环境影响评价文本进行了收集整理(见表5-3)，从文本内容与法定性内容的相符性分析的角度来看，现有文本关于城市污水处理设施的建设运营规划，均不同程度地存在污染因子识别和资源承载力分析缺位、规划间协调不畅等问题。

表5－3　各地产业园区规划环境影响评价与法定性内容的相符性分析

规划环境影响评价的内容		省份	相符性	不相符的原因
规划实施可能对相关区域、流域、海域生态系统产生的整体影响		福建等八省产业园区	Y	
规划实施可能对环境和人群健康产生的长远影响		福建等八省产业园区	Y	
规划实施的经济效益、社会效益与环境效益之间以及当前利益与长远利益之间的关系		福建、江苏、广西、河北	Y	
		云南、河南、山西	N	在与总体规划和专项规划（特别是排水规划）协调不畅的基础上，缺乏对由园区长远发展带来的排水量增加和污染源因子增多情况下，如何与管网及污水处理设施协调的考量
		湖北	N	在与排水规划协调不畅的基础上，缺乏对由园区长远发展带来的排水量增加和污染源因子增多情况下，如何与管网及污水处理设施协调的考量

续表

规划环境影响评价的内容		省份	相符性	不相符的原因
对规划实施后可能造成的环境影响作出分析、预测和评估	资源环境承载能力分析	福建、云南、江苏、广西、湖北、河北	Y	
		河南、山西	N	未见对水、土、气等自然资源承载力的分析
	不良环境影响的分析和预测	福建、云南、江苏、湖北、河南、山西	N	缺乏园区水污染源因子识别
		广西、河北	Y	
		福建、江苏、广西、河北	Y	
	与相关规划的环境协调性	云南、河南、山西	N	缺乏与总体规划、各专项规划的协调性分析。其中,排水规划方面主要包括园区排水量核定、排污口设置、排水管网建设是否与污水处理设施处理规模相协调、污水处理水质要求等
		湖北	N	缺乏与专项规划的协调性分析,主要是指排水规划,即园区排水量核定、排污口设置、排水管网建设是否与污水处理设施处理规模相协调、污水处理水质要求等
提出预防或者减轻不良环境影响的对策和措施		福建等八省产业园区	Y	

资料来源:根据以上地方规划部门、环保部门和水务部门公布的网络资料整理而得。

实际上,环保部门通过的《关于规划环境影响评价有关问题的复函》(环函〔2006〕230 号)和《关于加强产业园区规划环境影响评价有关工作的通知》(环函〔2011〕14 号)强化了有关区域建设开发规划的环评。然而,从法理上来讲,这里会存在一对矛盾,即“一法一条例”和作为配套解释的环发〔2004〕98号文件对于规划编制机关、规划审查机关、环保部门等法律关系主体均具有拘束力,而环函〔2006〕230号和环函〔2011〕14号文件仅对环保部门具有拘束力,由此,通过部委行政规范性文件的形式将区域的建设开发规划的环评形式限定为环境影响报告书的做法,虽然主观上是有利于规划环境影响评价“广度”的拓宽和“深度”的加强,但在客观上很难发挥其应有效力。

(二)规划环评主体间的权利义务配置不当

从理论上来讲,规划环评是贯穿在规划的制定、实施、修改和监督检查的全过程的。作为一种嵌入式决策支持工具,需要在信息公开的前提下通过引入公众参与矫正规划中可能潜藏的偏差,使之不仅符合“市场规律”,而且符合“自然规律”。由此,通过对相关法律制度的梳理和提炼,规划环评主体包括规划环评义务的承担者、规划环评信息的公开者和规划环评的监督者三类。笔者以规划环评的全流程为主线,对相关主体的权利义务进行了梳理,发现了如下问题。

1. 规划及环评的编制阶段

(1)规划的前期调研及评估

从现有法律制度来看,规划及环评义务承担者的初始性义务即是组织综合规划和专项规划的编制并进行环评。根据《环境保护法》第2条的规定,包括大气、水、城市和乡村等在内的环境要素均应有相应的规划引导。作为人类使环境与经济社会协调发展而预先对自身活动和环境所做的时间和空间的合理安排,环境规划应该在各类规划中居于最高效力位阶,因为即便是《城乡规划法》,也仅是从空间尺度涉及了《环境保护法》第2条中规定的两种环境要素。正如汪劲教授所言:“战略环评并不是一开始确定你必须要做什么,必须要怎样做,而是根据环境规划经过一个筛选,再来决定要编制什么。”现有法律制度中未将“规划的前期调研及评估”作为规划编制中的法定阶段规定下来,由此,从逻辑关系上来讲,规划的编制机关编制规划后再进行环评,而并非是根据环境规划在环境容量许可的条件下来编制规划,这样,规划的编制从一开始就缺乏来自规划环评的监督者所施加的“外部监督”,其程序具有鲜明的“封闭性”。

(2)规划及环评的编制

《环评法》及《规划环评条例》对于规划环评分为了综合规划和专项规划两条线索,从公众参与和信息公开的角度来看,对于前者的法定性要求要明显弱于后者:对于综合规划,只要求编写有关环境影响的篇章或说明,规划环评义务的承担者对环评文件的质量负责。但未见有公众参与条款的任何规定。此外,当出现表5-3中规划环评与法定性内容不符的情况时,现有法律制度中也未见相应法律责任的规定。即便有公众参与条款的专项规划，一方面，规划环评的监督者只能对环境影响报告书草案提出意见，对于影响决策的环境影响报告书的定稿无从监督；另一方面，在国家认为保密的情况下，这种对环境影响报告书草案提出意见的机会也会消失。

根据《政府信息公开条例》的规定，"国民经济和社会发展规划、专项规划、区域规划及相关政策"是县级以上人民政府及其部门应重点主动公开的政府信息，乡（镇）人民政府应重点公开的政府信息从规划一项上来说仅涉及土地利用总体规划。无论是综合规划还是专项规划，对其进行环评所编制的环境影响篇章或说明以及环境影响报告书，均属于《环境信息公开办法（试行）》所指的政府环境信息。然而，在环保部门向社会主动公开的17类环境信息中，并未见到有关规划环境影响评价文件的编制、受理、审批等的任何规定。对于政府未主动公开规划信息的法律责任条款，虽然赋予了规划环评的监督者举报权和起诉权，但值得注意的是，规划比之于建设项目，对于利害关系人的影响更为间接，如果公民、法人或其他组织等规划环评的外部监督者怠于行使举报权和起诉权，则无从启动监察机关和上一级行政机关等规划环评的内部监督者对于信息公开义务主体的监督程序。对于规划环评的政府环境信息，由于其不属于政府应主动公开的信息，要获取只能通过公民、法人和其他组织等规划环评的外部监督者采用书面形式申请公开。当以上主体怠于行使举报权时，就无从启动上一级环保部门等规划环评的内部监督者对于信息公开义务主体的监督程序。笔者对表5－3中各产业园区所在地相关规划信息公开进行了跟踪，发现结果与理想状态相差较大（见表5－4）。

表5－4 各产业园区所在地相关规划信息公开一览

省份	县/乡（镇）总体规划	排水/污水专项规划	生态建设/环境保护专项规划
福建	Y（公示地点在当地镇政府）	N	N
云南	N	N	N
江苏	Y（仅有产业园所在镇总体规划图1张）	Y（可查询到该产业园所在设区市的规划）	Y（可查询到该产业园所在设区市的规划）
广西	Y（有产业园所在工业区总体规划图3张）	N（该产业园所在设区市的规划正在编制中）	Y（可查询到该产业园所在设区市的规划）

续表

省份	县/乡(镇)总体规划	排水/污水专项规划	生态建设/环境保护专项规划
湖北	Y(有产业园所在新区总体规划图3张)	Y(可查询到该产业园所在设区市的规划)	Y(可查询到该产业园所在设区市的规划)
河北	N	N	Y(仅有报道未见规划全本)
河南	Y	N	N
山西	N	Y(仅有报道未见规划全本)	Y

资料来源:根据规划部门、环保部门、水务部门和产业园管理部门公布的网络资料整理而得。

2. 规划及环评的审查批准阶段

(1)规划及环评的审查

《环评法》及《规划环评条例》仅对专项规划规定了审查程序,对于综合规划的环境影响篇章或说明无须单独审查,而“晒太阳”的污水处理设施所涉及的恰恰是该类规划,这使相应的环评缺乏有效的外部监督并容易流于形式。此外,虽然现有制度规定由环保部门负责召集有关部门代表和专家组成审查小组,但鉴于其临时机构的身份,与专门性常设部门相比监督力度自然要差很多。

(2)规划及环评的审批

由于《环评法》及《规划环评条例》中未见有关于综合规划环评的审查程序,因此,报送审批机关的综合性规划只要具备有关环境影响的篇章或说明即可,至于其与法定性内容的相符性如何,现有法律制度中未见有相应法律责任的规定。专项规划在报送审批前有一个由环保部门主导的审查作为前置程序。此外,设区的市级以上人民政府或省级以上人民政府有关部门,在审批专项规划草案时应当将环境影响报告书结论以及审查意见作为决策的重要依据。与专项规划环评不同,现有法律制度有关综合规划环评的审查审批程序规定尚显粗疏。

3. 规划环评的公告、实施及跟踪评价阶段

(1)规划环评的公告

《环评法》及《规划环评条例》中未见有关于规划环评公告机关的规定,由于综合规划和专项规划是规划的审批机关在履行职责过程中制作或获取的,以一定形式记录、保存的政府信息,因此,如法无特殊规定,规划环评的公告机关即规划的审批机关。由于《环境信息公开办法(试行)》将规划环评文件排除在17类政府应主动公开的环境信息之外,因此,能够主动公开的只有县级以上人民政府公开的

区域规划、专项规划。以污水处理设施为例，作为与综合规划配套的环境影响篇章或说明、与专项规划配套的环境影响报告书、乡（镇）区域规划和专项规划以及与之配套的环境影响篇章或说明和环境影响报告书均被排除在政府主动公开的信息之外。虽然《规划环评条例》中有对有关单位、专家和公众等规划环评的外部监督者对于专项规划环境影响报告书以及审查意见申请查阅权的规定，但在缺乏信息公开的前提下，这些规划环评的外部监督者从何知晓相关信息？申请查阅的法定理由是什么？申请查阅被驳回产生争议时应如何处理？这些有关公众参与的问题在现有的《环境影响评价公众参与暂行办法》中是无法找到相应的制度依据的，因为该办法除了第四章的5个条款外，通篇都是关于建设项目环境影响评价的公众参与规定，即便是第四章的规定，也基本上是对《环评法》及《规划环评条例》相关规定的一种重述。

（2）规划及环评的实施及跟踪评价

《规划环评条例》中规定，对环境有重大影响的规划实施后，规划编制机关应当及时组织规划环境影响的跟踪评价。由于综合规划和大多数专项规划的编制机关并非政府专司环保的部门，其本身就缺乏组织规划环境影响跟踪评价的动力。现有制度规定在“规划实施过程中产生重大不良环境影响”时，规划编制机关应当及时提出改进措施向规划审批机关报告并通报环保等有关部门，由环保主管部门发现的应当及时进行核查，如果属实，则应向规划审批机关提出采取改进措施或者修订规划的建议。然而，“晒太阳”的污水处理设施的规划问题大都并非是由规划编制机关和环保部门跟踪发现的，而是在各地人大常委会专项督查后曝光出来的。笔者在实证调研中也发现，以城市污水处理设施为例，各行业部门、排水部门、环保部门在行政分权体制下“各扫门前雪”，在未对“重大不良环境影响”进行清晰界定的前提下，缺乏主动履行跟踪评价义务的积极性。特别是在现有制度对跟踪评价未规定相应法律责任的前提下，跟踪评价的相应制度设计更是呈现“虚置”状态。

二、企业运营

城市污水处理业特许经营项目在企业运营阶段表现出来的问题与市场准入阶段恰恰是一个问题的两个方面。如前所述，排水户排放的污水浓度过高或过低均会对城市污水处理业特许经营项目的运营产生影响，同理，排水户排放的污水水量的过大或过小也会对城市污水处理业特许经营项目的运营产生影响。市场准入环节由于在规划的环境影响评价环节上出现的问题，过小的污水水量使城市污水处理设施成为“晒太阳”工程。而在企业运营环节，由于“快杂性”的影响，城市排水户排放的污水水量增长速度很快，导致城市污水处理设施运行负荷过大，产生了“吃不消”的问题。对于超量排入城市污水处理设施的污水，城市污水处理业特许经营项目的运营方是否可以拒绝接入？即便可以接入，接入污水的最大负荷是多少？接入的处理费用如何结算？以什么标准结算？这些均涉及城市污水处理业特许经营合同的性质、合同的履行和争议的解决等问题：

（一）城市污水处理业特许经营合同的性质

城市污水处理业特许经营模式主要涉及3类法律关系主体，即特许经营的授权方、特许经营者和其他利益相关者（包括城市污水处理的消费者、为城市污水处理设施的建设和运营提供产品或服务的供应商、融资方等）。特许经营模式的实现过程就是这3类法律关系主体的互动过程，其中最为核心的即为特许经营的授权方与特许经营者之间的法律关系，其权利义务关系的互动将直接影响到整个特许经营模式所涉及法律关系主体之间的权益关系。那么，城市污水处理业特许经营合同的法律性质究竟为何呢？

仔细梳理包括法律、行政法规和部委规章、地方性法规、地方政府规章和其他规范性文件在内的城市污水处理业特许经营法律渊源，可以发现其均回避了特许经营合同的法律性质。例如，《政府采购法》仅在第43条中规定“政府采购合同适用合同法”。六部委联合颁发的《特许办法》和各省、市颁布的《市政公用事业特许经营管理条例》和《市政公用事业特许经营管理办法》等均规定，“争议解决方式”为特许经营协议的主要内容，由协议双方经协商确定。与之不同的是，经修改的《行政诉讼法》中有关于“特许经营协议”的条款，该法第12条将“认为行政机关不依法履行、未按照约定履行或者违法变更、解除政府特许经营协议……协议的”纳入了行政诉讼的受案范围之内。那么，有以下两个问题值得研究：首先，修改后的《行政诉讼法》将特许经营协议在履行阶段产生的争议确定为行政争议，纳入了行政诉讼的受案范围，那么是否意味着特许经营协议的性质就是行政合同？其次，特许经营协议在缔结阶段的争议属于什么性质？应该纳入民事诉讼的渠道还是行政诉讼的渠道予以救济？

1. 行政合同的识别标准

城市污水处理业特许经营合同是否属于行政合同，其逻辑前提是行政合同的识别标准是什么？在这个问题上，学术界的判断标准大致可以归纳为以下5种：第一种是主体标准说。传统主体标准说认为，合同至少有一方当事人为行政主体即可认为该合同为行政合同。① 然而，法律实践与理论拟制毕竟存在距离，作为行政主体，行政机关具有法定的行政事务管辖权力，可以依法行使相应的行政职权。

---

① 参见[日]室井力：《日本现代行政法》，吴微译，中国政法大学出版社1995年版，第87页。

作为私法主体，行政机关也完全具备拟制法人所具有的从事普通民事行为的权利能力和行为能力以及相应的责任能力。因此，以合同一方为行政主体作为判断行政合同的标准仅是必要而非充分条件。鉴于此，修正主体标准说认为，行政主体必须以高权地位参与合同缔结方可认为是行政合同。① 第二种是目的标准说。该标准认为以公法上的效果发生为目的，使复数的对等着见相反的意思表示达成一致，而后成立的公法行为是行政合同。② 行政主体以实现个体利益为目的而签订的契约则属私法合同。③ 然而，行政主体在某些领域可以选择通过私法合同的方式达到行政目的，这就使目的标准说也沦为必要而非充分条件。④ 第三种是合同标的标准说。该标准认为产生、变更、终止行政上的法律关系的合同，属于行政合同。如果合同的缔结、变更或解除不能引起行政法律关系的建立、变更或消灭，则不被认为是行政合同。⑤ 然而，法律关系产生、变更、终止的依据是法律规范，对于规范属性的判断固然可以通过公私法划分的理论予以解决，但公私法的划分是相对的，在法律规范中更多存在的是公私法的混合，这样也就出现了公私法混合合同，这就使行政合同的判断同样陷入困境。第四种是超越私法规则判断标准说。如果合同规定"它们在本质上就是不平等的，而这种不平等是来自于适用民事法律的相似的合同所包括的条款"，或者是在合同里规定"合同将给予一方以特权或强加某项义务给其中一方，而不是基于民事法律或者上市法律在双方自愿的原则下订立的"，那么这一合同就是"包含了超越私法的规则"。⑥ 第五种是综合判断标准说。鉴于公私法融合的现实，综合参考合同的订立主体、合同的条款、合同的目的等因素成为行政合同的主流判断标准。而我国学者在借鉴综合判断标准的基础上，大多参考德国法对于政府采购合同性质的探讨，提出了行政合同判断中的所谓"双阶标准"，即将特定的行政行为划分为不同阶段，对不同阶段适用不同类型的法律进行调整。⑦ 在5种判断标准中，笔者认为只有第五种最为可行，因为

---

① 参见余凌云：《论行政契约的含义——一种比较法上的认识》，载《比较法研究》1997年第3期。

② 参见［日］和田英夫：《现代行政法》，倪建民、潘世圣译，中国政法大学出版社1993年版，第166页。

③ 参见杨解君：《法国行政合同》，复旦大学出版社2009年版，第112页。

④ 参见于安：《德国行政法》，清华大学出版社1999年版，第89页。

⑤ 同上书，第96页。

⑥ ［英］L. 赖维乐·布朗、［英］约翰·S. 贝尔、［法］让－米歇尔·加朗伯特：《法国行政法》，高秦伟、王锴译，中国人民大学出版社2006年版，第77页。

⑦ 参见李霞：《论特许经营合同的法律性质——以公私合作为背景》，载《行政法学研究》2015年第1期。

其因应了当今社会公私法融合的发展趋势,避免了判断标准的单一性。

2. 城市污水处理业特许经营合同的法律性质

鉴于上文关于行政合同判断标准的分析,笔者结合城市污水处理业特许经营项目的运营实际,采用"双阶理论"试对城市污水处理业特许经营合同的法律性质进行划分(图5-1)。

第一阶段:行政许可。由于新修订的《行政诉讼法》第12条第2款中明确规定,"下列事项可以设定行政许可:……(二)有限自然资源开发利用、公共资源配置以及直接关系公共利益的特定行业的市场准入等,需要赋予特定权利的事项",特许经营成为行政许可的一种。由于设立特许经营的领域往往是沉淀资本集聚的自然垄断领域,提供的是公共产品或公共服务,具有消费上的非竞争性和非排他性,国家享有独占的经营权和使用权。进而,特许经营项目的申请人既可以依据《行政许可法》第38条和《行政诉讼法》第2条、第12条第3项的规定,对特许经营项目的竞标人未能赢得招标从而主管部门"作出不予行政许可决定"的行为依法申请行政复议或提起行政诉讼,也可以依据《行政许可法》第53条和《行政诉讼法》第2条的规定,对"不采用招标、竞争性谈判等竞争性方式,或者违反招标、拍卖程序,损害申请人合法权益"的行为依法申请行政复议或提起行政诉讼。

第二阶段:行政合同。以行政合同的"综合判断标准说"为依据,笔者认为,城市污水处理业特许经营合同的性质属于行政合同。其原因在于,首先,主体适格。根据现行公用事业特许经营法律法规规定,城市污水处理业特许经营合同的授权方是"政府有关部门",即便是政府授权有关单位(如城市基础设施投资公司等)与获得特许经营权的特许经营者签订协议,也是"基于法律的规定或授权",按照"受托方的行为效力及于委托方"的原则,符合行政合同的主体标准。其次,目的适格。城市污水处理业特许经营的目的,是为了保证社会公众的环境权益,促进城市污水处理业发展,提高城市污水处理业的运行效率,从而有效防止水污染而建立的一种新型制度,符合政府行为的公益性目标。再次,标的适格。政府运用公权力将特定权利赋予相对方,本质上是通过合同方式实现监管目标、履行公共服务职能,确立的是行政法上的法律关系,保障的是社会公众的福利增加。最后,行政特别权适格。行政特别权是行政主体为实现高跟利益的目的而依法享有的单方强制性权利,在城市污水处理业特许经营合同的履行中,政府有关职能部门依据自身行政职能对项目运营进行监管,特许经营者必须予以配合。此外,政府还可以在不影响项目正常运营的原则下拥有特别监管权、限期整改权、单方解除合同权、调价权等行政特权。

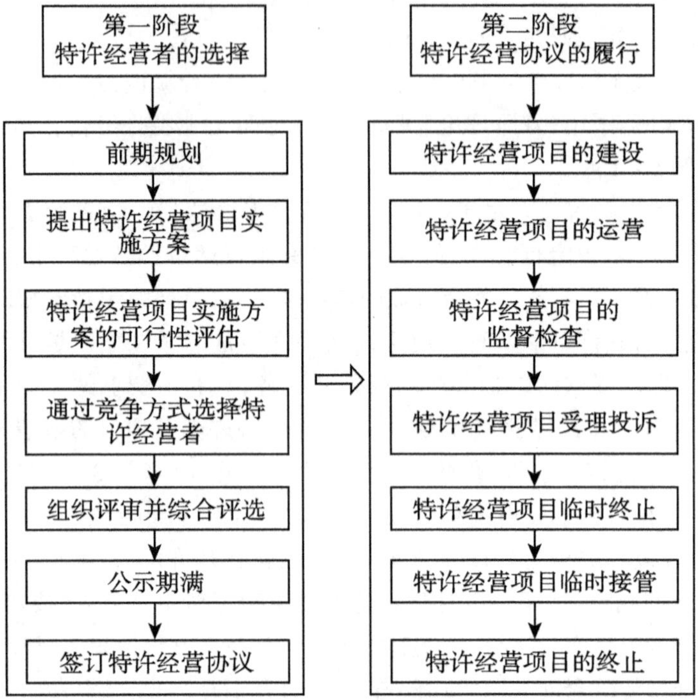

图5-1　城市污水处理业特许经营项目的“双阶”运行

(二)城市污水处理业特许经营合同的履行及争议的解决

在明确了城市污水处理业特许经营合同的法律性质之后,从表面上来看,因城市污水处理业特许经营合同的履行产生的法律纠纷通过行政诉讼的途径解决即可,然而,鉴于城市污水处理业特许经营合同中行政特权的存在,在合同纠纷发生后没有独立客观的合同履行评价依据,城市污水处理业特许经营者能否有效地保护自身权益?此外,现有的行政诉讼制度能否有效地发挥保障特许经营者权益的作用?

1.城市污水处理业特许经营合同的履行评价依据——绩效评估中存在的问题

前文提及,评价城市污水处理业特许经营运营效率的高低,经济绩效和环境绩效都是不可偏废的。从法学领域来看,绩效评估作为一种新型管制手段,相较于命令控制型和激励协商型管制手段而言具有其自身明显的优势。从六部委联合颁发的《特许办法》和各省、市颁布的《市政公用事业特许经营管理条例》《市政公用事业特许经营管理办法》来看(这其中包括9部地方性法规——北京市、贵州省、哈尔滨市、杭州市、湖南省、青海省、陕西省、深圳市、新疆维吾尔自治区,以及7部地方政府规章——甘肃省、合肥市、河北省、河南省、吉林市、山东省、天津市),

特许经营绩效评估已经作为一项重要的法律制度设计逐步保障公共利益不因公私合作而减损。然而,城市污水处理业特许经营绩效评价法律制度还远未发挥其应有的作用。结合现有立法和绩效评估制度现实操作来看,主要存在以下几个方面的问题(见表5-5~表5-6)。

表5-5　公用事业特许经营地方性立法中绩效评估的启动及运用情况

地区	评估类型	启动时间	评估周期	评估内容
北京	定期评估	项目运营中	一般不短于2年,特殊情况下可以实施年度评估	项目运行情况
甘肃、合肥、青海	中期评估	同北京	同北京	同北京
贵州	终期评估	特许经营期届满之前半年内		项目运行情况(特别突出了运行设备设施状况应当符合特许经营协议的要求)
哈尔滨	终期评估	投资者或者经营者将其经营的项目交回市人民政府时		项目运行情况
杭州、湖南	中期评估 终期评估	项目运营中特许经营期届满时		项目运行情况

资料来源:根据市政公用事业特许经营地方性立法资料整理而得。

表5-6　公用事业特许经营地方性立法中绩效评估制度的具体安排

地区	评估主体	评估标准	结果处理
北京	主管部门组织专业机构	法律、法规、规章规定	予以纠正并依法处理
甘肃、贵州、青海	主管部门组织专家		对评估中存在的问题督促其限期整改
哈尔滨	有关行业行政主管部门应当组织有关机构		向公众公布评估结果
杭州、湖南	市政公用事业行政主管部门		

资料来源:根据市政公用事业特许经营地方性立法资料整理而得。

第一,绩效评估的目标取向不明确。依据《特许办法》的规定,“定期对特许经营项目建设运行情况进行监测分析,会同有关部门进行绩效评价,绩效评价结果是对价格或财政补贴进行调整,保障公共产品和服务质量的依据”。绩效评估的对象确实涉及质量和价格,但如果仅局限于此就等于是将特许经营规制的范围进行了不适当的限缩。就城市生活污水管理的绩效评估而言,其评估内容除了质量、价格外,至少还应包括与城市生活污水处理设施运营相关的管网、运行负荷等。

第二,绩效评估的内容不明确。突出表现在对绩效评估的启动时间、启动条件缺乏明确的规定,作为特许经营授权方的政府主管部门拥有极大的自由裁量权,一方面导致城市污水处理业特许经营者的运营处于一种不稳定状态,另一方面也无法发挥绩效评估作为合同履行评价依据的作用。

第三,绩效评估的主体有失偏狭。城市污水处理业关涉公众的环境权益,城市污水处理业特许经营项目绩效评估的内容必然包含特许经营者提供的污水处理服务质量和价格。然而,除了《特许办法》外,各地方性立法中普遍缺乏社会公众作为绩效评估主体的制度规定。即便是《特许办法》中有关于社会公众作为绩效评估主体的制度规定,其制度内容也非常含混,缺乏可操作性。绩效评估中缺乏公众回应机制。《特许办法》只是规定“应当将社会公众意见作为监测分析和绩效评价的重要内容”“社会公众有权对特许经营活动进行监督,向有关监督部门投诉,或者向实施机构和特许经营者提出意见建议”,但提出建议和进行监督后如何对采集的信息进行处理,如何给予公众以回应等则都没有下文。

2. 城市污水处理业特许经营合同的争议解决中存在的问题

在明确了城市污水处理业特许经营合同行政合同的法律性质之后,对于在合同履行过程中发生的争议解决即使用行政争议的解决路径。问题是,但从城市污水处理业特许经营的“水量”角度来讲,如果因接入到采取特许经营模式的城市污水处理设施的“进水”水量过大或过小产生争议,实践中的特许经营合同一般是如何约定的?产生了纠纷之后应该如何寻求争议的解决?现有的行政诉讼制度是否给争议解决提供了相应的管道和途径?

第一,城市污水处理业特许经营合同关于“水量”约定的缺失。对于城市污水处理业特许经营合同,原建设部曾于2007年2月7日发布过一个《城市污水处理特许经营协议示范文本》(以下简称《示范文本》),其中关于进水“水量”的约定如下:甲方(特许经营的授权方)“应确保在整个特许经营期内,收集和输送污水至污水处理项目交付点,如期达到本协议规定的基本水量和进水水质;甲方有权随时核查流量计读数及乙方的抄表记录”。乙方(特许经营者)“如果进水水量超过本协议规定的污水处理项目设计处理能力，乙方应及时通知甲方，同时提出拟采取的对超量污水进行处理的措施。通知发出的若干个工作日内甲方没有表示意见，则被视为同意乙方的措施建议；乙方应按规定位置安装计量检测装置，计量污水厂的进水量和出水量。在开始商业运营日或双方约定的时间，双方应将所有安装的流量计设定一个基础读数，以确定每一流量计的原始值。出水流量由乙方抄表，以确定的出水水量。水量以立方米计算。乙方应使用符合要求的流量计连续测量、计算和记录在进水计量点提取的进水量和在出水计量点提取的出水量”。此外，“如果甲乙双方就水量记录结果存在分歧，任何一方有权提请有资质的第三方进行检验确定”。从《示范文本》中我们可以发现，双方关于“水量”的约定是以“保底水量（协议中提到的基本水量）”作为基准，对于超量的“进水”，规定了乙方的“建议权”和“报备义务”。由于超量的“进水”有增加“进水”水质超标的风险，《示范文本》对于“进水”水质超标的约定是，“如果由于甲方责任造成进水水质超标，甲方应向乙方给予适当补偿：（a）如果污水处理项目有能力处理，则甲方应补偿因增加处理负荷所造成的成本增加部分。（b）如果污水处理项目没有能力处理，并持续若干天，由甲乙双方共同协商处理办法，制订改造方案，经甲方同意后实施，改造费用应由甲方承担。在新的改造方案完成前，按本协议附件的规定调整出水指标，并豁免由此造成乙方的出水水质超标的责任”。综上所述，《示范文本》关于超量“进水”的约定基本上秉持了合意原则和诚信原则，不足之处在于对“不足量”的“进水”并没有相应的约定条款。然而，从实践中城市污水处理业特许经营合同的约定来看，一般都有关于“保底水量”的分年度约定，对于“不足量”的“进水”，按照“保底水量”支付污水处理服务费，对于超量“进水”，按照“实际处理量”支付污水处理服务费，但并没有因“进水”超量而豁免特许经营者出水水质超标的约定条款。

第二，合同约定缺失下特许经营者权益保障的不足。正因为实践中在城市污水处理业特许经营合同中关于“水量”约定的缺失，虽然经过修改的《行政诉讼法》（2015 年 5 月 1 日施行）第 12 条和最高人民法院《关于适用〈中华人民共和国行政诉讼法〉若干问题的解释》（2015 年 5 月 1 日施行）第 11 ~ 16 条均对作为行政合同的特许经营协议作出了规定（包括纳入受案范围、诉讼时效、管辖、适用法律、赔偿与补偿、诉讼费用等），但特许经营者主张权益均必须以法律、法规规定和合同约定作为前提，实践中，无论是行政执法机关还是司法机关均将采取特许经营模式的城市污水处理设施看作《水污染防治法》意义上的“企业事业单位”。根据该法第 21 条第 2 款的规定，“企业事业单位和个体工商户排放水污染物的种类、水量和浓度有重大改变的，应当及时申报登记；其水污染物处理设施应当保持正常使用;拆除或限制水污染物处理设施的,应当事先报县级以上地方人民政府环境保护主管部门批准"。由此,即便是存在超量"进水"并由此附带有"进水"水质超标问题,按照现有法律规定,在合同约定缺失的前提下,特许经营者除了"建议权"和"报备义务"是没有其他选择的,但其"出水"水质如果超标,则照样要承担公法(违反《环境保护法》《水污染防治法》等)和私法(违约)的双重责任。

第二节 "水量"规制问题的解决机制

一、针对"市场准入"的解决机制

(一)加强规划环评的立法监督

1. 规划及环评的编制阶段

(1)规划及环评范围的甄选

现有立法对于规划环评的范围采取的是"列举法",①优点是操作简单易行,但也容易产生挂一漏万的弊端。从规划环评的发展趋势来看,编制环境影响报告书的规划范围越广就会越有利于"预防原则"的贯彻,②但现行立法对规划环评的范围的甄选权,规定由环保部门和其他有关行政部门共同享有,最终的批准权由政府享有。此种制度规定的弊端,一是其他有关行政部门希望编制环境影响篇章或说明的范围越广越好,因为这样简单便利易于操作;二是环保部门与其他有关行政部门是平级单位,会商实际上是权力博弈和角力的过程,作为批准机关的政府本身就有促进开发建设加快经济发展的冲动。由此,笔者认为应对现有制度中的规划环评的范围的甄选权作出如下改动:"进行环境影响评价的规划的具体范围,由环境保护行政主管部门在征求有关部门意见后规定,报人大常委会批准。"这样既可在一定程度上避免前文中指出的环函〔2006〕230号和环函〔2011〕14号文件"主观有心而客观无力"的窘境,又可使环保部门减少中间环节,在最短时间内将实践中出现的问题反馈在立法上,不断扩大规划环评的具体范围。

(2)规划环评的前期调研及评估

前期调研和评估解决的是在现有的环境容量下,在多大的空间尺度和时间尺度下能够进行相应的开发建设活动的问题。在规划的编制阶段,环评介入得越早,环境影响越小,成本越低,可能面临的问题就越少。笔者认为,在规划编制部

---

① 参见王社坤:《我国战略环评立法的问题与出路》,载《中国地质大学学报》(社会科学版)2012年第5期。

② 参见汪劲:《规划环境影响评价条例为何立法难?》,载《世界环境》2008年第3期。

门将规划草案交给规划科学院进入规划编制程序时，就应该报告同级人大常委会环资委，由环资委组织环保部门和有关专家组成审查小组开展对规划及环评的前期调研及评估并提出审查意见。

2. 规划及环评的审批

鉴于现行立法将规划及环评的审批分为“审查”和“批准”两个阶段，且大多数制度规定均面向专项规划，笔者建议应将其范围扩及综合规划。此外，现行制度规定“审查”阶段是由环保部门负责召集有关部门代表和专家组成审查小组的，但前文中已指出，鉴于其是一个临时机构，且在关涉规划及环评问题上的独立性有待加强，因此，是否可以考虑由人大常委会环资委作为召集部门，组成由环保部门、其他有关部门代表和专家组成的审查小组开展工作。

3. 规划环评的公告、实施及跟踪评价

对于规划环评的实施及跟踪评价，前文中已指出规划编制机关及环保部门在行政职能分权下“各扫门前雪”的履职困境。尤其值得注意的是，现有制度规定并未对“重大不良环境影响”进行清晰界定。以城市污水处理设施为例，排水管网的建设严重滞后导致“厂多网少”及污水厂无法正常运行，是属于“不良环境影响”“重大不良环境影响”还是“特别重大不良环境影响”？笔者认为，在维持规划编制机关在规划环评跟踪评价中的评价主体、评价结果的公告主体身份不变的基础上，增加环保部门作为跟踪评价标准和依据的制定主体（在征求有关行政主管部门意见后制作规划及环评的跟踪评价标准和依据的具体制度规定）、上一级环保部门作为跟踪评价的审查主体（规划编制机关将跟踪评价结果报告环保部门审查）的身份。此外，增加人大常委会环资委作为跟踪评价的督查主体的身份，[①]对于跟踪评价结果公众参与中反馈的问题，及时要求规划编制机关、环保部门和规划审批机关等部门采取补充修正措施，并通过立法监督及时追究相关行政部门及人员的法律责任。

（二）加强规划环评的政府信息公开

1. 规划环评的编制

在经历了规划的前期调研及评估阶段后，环评文件的编制是围绕规划来做的，无论是总体规划、专项规划还是围绕其所做的环评文件都应该成为重点主动公开的政府信息，前文中所梳理的规划信息公开情况恰恰说明在规划的编制阶段中不仅涉及规划的信息公开，也包含环评的信息公开。因此，笔者认为，首先，在

① 参见耿海清：《我国规划环评的困境及其破解之道探讨》，载《环境科学与技术》2012年第12期。

规划的信息公开方面，在政府信息公开立法中，应该将区域规划和专项规划列为乡（镇）人民政府应重点公开的政府信息。另外，应明确乡（镇）以上各级人民政府应重点公开的专项规划、区域规划等政府信息必须提供规划全本（包括文字和图例）。这样，不仅在层级上将包括污水处理在内的城市基础设施涉及的规划类型全部包纳在政府重点公开的信息范围之内，而且规划全本的公开也为“社会激励”打下了坚实的基础并提供了必要的前提，因为公众参与的前提是透明、足量、便利的信息提供和获取。其次，在环评的信息公开方面，在政府环境信息公开立法中，应该将规划的环评文件全本及其受理、审批和跟踪评价结果等信息一并列为环保部门向社会主动公开的政府环境信息。

此外，无论是综合规划的环境影响篇章或说明，还是专项规划的环境影响报告书，如果有规划的环评文件与法定性内容不符，就应该引致相应法律责任的承担，而现有制度规定中仅有“对直接负责的主管人员和其他直接责任人员依法给予处分”的规定，但问题是由谁作为处分主体、给予的又是何种处分？现有制度均未给出明确答案。实践中，承担规划及环评编制任务的多是规划设计院和环境影响评价技术机构，[①]这些机构中有事业单位性质的也有企业单位性质的，现有制度规定中的“行政处分”显然是针对行政机关及事业单位的，那么企业单位性质的机构如何承担相应法律责任呢？笔者认为，应着重从机构资质角度对后者进行规制，如果出现弄虚作假或失职等法定情节，则可以视情节暂停甚至取消该机构承担规划及环评的资质。

2. 规划环评的审批

现有制度仅对专项规划的审批进行了规定，笔者认为，对于综合规划的审批同样应该将环评文件的结论以及审查意见作为决策的重要依据。规划审批机关对以上结论和审查意见不予采纳的，应当逐项就不予采纳的理由作出书面说明，并存档备查。应当特别指出的是，一如在规划环评的编制阶段对于政府环境信息的公开要求一样，经过审批后的规划环评文件的全本（定稿）也应该作为政府主动向公众公开的环境信息。[②]

（三）加强规划环评的公众参与

1. 规划环评的编制

前文提出，应在规划及环评的编制阶段加入前期调研及评估作为法定前置程

---

① 参见周珂、史一舒：《论环境影响评价机构的独立性》，载《法治研究》2015 年第 6 期。

② 参见朱谦：《从封闭到公开：我国环境影响评价文件公开的制度演变》，载《法治研究》2015 年第 4 期。

序，那么在这个法定前置程序中就应该加入公众参与，即在规划编制部门将规划草案交给规划科学院进入规划编制程序时，就应该报告同级人大常委会环资委，由环资委组织环保部门和有关专家组成审查小组，开展对规划及环评的前期调研及评估并提出审查意见。当前期调研及评估程序结束进入规划及环评的编制后，按照现行制度规定，应当在规划草案报送审批前征求公众意见，笔者建议在这里增加有关前期调研及评估阶段的环保部门代表和专家的责任。即当草案征求公众意见时，有因环保部门代表和专家失职造成规划突破环境容量的重大前提性问题时，应给予环保部门代表行政处分、有关专家取消入选专家库资格并予以公告。

2. 规划环评的跟踪评价

现行制度虽然规定规划及环评的跟踪评价应当包含公众对规划实施所产生的环境影响的意见，但并未就规划及环评全文的信息公开作出规定，笔者认为，除了应增加规定外，规划环境影响的跟踪评价文本公开后，仍应就公众参与给予制度保障。从现有制度规定来看，规划编制机关在进行跟踪评价的过程中应将公众参与作为必备的环节并在跟踪评价文本中给予体现，但这个体现是否对公众提出的问题给予了科学、清晰、详尽的解释，理应接受来自公众参与的监督。前文中提到，建议增加人大常委会环资委作为跟踪评价的督查主体的身份，那么当公众参与意见确实涉及跟踪评价文本的关键性漏洞时，规划编制机关、环保部门也理应承担失职的法律责任。

二、针对“企业运营”的解决机制

（一）构建科学的城市污水处理业特许经营绩效评估法律制度

1. 明晰城市污水处理业特许经营绩效评估制度的规制目标

绩效评估的目标是绩效评估制度得以开展的前提和基础。正如评估理论研究者所言：“在实施研究之前，如果能够详细厘清评估的需要和目标，那么，被评估者就有机会对评估本身做出反应，并对此做出贡献，也能够得到一个比较适用的工作方案，并能够在是实际评估活动中得到被评估者的支持。”具体就城市污水处理业而言，其规制目标正如有学者概括的“少用水、多循环、少排放；全收集、全处理；全达标、低成本”。[①] 由此，对于城市污水处理业特许经营绩效评估法律制度就不能仅仅是单一的价格或质量规制，而应该更多地致力于实现对特许经营项目动态、全面的规制，这样才能有效防范特许经营项目的运营风险，保障污水处理服务的稳定持续供应。

---

① 宋国君、韩冬梅：《中国城市生活污水管理绩效评估研究》，载《中国软科学》2012 年第 8 期。

2. 明晰城市污水处理业特许经营绩效评估指标体系的形成机制

在城市污水处理业特许经营绩效评估法律制度中，评估的指标体系是以细化评估内容和内化评估标准的方式落实评估目标的技术手段，同时也是有效落实政府特许经营规制目标的关键要素。具体而言，应从如下几个方面完善城市污水处理业特许经营绩效评估体系的形成机制。

第一，评估指标体系框架，即评估的具体内容。城市污水处理业特许经营绩效评估指标体系的范围应该包括能够反映特许经营者履约状况和特许经营项目运营状况的各种情形，具体应该包括污水的收集情况、城市污水处理设施的建设与改造状况、城市污水的处理情况、城市污水的处理效率情况、行业服务质量和服务投诉处理情况、应急预案的制定和执行情况以及价格的控制和执行情况以及社会公益性义务的执行情况等方面。

第二，评估指标形成的参照标准。在公用事业特许经营的现有立法中关于评估指标形成的参照标准有 3 种。从城市污水处理业特许经营项目的运营实践来看，协议双方往往在特许经营合同中有关于水量、水质、价格和其他义务履行的标准，特许经营者也是按照这个标准来提供污水处理服务的，因此，最好以特许经营合同作为参照标准。如果特许经营合同中没有明确规定评估指标形成的参照标准，则可依据相应的国家标准、地方标准或行业标准。

第三，评估指标体系的设定主体。应该由行业主管部门组织专家、行业协会、特许经营者并吸收社会公众共同参与到指标体系的设定中，通过城市污水处理业特许经营示范合同文本的完善给绩效评价提供参考。

3. 形成城市污水处理业特许经营绩效评估的多主体参与机制

第一，明确由专业评估机构作为绩效评估的具体实施主体。从现有公用事业特许经营绩效评估法律制度来看，政府有关主管部门作为特许经营绩效评估主体已经得到了普遍认可。由政府有关主管部门作为特许经营绩效评估主体的合法性和合理性自然毋庸置疑，然而，正如前文所述，鉴于特许经营合同的行政特权的存在，规制主体和绩效评估主体的合二为一并非最佳选择。城市污水处理业特许经营的绩效评估，从评估指标的订立到评估数据信息的收集整理再到评估结果的综合分析，无不是专业性极强的活动，行业主管部门必须借助专业力量才能顺利完成评估活动。虽然现有的专家参与制度可以在一定程度上起到补充作用，但是通过招标方式委托第三方专业评估机构协助完成评估的做法更为可取。深圳市在这方面已经有了较为成功的先进经验。早在 2010 年 5 月，深圳市就已经通过招标方式选取了上海济邦咨询公司对深圳市已实施特许经营的 3 个区 16 座污水处理厂进行绩效评估，并对特区内特许经营规范化运作进行评估，并根据评估结果完善特许经营合同标准文本。

第二，细化社会公众在绩效评估中的主体地位，突出公用事业公众监督委员会的作用。社会公众作为污水处理服务的直接消费者，理应成为绩效评估的主体。但是鉴于其分散性、个体偏好的差异性，在无法借助组织化的利益表达形式的前提下是无法有效参与到绩效评估中的。虽然目前公用事业特许经营法律法规中有关于公用事业公众监督委员会的制度规定，但全国范围内难觅公用事业公众监督委员会现实运作的踪影，作为公用事业市场化改革排头兵的深圳，由张思平领衔的民间智库向深圳市委、市政府提出的 11 项改革建议更是反证了公用事业公众监督委员会运作的现实困境。① 如果公用事业公众监督委员会的基本职能仍然停留在通过听证会、座谈会、问卷调查等方式收集公众意见、提出相关建议和代表公众监督的层面上，而没有能够对政府有关部门、特许经营者形成有效制约的权力，如对绩效评估机构招投标程序的参与权和招投标结果的质询权、对绩效评估结果的质询权和否决权等，那么社会公众在绩效评估中的主体地位就将长期难以实现。

4. 形成绩效评估结果的反馈机制

城市污水处理业特许经营绩效评估的意义绝不仅限于收集信息、提供参考那么简单，而在于通过绩效评估信息中反映出的制度运行中出现的现实法律问题，实现提升特许经营绩效和降低特许经营运营风险的目标。

第一，明确城市污水处理业特许经营绩效评估结果的法律效力。立法应当明确规定对于绩效评估结果应当制作书面报告，书面报告分为征求意见版和正式版。书面报告（征求意见版）应提交公用事业公众监督委员会审查并提出修改意见，附具公众意见的书面报告（征求意见版）应再返回绩效评估机构，由绩效评估机构对于公众意见予以审核吸收，对于不采纳的公众意见应当逐条附具不予采纳的理由，在此基础上形成书面报告（正式版）并向社会公示。书面报告（正式版）是作为特许经营授权方的政府有关部门行使行政特权的充分条件，同时也是特许经营者针对合同履行中出现的纠纷寻求救济的有效依据。对于书面报告中呈现的特许经营问题，政府有关部门必须积极采取措施予以解决，否则应当承担行政不作为的法律责任。

第二，明确城市污水处理业特许经营绩效评估结果的法律后果。立法应当从惩罚和奖励两个方面明确特许经营绩效评估结果的法律后果。比如，对于特许经

---

① 参见郭启明、庄树雄：《张思平领衔“万言书”提出深圳 11 项改革建议》，载新民网：http://biz.xinmin.cn/2015/06/10/27831648.html，最后访问日期：2016 年 1 月 2 日。

营绩效评估结果为优秀的,可以依据《企业环境信用评价办法》直接享受环保诚信企业"绿牌"待遇,并在此基础上根据运营实绩在污水处理服务费的核定上给予适当倾斜,此外,还可以根据特许经营者的意愿适当延展特许经营期;对于特许经营绩效评估结果为良好的,可以依据《企业环境信用评价办法》直接享受环保良好企业"蓝牌"待遇,并在此基础上根据特许经营者的意愿适当延展特许经营期;对于特许经营绩效评估结果为较差的,可以依据《企业环境信用评价办法》直接对应环保警示企业并按"黄牌"规定执行,并在此基础上要求特许经营者限期整改,对拒不改正的采取相关的行政处罚措施;对于特许经营绩效评估结果为不合格的,可以依据《企业环境信用评价办法》直接对应环保不良企业并按"红牌"规定执行,并在此基础上启动临时接管措施直至收回特许经营权。

(二)调整城市污水处理业特许经营者承担的规制责任

正如前文所述,在现有实践中关于水量的合同约定缺失和公法责任畸重的前提下,城市污水处理业特许经营者是很难寻求权利救济的。鉴于合同约定取决于双方的合意,改变目前困境的最好办法就是通过调整公法中特许经营者承担的规制责任予以解决。实际上,《水污染防治法》已经在第四章"水污染防治措施"中单列出了第3节"城镇水污染防治",其中特别对城镇污水集中处理设施的运营作出了规定。但从目前的制度条款来看,对于城镇污水集中处理设施的维护运营单位的权利义务规定还非常粗疏,权利方面是"获取收益权"(根据向排污者提供污水处理有偿服务收取费用),义务方面是"出水水质负责义务"。并没有根据城市污水集中处理设施运营及水质形成的三个阶段综合考虑排水户、政府有关部门和权利义务。此外,根据《城镇排水与污水处理条例》第28~31条的规定,在城镇污水处理设施维护运营单位遇到"进水水质和水量发生重大变化可能导致出水水质超标,或者发生影响城镇污水处理设施安全运行的突发情况时,应当立即采取应急处理措施,并向城镇排水主管部门、环境保护主管部门报告。城镇排水主管部门或者环境保护主管部门接到报告后,应当及时核查处理"。其中也没有谈到适当调整或豁免城镇污水处理设施维护运营单位出水水质超标的责任。鉴于此,笔者认为,应该将现有法条修改为"在城镇污水处理设施维护运营单位遇到进水水质和水量发生重大变化可能导致出水水质超标,或者发生影响城镇污水处理设施安全运行的突发情况时,应当立即采取应急处理措施,并向城镇排水主管部门、环境保护主管部门报告。城镇排水主管部门或者环境保护主管部门接到报告后,应当及时核查。确属不可归因于城镇污水处理设施维护运营单位的,应在委托第三方排水监测机构监测和邀请专家、公用事业公众监督委员会会商并向社会公告的基础上,做出豁免相应期间内城镇污水处理设施维护运营单位出水水质超标的责任"。

第三节　城市污水处理业特许经营“水量”规制的案例分析

一、陕西省X县某再生资源产业园污水处理BOT项目纠纷

(一)项目实施情况

作为X县2013年的招商项目,厂方是在2013年6月与X县政府签订的《陕西某资源再生产业园区污水处理厂工程特许经营协议》,协议签订当月即开工建设,总投资2390万元,至2014年5月建设完工。陕西某再生资源产业园是省环保厅与Y市政府、X县政府共同建设的大型再生资源类工业园区,是关中—天水经济区内唯一的再生资源产业园,2008年被确定为陕西省中小企业创业基地,2010年被确定为陕西省十大环保产业园区。其位于X县西,东距西安40公里、咸阳20公里,与关中—天水经济区各主要城市距离相对居中。园区总体规划建设面积10平方公里,主导产业为工业废弃物再生利用。2008年以来先后投资8750万元建成园区道路4.792km,给排水管道、网络管网及电力管道1.744km以及配套的绿化、亮化工程;目前园区已入驻企业达到12户,建设面积1500余亩,已建成固体废弃物综合处理处置中心、矿物油再生利用、CRT玻璃加工、金属铜资源再生利用、等离子体非焚烧技术研发中心、再生工业用基础油加工、电池电瓶再生利用、废旧家电拆解、生物钾肥9户上亿元企业;在建项目3户,分别是投资30亿元的废钢回收及加工利用项目、投资6亿元的报废汽车拆解项目、投资1.08亿元的塑料加工利用项目。2014年园区实现工业总产值达到4.9亿元,实现营业收入4.6亿元,实现税金2994万元。

(二)项目运营中存在的问题

《陕西某资源再生产业园区污水处理厂工程特许经营协议》中约定项目竣工后“保底水量第一年起按每一个运营月内日均0.4万立方米,第三年起按每一个运营月内日均0.5万立方米”。而在厂方日常运行报表中,从2014年5月至今,仅有1天显示进水量为14立方米(维护设备时回流产生的数据),其余均显示为“0”。污水处理厂竣工后,外围管网还没铺设完毕,目前入驻的15家企业中,仍有3家管网没通到污水处理厂。

按照招商之初计划,园区内的工厂所产生的污水都将交由这家污水处理厂处理,是能够保障正常生产的。但目前招商情况并不理想,园区入驻的工厂太少。目前,园区内污水处理厂的规模为5000立方米,进水量应达到75%以上才够运行标准,否则就会产生亏损,而就目前情况来看,能达到的进水量不足1000立方米。对于污水量过少的问题,目前县政府已在筹备污水处理厂的回购事宜,回购协议

正在拟定，如果在运行前污水量仍达不到运行标准，则所产生的亏损将由政府承担。

（三）纠纷分析

陕西省X县再生资源产业园污水处理BOT项目纠纷作为城市污水处理业特许经营"水量"规制中市场准入环节存在问题的典型代表，以及全国采用特许经营模式的污水处理项目"晒太阳"的缩影，突出地反映了以下问题。

第一，规划环评的"广度"和"深度"均非常有限。从城乡规划的信息公开的角度来讲，所涉及的规划类型包括了城市总体规划、城市近期建设规划、城市控制性详细规划、镇总体规划和镇的控制性详细规划。经过对新闻媒体的相关报道、陕西某再生资源产业园管委会网站资料的收集以及实证调研，仅得到1张陕西某再生资源产业园的规划图以及2016年3月24日陕西某再生资源产业园总体规划征求意见会的信息。陕西省某再生资源产业园位于X县Z镇，虽然根据《政府信息公开条例》第12条的规定，乡（镇）人民政府在其职责范围内应重点公开的信息并不包括镇总体规划和镇的控制性详细规划。但鉴于我国工业化、城镇化进程的加快，像陕西某再生资源产业园这样的"两园一区"（工业园、产业园和经济开发区）大多位于乡（镇）辖区范围内，镇总体规划和镇的控制性详细规划的信息公开不到位，则不利于通过公众参与汇集各方面智慧和意见，帮助当地政府克服"两园一区"污水处理设施的配套问题。此外，X县在环境保护专项规划、水污染防治专项规划和城镇排水与污水处理专项规划等方面也是空缺的，这使陕西某再生资源产业园规划的制定缺乏专项规划的配套，对于规划所开展的环境影响评价呈现空白状态，为纠纷的发生埋下了隐患。陕西某再生资源产业园在建设初期就引入特许经营者花费大笔资金建设污水处理厂，但由于投资进程与园区发展速度不能完全匹配，建成的污水处理厂自然呈现"吃不饱"状态，"晒太阳"也就在情理之中。

第二，规划环评主体之间的权利义务配置不当。从目前通过调研所掌握的信息来看，陕西某再生资源产业园在规划的前期调研和评估阶段主要是通过聘请专业规划设计院从产业发展规划、规划的定位与规模以及规划布局等方面展开工作，即其思路是从经济发展的角度入手编制规划，而非根据环境规划在环境容量许可的条件下来编制规划，这就使规划的编制从一开始就缺乏来自环评的"外部监督"。在规划的编制和审查批准阶段，由于缺乏环境保护专项规划、水污染防治专项规划和城镇排水与污水处理专项规划等专项规划的指导和配套，环保部门、环评机构、专家和社会公众均未参与到对于园区规划的环境影响评价中，与上文中关于全国各产业园区规划信息公开不同的是，陕西某再生资源产业园区规划未见任何有关环境影响评价信息公开的内容,这就使园区规划成为规划编制机构的单方行为,没有来自任何相关利益主体的有效制约。由此,规划的编制和实施就存在“拍脑袋”的成分,因为至少规划编制机构并未考虑到根据园区企业的入驻进度和行业特点来制订近期规划和远期规划以及合适的公共纳管标准。在园区运营初期,由于入驻企业的数量尚不能确定等因素的存在(意向性入驻企业不能简单等同于最终入驻企业),在专项规划中当地环境容量许可的范围内,可以允许入驻企业采取自我配套治污设备或允许环境污染第三方治理者为入驻企业设计治污方案或配套治污设备等“分散式”治污方式解决园区污水治理问题。而在园区内入驻企业数量增多,污水量加大污染成分复杂的情况下,则可以通过制订合适的公共纳管标准(如果公共纳管标准制订得过于严格,排污企业就会选择“分散式”治污方式自行将污水处理至直接排放标准,这将无法发挥公共管网收集污水的规模效应;如果公共纳管标准制订得过于宽松,则会大大增加污水处理的难度,大幅提高污水处理成本),使相对多的入驻企业将污水排入公共管网。此外,在特许经营合同中约定一个相对保守的“保底水量”,并通过与投资人就污水处理厂的扩建进行约定的方式(项目分期建设,扩建需达到启动条件等)达到避免污水处理设施“晒太阳”的问题出现。

二、河南安阳宗村污水处理BOT项目——安阳宗村桑德水务有限公司诉安阳市环境保护局环保行政处罚案①

(一)案情介绍

河南安阳宗村污水处理BOT项目是在桑德环保集团于2006年与河南安阳水务集团接洽的基础上逐步形成的,2007年2月桑德环保集团投资设立子公司——安阳宗村桑德水务有限公司并着手建设、运营河南安阳宗村污水处理BOT项目。河南省安阳市环境保护局于2013年9月3日作出安环罚字〔2013〕第15号行政处罚决定,认定在2013年5月20日对桑德公司调查时发现该公司加氯间未正常使用,排放废水中粪大肠菌群超过《城镇污水处理厂污染物排放标准GB 18918—2002》,经监测,粪大肠菌群2400个/L。上述行为违反了《水污染防治法》第21条第2款的规定,依据该法第73条规定对桑德水务公司(原名为安阳明波水务有限公司)作出责令立即改正违法行为、处应缴纳排污费数额一倍罚款331,532元的

① 参见崔永清、蔡梅、袁武明:《安阳宗村桑德水务有限公司诉安阳市环境保护局环保行政处罚案》,载北大法宝网:http://www.pkulaw.cn/case/pfnl_1970324839941622.html? keywords = 安阳宗村桑德水务有限公司诉安阳市环境保护局环保行政处罚案 &match = Exact.,最后访问日期:2016年6月12日。

处罚决定。该公司不服,向文峰区人民法院提起诉讼,要求撤销该处罚决定。

一审查明:2013 年 4 月 12 日,由于桑德水务公司加氯间不正常运转,外排口废水经检测粪大肠菌群严重超标。2013 年 5 月 20 日,市环保局对桑德水务公司依法出示证件后进行了调查,发现该公司加氯间未正常使用,排放废水中粪大肠菌群超过《城镇污水处理厂污染物排放标准 GB 18918—2002》,经检测,粪大肠菌群 2400 个/L。2013 年 6 月 20 日,市环保局以《行政处罚事先(听证)告知书》(安环罚听告字〔2013〕第 12 号)告知该公司陈述申辩权和听证申请权。桑德水务公司向市环保局提交了陈述申辩意见,未申请听证。陈述申辩意见如下:一是加氯消毒系统使用时需进行更换氯瓶操作,导致短时间内无法加氯,可能出现短暂超标现象;二是加氯消毒系统中水射器增压泵由于泵坑漏水导致增压泵烧坏,调查时还在维修,未能开启运行。市环保局对桑德水务公司的申辩材料进行了复核,认为该公司申辩理由不影响对违法事实的认定和处理,桑德水务公司应缴排污费是 331,532.39 元。市环保局根据桑德水务公司的环境违法事实和证据,依据《水污染防治法》第 73 条的规定,对该公司作出安环罚字〔2013〕第 15 号行政处罚决定:(1)责令立即改正违法行为;(2)处应缴纳排污费数额一倍罚款 331,532 元。该公司于 2013 年 12 月 3 日递交有起诉书等立案材料。

一审判决后,安阳宗村桑德水务有限公司不服一审判决,上诉至河南省安阳市中级人民法院。

桑德水务公司上诉称:一审认定事实不清,适用法律错误。第一,我公司并未不正常使用水污染物处理设施。公司在例行检查时,及时检查到加氯消毒系统出现故障,随后马上进行解决维修,但限于设备和器材因素,调查时尚未完成维修,致使维修期间内未向环境主管部门报批。公司并非故意或消极地应对设备故障,而是积极及时地对该设备进行检查维修,根据国家环境保护总局环发〔2003〕177 号文件《关于"不正常使用"水污染物处理设施违法认定和处罚的意见》,我公司不属于"不正常使用"水污染物处理设施。第二,我公司在设备故障维修前、后,设备一直处于正常运行中,始终未闲置或拆除水污染物处理设施。第三,《河南省水污染防治条例》和我国《水污染防治法》并不冲突,我公司没有不正常使用或拆除、闲置水污染处理设施,而是在维修期间内未经县级以上人民政府环境保护主管部门批准,违反了《河南省水污染防治条例》第 26 条第 2 款的规定,市环保局处罚依据错误。第四,一审认定我公司提出陈述和申辩后应回复无法律依据是错误的。市环保局在收到陈述和申辩后并未核实和回复。第五,2013 年 5 月 20 日市环保局工作人员到我公司检查并未出示任何证件,该局也无证据证明出示过证件。综上所述,请求撤销一审判决,依法改判或者发回重审。

市环保局辩称：首先，桑德水务公司不正常使用水污染物处理设施事实清楚，作为城镇污水集中处理设施的运营单位，应当保持水污染物处理设施正常使用。经调查和检测，该公司加氯间未正常使用，也未进行加氯消毒，排放水中粪大肠菌群超标，未依法履行保持水污染物处理设施正常使用的法定义务。我局依据《水污染防治法》第73条的规定，对该公司作出的行政处罚决定，适用依据无误。其次，桑德水务公司认为我局未对其陈述和申辩进行核实和回复以及我局工作人员在调查时未出示证件的理由均不成立。综上所述，我局对桑德水务公司作出的行政处罚事实清楚，适用依据正确，程序合法，量罚适当。一审判决正确，桑德公司上诉理由不足，请求驳回其上诉，维持原判。

（二）法院裁判意见

一审法院——河南省安阳市文峰区人民法院认为：依据《水污染防治法》第8条、第45条规定，安阳市环保局具有对城镇污水集中处理设施进行监管的法定职权。2013年6月20日，市环保局以《安阳市环境保护局行政处罚事先（听证）告知书》（安环罚听告字〔2013〕第12号）告知桑德水务公司陈述申辩权和听证申请权。桑德水务公司向市环保局提交了陈述申辩意见，未申请听证。因此，桑德水务公司认为市环保局应对其听证请求给予答复的诉讼理由，不予支持。2013年5月20日市环保局工作人员在依法向该公司工作人员出示证件后，进行询问，并制作笔录，因此，桑德水务公司主张的市环保局未对其出示证件、未制作笔录的理由不予支持。我国《行政处罚法》第32条规定：“当事人有权进行陈述和申辩。行政机关必须充分听取当事人的意见，对当事人提出的事实、理由和证据，应当进行复核；当事人提出的事实、理由或者证据成立的，行政机关应当采纳。行政机关不得因当事人申辩而加重处罚。”因此，桑德水务公司称市环保局下达处罚决定前应按该条对其陈述进行回复无法律依据，桑德水务公司的该项诉讼理由不予支持。桑德水务公司2013年9月9日收到安环罚字〔2013〕第15号行政处罚决定书，于2013年12月3日递交有起诉书等立案材料，该公司并未违反在接到处罚决定书之日起3个月内直接向法院提起行政诉讼的规定，因此，市环保局主张的桑德公司超期提起的诉讼，亦不予支持。《水污染防治法》第21条第2款规定：“企业事业单位和个体工商户排放水污染物的种类、数量和浓度有重大改变的，应当及时申报登记；其水污染物处理设施应当保持正常使用；拆除或者闲置水污染物处理设施的，应当事先报县级以上地方人民政府环境保护主管部门批准。”《水污染防治法》第73条规定：“违反本法规定，不正常使用水污染物处理设施，或者未经环境保护主管部门批准拆除、闲置水污染物处理设施的，由县级以上人民政府环境保护主管部门责令限期改正，处应缴纳排污费数额一倍以上三倍以下的罚款。”桑德水务公司有加氯间未正常使用,排放废水中粪大肠菌群超过《城镇污水处理厂污染物排放标准 GB 18918—2002》,粪大肠菌群 2400 个/L 的违法事实,且《水污染防治法》的效力高于《河南省水污染防治条例》,因此,市环保局适用《水污染防治法》第 21 条第 2 款、第 73 条的规定对桑德水务公司进行处罚并无不当。综上所述,市环保局作出的行政处罚决定,事实清楚,证据确凿,适用法律正确,符合法定程序,应予维持。一审法院依据《行政诉讼法》第 54 条第 1 项之规定,判决维持安阳市环境保护局作出的安环罚字〔2013〕15 号行政处罚决定。案件受理费 50 元,由桑德水务公司负担。

二审法院——河南省安阳市中级人民法院在对原告、被告在一审时提交的证据材料进行审查后认为,经审理查明的事实与一审查明的事实一致。而且,二审法院在此基础上,作出了二审判决:安阳市环境保护局作为安阳市对水污染防治实施统一监管的环境保护主管部门,具有对本辖区内城镇污水集中处理设施使用及污水排放进行监管的法定职权。桑德水务公司作为我市集中处理污水单位之一,应当正常使用污水处理设施,并对城镇污水集中处理设施的出水水质负责。市环保局在 2013 年 4 月、5 月对桑德水务公司集中处理污水排放水质进行检测、调查取证等是该局的法定职责。该局于 2013 年 9 月 3 日对桑德水务公司作出的安环罚字〔2013〕第 15 号行政处罚决定,认定事实清楚,程序合法,适用法律正确。桑德水务公司上诉认为处罚决定认定该公司不正常使用水污染处理设施及适用法律错误、程序不当的理由无事实和法律依据不能成立,其上诉请求本院不予支持。一审判决认定事实清楚,适用法律正确,审判程序合法。依照《行政诉讼法》第 61 条第 1 项的规定,判决如下:驳回上诉,维持原判。二审案件受理费 50 元,由上诉人桑德水务公司负担。本判决为终审判决。

(三)案件分析

本案是河南省高级人民法院 2015 年公布的八大典型行政诉讼案例,也是因城市污水处理业特许经营的"水质"规制引起纠纷诉诸司法裁判的典型案例。

案件争议的焦点,围绕在安阳市环保局因安阳宗村桑德水务有限公司(以下简称桑德公司)加氯间出水水质超标而做出行政处罚的决定是否于法有据。在一审中,桑德公司提出了以下 4 项诉讼请求:第一,桑德公司认为市环保局应对其听证请求给予答复;第二,桑德公司主张市环保局未对其出示证件、未制作笔录;第三,桑德公司称市环保局下达处罚决定前应对其陈述进行回复;第四,桑德公司称市环保局适用《水污染防治法》属于适用法律错误。安阳市环保局提出了一项诉讼请求,即环保局主张桑德公司提起的诉讼属于超期诉讼应予驳回。由此可见,双方的争议涉及城市污水处理业特许经营的"水质"规制的,主要集中在到底应该适用《水污染防治法》还是《河南省水污染防治条例》以及在排放水污染物的种类、数量和浓度有较大改变的情况下应该如何处置。桑德公司作为城镇污水集中处理设施的维护运营者，其扮演者“排污者”和“治污者”的双重角色。作为“治污者”，其负有的法定公法义务是保证“出水”水质达标。作为“排污者”，在遇到排放水污染物的种类、数量和浓度有较大改变的情况下，其负有的法定公法义务是“申报登记义务”（向县级以上人民政府环境保护主管部门）、“保证设施正常使用义务”和“不得拆除或闲置设施义务”。从本案提供的证据材料来看，桑德公司显然在以上公法义务的履行上存在违法情形，因此，本案裁判结果事实清楚、证据确凿、适用法律正确、符合法定程序，对于所有城市污水处理业特许经营项目均具有警示和借鉴意义。

需要指出的是，本案中所提供的案件事实仅涉及在不考虑接入到采取特许经营模式的污水处理设施的“进水”的“水质”和“水量”情况下，单纯从污水处理排放达标的角度界分政府有关部门和特许经营者之间的权利义务。如果将“进水”的“水质”和“水量”因素考虑在内，不仅会涉及《水污染防治法》《行政处罚法》等法律法规的适用，而且会涉及双方所签订的特许经营合同条款的理解适用以及因行政合同（特许经营合同）纠纷引发的相关利益主体之间权利义务如何科学界分等更为复杂的问题。

三、河北省秦皇岛市海港区污水处理 BOT 项目纠纷①

（一）纠纷事实介绍

黑龙江国中水务股份有限公司（以下简称国中水务）于 2015 年 8 月发布公告，声称公司下属的全资子公司国中（秦皇岛）污水处理有限公司（以下简称秦皇岛公司）于 2015 年 7 月 29 日收到了秦皇岛市环境保护局出具的《行政处罚决定书》（秦环罚字〔2015〕008 号）。秦皇岛市环境保护局根据监测报告（秦环测（数）字〔2015〕第 040 号）对秦皇岛公司进行调查，发现出水水质超过了国家规定的水污染物排放标准。秦皇岛市环境保护局决定对秦皇岛公司做出罚款 1299.32 万元的行政处罚。根据秦皇岛市环保局公布的 2015 年第二季度污水处理厂监测数据显示，秦皇岛公司下属的污水处理厂的总磷、总氮、氨氮、化学需氧、悬浮物、色度等多个指标均超标，总磷、总氮分别超标 6.7 倍和 1.4 倍。从 2013 年以来，秦皇岛公司每年都会因超标排放被环保部门“点名”。在河北省环保厅公布的污水处理

---

① 参见张家振：《“天价环保罚单”再现，国中水务子公司超排被罚 1300 万》，载凤凰财经网：http://finance.ifeng.com/a/20150808/13896653_0.shtml，最后访问日期：2016 年 6 月 10 日。

厂国控企业主要污染物监督性监测结果中,该公司的废水排放总磷、氨氮等多项指标存在超标现象。其中,2014 年第一季度总磷超标 2.3 倍,2013 年第四季度总氮超标 0.2 倍,总磷超标 0.6 倍。根据 2015 年 1 月 1 日施行的《环境保护法》第 59 条的规定,“企业事业单位和其他生产经营者违法排放污染物,受到罚款处罚,被责令改正,拒不改正的,依法作出处罚决定的行政机关可以自责令改正之日的次日起,按照原处罚数额按日连续处罚”。秦皇岛市环保局的行政处罚决定是继《环境保护法》实施以来环保部门开出的有一张千万元级罚单。对于环保部门的行政处罚,国中水务认为非常冤枉,并在接受媒体参访时声称不排除诉诸行政复议和行政诉讼的可能性。根据媒体披露的信息,2003 年 2 月 10 日,秦皇岛公司与秦皇岛市政府签订了《关于秦皇岛市海港区污水处理厂项目特许经营合同》(以下简称《秦皇岛特许经营合同》),秦皇岛公司以 BOT 模式负责投资、建设和运营秦皇岛市第四污水处理厂。《秦皇岛特许经营合同》中有免责条款,即当进水水质超标时,特许经营者可豁免出水水质超标责任。秦皇岛公司认为,之所以会出现超标排放的情况,主要是因为进水水量超出负荷,且进水水质持续恶化,进水水质远超于设计标准。2015 年 3 月中旬以来,进水水质日趋恶劣,系统负荷越来越大,3 台风机全部开启,也不能满足系统正常的需氧量。

(二)纠纷分析

由于媒体报道的局限性、《秦皇岛特许经营合同》信息披露的有限性和海港区污水处理 BOT 项目“进水”水质和水量以及出水水质和水量等相关数据的缺失,笔者无法得出法院孰对孰错定分止争式的判断结果。然而,本纠纷却鲜活真切地将安阳宗村桑德水务有限公司诉安阳市环境保护局环保行政处罚案中未能触及的问题曝光出来,即在将“进水”的“水质”和“水量”因素考虑在内的情况下,特许经营授权方与特许经营者之间所签订的特许经营合同条款的理解适用,以及因行政合同(特许经营合同)纠纷引发的相关利益主体之间权利义务如何科学界分等更为复杂的问题。

其一,在本纠纷中未能见到有关采取特许经营模式的污水处理设施绩效评估的任何信息。秦皇岛公司以 BOT 模式负责投资、建设和运营秦皇岛市第四污水处理厂,对于其运营绩效的高低应该有一个由第三方具体负责落实的绩效评估机制,绩效评估的目的是通过标准化规制使得特许经营授权方更加全面地对特许经营者的运营情况进行动态掌握,帮助特许经营者克服有损于特许经营项目运营的问题,当特许经营者拒不执行时通过“临时接管”和“市场退出”措施的运用保障社会公共利益。通过千万级的环保罚单对超标排污的行为给予行政处罚固然可以起到对违法特许经营者的震慑作用,但在极端情形下,也容易重走“长春汇律案”[①]的老路,对于持续深入推进特许经营项目在城市污水处理的设施建设运营中的作用发挥无疑具有消极作用。此外,在本纠纷中未能见到关于公用事业公众监督委员会运作的身影。既然海港区污水处理 BOT 项目违法超标排污的情况存在已经不是一天两天了,作为与超标排污行为关联最为紧密的社会公众,却无法通过相应的组织行使监督权,这实际上不仅是本纠纷中的孤例,在笔者调研的污水处理特许经营项目的运营中,也都是特许经营授权方(政府有关部门)与特许经营者之间在扮演主角,特许经营者实力雄厚、与地方政府关系密切,不仅在特许经营项目的获取上占尽先机,在运营中也更加听话,不至于与当地政府闹到对簿公堂的地步。

其二,本纠纷也集中反映了特许经营者承担了畸重的规制责任的现实问题。秦皇岛公司作为城镇污水集中处理设施的维护运营单位,无论是基于《环境保护法》《水污染防治法》还是《城镇排水与污水处理条例》,其负担的法定公法义务仍然是“申报登记义务(向县级以上人民政府环境保护主管部门)”“保证设施正常使用义务”和“不得拆除或闲置设施义务”在遇到“进水水质和水量发生重大变化可能导致出水水质超标,或者发生影响城镇污水处理设施安全运行的突发情况时”,按照现有的制度规定,在未对出现以上情形时豁免城镇污水处理设施维护运营单位出水水质超标的法定公法责任作出规定的前提下,唯一的途径是寄希望于在诉诸诉讼中法院对于双方签订的行政合同条款的认定、在保护社会公共利益前提下对特许经营者应当承担的公法责任的考量以及在此基础上做出的裁判结果。

其三,本纠纷也集中反映了由于没有“事业型社会中间层”的介入,无法有效界分政府有关部门和特许经营者之间的法律责任问题。本纠纷中秦皇岛公司之所以对政府有关部门的处理决定提出异议,其理由主要是因为“进水水量超出负荷,且进水水质持续恶化,进水水质远超于设计标准”。那么,进水水质到底是否持续恶化?如果超出了设计标准,比照国家标准值,到底超出了多少?即便政府有关部门进行行政处罚,应该在一个什么样的范围内进行裁量?这些问题的解决都必须有一个基本前提,即在城市污水处理业特许经营项目运营全链条中,对于

---

① 1999 年长春市政府对该市污水处理项目进行招商,2000 年香港汇律中国污水处理有限公司投资 3200 万美元建成长春市第一家污水处理厂。2000 年 7 月 14 日长春市政府颁行《长春汇律污水处理专营管理办法》,规定由长春市自来水公司向用水户收取污水处理费上缴市财政局,由财政局拨付市排水公司支付汇律公司。从 2002 年开始市排水公司一直拖欠污水处理费到 2003 年完全终止支付。2003 年 3 月 28 日市政府依《固定回报通知》废止《长春汇律污水处理专营管理办法》,汇律公司将长春市政府起诉至法院,汇律公司最终败诉。

每一个"水质"形成的关键环节点,均应该有相应的监测数据作为界分权利义务的基本依据和基础;对于"排水户"排放进入市政排水管网的水质应该有相应的监测数据,对于通过市政排水管网输送至城市污水处理业特许经营项目的"进水"水质也应该有相应的监测数据,对于通过城市污水处理业特许经营项目处理的"出水"水质还应该有相应的监测数据,这样就可以始终将污水的水质变化情况置于数据的覆盖、分析和监控之中,即便后期相关法律关系主体产生争议时,也不会因没有可资借鉴的数据和证据而处于无休止的争议和"扯皮"之中,更可以避免通过简单采用"末端规制"(一旦城市污水处理业特许经营项目"出水"水质超标即按照环保法的规定给予重罚)的方式给在整个城市污水处理行业推行特许经营模式带来的潜在损害。在包括监测数据和结果在内的信息公开和透明的前提下,可以促使"政府及有关部门"对于特许经营者违法违约运行的规制更加"有理、有力、有据",可以促使"经营者"更加配合政府及有关部门的监管并通过加强"内控"规范自身运行行为,还可以促使"事业型社会中间层"更好地融入"公用事业市场化改革"进程中,更好地起到"政治国家"和"市民社会"之间的桥梁、纽带作用,实现城市污水处理的"社会共治"。

第四节 本章讨论与小结

排水户排放的污水当量是城市污水处理业特许经营项目的设计规模和工艺选择的重要前提。如果不能对城市供水数据、城市排水数据、城市社会经济发展数据等大量详细可靠的资料、基础数据占有并进行深入细致的分析研究,则是无法采用科学的方法对未来发展进行预测,并考虑多种影响因素综合确定污水处理规模的。如果城市污水处理业特许经营项目的设计规模过小,则其不能满足城市污水处理要求,又不具有规模效益,建设不经济。相反,如果建设规模过大,实际污水量无法达到设计处理水量,造成污水处理能力闲置,污水处理价格将会大幅度升高。这恰恰是实证调研中发现的采取特许经营模式的城市污水处理设施的"吃不饱"和"吃不消"问题。

本章在法律法规文本分析和实证调研相结合的基础上,通过分析发现:(1)在市场准入环节,要使城市污水处理业特许经营项目的"水量"与项目的规模与技术选择相匹配,一方面要有科学的规划作为先导,另一方面要通过严谨的环境影响评价机制使得规划最终实现经济绩效与环境绩效的有机统一。实践中主要发生在城市远郊区县和乡(镇)范围内的"两园一区"(产业园、工业园和经济开发区)的"水量"规制问题,首先,反映出现有法律制度在规划环评的"广度"和"深度"方面都十分有限。其次,贯穿在规划及环评文件的编制、审查批准和公告、实施及跟踪评价阶段的规划环评主体间的权利义务配置不当。(2)在企业运营环节,通过对城市污水处理业特许经营合同法律性质的甄别,行政合同中固有的行政特权的存在是造成目前“水量”规制纠纷的原因,而目前城市污水处理业特许经营合同的履行评价依据——绩效评估中存在的问题(绩效评估的目标取向不明确、绩效评估的内容不明确、绩效评估的主体有失偏狭)以及城市污水处理业特许经营合同的争议解决中存在的问题(城市污水处理业特许经营合同关于“水量”约定的缺失、合同约定缺失下特许经营者权益保障的不足)是推动行政特权“异化”成为阻碍特许经营项目企业运营的主要制度原因。

鉴于此,本章提出了解决城市污水处理业特许经营“水量”规制问题的机制。

(一)在市场准入环节

首先,应该加强规划环评的立法监督。其一,应对规划环评范围的甄选权作出修改。具体而言,对《规划环境影响评价条例》第一章“总则”第2条第2款进行修改,修改为“依照本条第一款规定应当进行环境影响评价的规划的具体范围,由国务院环境保护主管部门在征求国务院有关部门意见后拟定,报人大常委会批准后执行”。其二,应对规划环评的前期调研和评估作出修改。具体而言,对《规划环境影响评价条例》第二章“评价”第7条进行修改,修改为“规划编制机关应当在规划进入编制程序后报告同级人大常委会环资委,由环资委组织环保部门和有关专家组成审查小组对规划组织进行环境影响评价”。其三,应对规划环评的审批进行修改。具体而言,对《规划环境影响评价条例》第三章“审查”进行修改,在第17条前增设一个有关综合性规划环境影响篇章或说明审查的条款规定,即“设区的市级以上人民政府审批的综合性规划,在审批前由同级人大常委会环资委召集环境保护主管部门及政府有关部门和专家组成审查小组,对环境影响篇章或说明进行审查。审查小组应当提交书面审查意见”。对第17条进行修改,将其修改为“设区的市级以上人民政府审批的专项规划,在审批前由同级人大常委会环资委召集环境保护主管部门及政府有关部门和专家组成审查小组,对环境影响报告书进行审查。审查小组应当提交书面审查意见”。其四,应对规划环评的公告、实施及跟踪评价进行修改。具体而言,对《规划环境影响评价条例》第四章“跟踪评价”进行修改,在第24条前增设一个条款:“国务院环境保护行政主管部门在征求有关行政主管部门意见后制定规划环评的跟踪评价标准和具体实施办法。”对24条进行修改,将其修改为“对环境有重大影响的规划实施后,规划编制机关应当及时报告同级人大常委会环资委,由环资委组织环境保护行政主管部门及有关行政主管部门开展规划环境影响的跟踪评价,将评价结果反馈给规划审批机关”。对第

26条进行修改,将其修改为"人大常委会环资委对规划环境影响进行跟踪评价,应当采取调查问卷、现场走访、座谈会等形式征求有关单位、专家和公众的意见"。对第27条进行修改,将其修改为"规划实施过程中产生重大不良环境影响的,人大常委会环资委督促规划编制机关和审批机关提出改进措施"。对第28条进行修改,将其修改为"环境保护行政主管部门发现规划实施过程中产生重大不良环境影响的,应当在报告同级人大常委会环资委的同时及时进行核查。经核查属实的,由人大常委会环资委督促规划审批机关提出改进措施或者修订规划"。对第29条进行修改,将其修改为"规划审批机关在接到规划编制机关的报告或者人大常委会环资委督查意见后,应当及时组织论证,并根据论证结果采取改进措施或者对规划进行修订,改进措施或修订意见应公开向社会公开征求意见后,将附具公众意见和采纳与否理由的具体结果及时报告人大常委会环资委。人大常委会环资委组织由环境保护行政主管部门、有关行政主管部门和专家组成的审查小组进行审查。发现有弄虚作假、失职或者滥用职权行为的,督促有关部门对直接负责的主管人员和其他直接责任人员依法给予处分"。

其次,应加强规划环评的政府信息公开。其一,加强规划环评编制阶段的信息公开。对《政府信息公开条例》第二章"公开的范围"第12条进行修改,增加一个条款作为该条第9款,即"区域规划、专项规划的审核情况(包括文字和图例)"。对《环境信息公开办法(试行)》第二章"政府环境信息公开"第一节"公开的范围"第11条第8款进行修改,除了保留现有规定外,增加如下表述:"规划环境影响评价文件受理情况,受理的环境影响评价文件的审批结果和跟踪评价结果。"对《规划环境影响评价条例》第五章"法律责任"进行修改,对第31条进行修改,修改为"……对直接负责的主管人员和其他直接责任人员,依法视情节给予记大过、降级、撤职、开除等处分"。对第32条进行修改,将其修改为"规划审批机关有下列行为之一的,对直接负责的主管人员和其他直接责任人员,依法视情节给予记大过、降级、撤职、开除等处分"。对第33条进行修改,将其修改为"审查小组的召集部门……对直接负责的主管人员和其他直接责任人员视情节给予记大过、降级、撤职、开除等处分。审查小组的专家……由设立专家库的环境保护主管部门取消其入选专家库的资格并予以公告,终身不得入选因环境保护事项设立的专家库;审查小组的部门代表有上述行为的,依法视情节给予记大过、降级、撤职、开除等处分"。对第34条进行修改,将其修改为"规划环境影响评价技术机构弄虚作假或者由失职行为,造成环境影响评价文件严重失实的,由国务院环境保护行政主管部门予以通报,处所收费用5倍以上10倍以下的罚款,取消其承担规划环评业务的资质,3年内不得提出规划环评业务资质的申请;构成犯罪的,依法追究刑事责任”。其二,加强规划环评审批阶段的信息公开。对《规划环境影响评价条例》第三章“审查”进行修改,将其对第20条进行修改,将其修改为“由下列情形之一的,审查小组应当提出对环境影响报告书或环境影响篇章(说明)进行修改并重新审查的意见……”对第21条进行修改,将其修改为“有下列情形之一的,审查小组应当提出不予通过环境影响报告书或环境影响篇章(说明)的意见……”对第22条进行修改,将其修改为“规划审批机关在审批专项规划草案和综合性规划草案时,应当将环境影响报告书和环境影响篇章或说明以及审查意见作为决策的重要依据……”

最后,应加强规划环评的公众参与。其一,在规划环评的编制阶段增加公众参与的条款。具体而言,对《规划环境影响评价条例》第二章“评价”第7条进行修改,将其修改为“规划编制机关应当在规划进入编制程序后报告同级人大常委会环资委,由环资委组织环保部门和有关专家组成审查小组对规划组织进行环境影响评价。审查结果应向社会公开征求意见”。对《规划环境影响评价条例》第三章“审查”第15条进行修改,将其修改为“规划编制机关在报送审批综合性规划草案和专项规划中的指导性规划草案时,应当将环境影响篇章或说明以及公众意见作为规划草案的组成部分一并报送规划审批机关。未编写环境影响篇章或说明、未附具公众参与意见及说明的,规划审批机关应当要求其补充;未补充的,规划审批机关不予审批”。其二,应在规划环评的跟踪评价阶段增加公众参与的条款。具体而言,对《规划环境影响评价条例》第五章“法律责任”进行修改,在第33条后增加一个条款规定:“审查小组的召集部门在组织规划环评的跟踪评价时弄虚作假或者滥用职权,造成跟踪评价结果严重失实的,对直接负责的主管人员和其他直接责任人员视情节给予记大过、降级、撤职、开除等处分。审查小组的专家在规划环评的跟踪评价审查中弄虚作假或者有失职行为,造成环境影响评价严重失实的,由设立专家库的环境保护主管部门取消其入选专家库的资格并予以公告,终身不得入选因环境保护事项设立的专家库;审查小组的部门代表有上述行为的,依法视情节给予记大过、降级、撤职、开除等处分。”

(二)在企业运营环节

首先,构建科学的城市污水处理业特许经营绩效评估法律制度。具体而言,其一,对城市污水处理业特许经营绩效评估的指标体系框架、参照标准、设定主体、实施主体和绩效评估的法律效力给予明确规定。对《特许办法》第五章“监督管理和公共利益保障”第43条进行修改,将其修改为“实施机构应当根据特许经营协议,在定期对特许经营项目建设运营情况进行监测分析的基础上进行绩效评价;对特许经营项目进行绩效评价时应拟定特许经营绩效评价指标体系框架,框架内指标应能够综合反映特许经营者的履约状况和特许经营项目运营的各种情形。绩效评价以特许经营合同为准,合同内容未作规定的,以相应的国家标准、地方标准或行业标准位准;实施机构对特许经营项目进行绩效评价的,应会同公用事业公众监督委员会通过招投标等公开竞争方式选择有资质的第三方机构。公用事业公众监督委员会对招投标结果有异议的,可对实施机构提出质询,认为实施机构对质询的答复无法满足质询要求的,可向公用事业特许经营主管部门提起申诉。在申诉得到答复之间,中标的第三方机构不得开展绩效评价;第三方机构在绩效评价后应制作绩效评价结论提交实施机构,实施机构应将评价结论向社会公开征求意见并制作绩效评价结果报告书(草案)并附具对公众意见不予采纳的理由,组织有关专家、公用事业公众监督委员会组成审查小组对绩效评价结果报告书(草案)进行审查并制绩效评价结果报告书(正本)向社会公布,其中应附具对专家、公用事业公众监督委员会异议的说明以存档备查”。对《特许办法》第七章“法律责任”进行修改,增加一个关于“绩效评价结果报告书”的条款规定,即“实施机构在组织公用事业特许经营项目绩效评价审查时弄虚作假或者滥用职权,造成绩效评价结果严重失实的,对直接负责的主管人员和其他直接责任人员视情节给予记大过、降级、撤职、开除等处分。审查小组的专家在公用事业特许经营项目绩效评价结果报告书的审查中弄虚作假或者有失职行为,造成绩效评价结果严重失实的,由设立专家库的公用事业特许经营主管部门取消其入选专家库的资格并予以公告,终身不得入选因公用事业特许经营事项设立的专家库;公用事业公众监督委员会的代表有上述行为的,予以开除并终身不得申请任何公用事业公众监督委员会委员资格”。其二,应对城市污水处理业特许经营绩效评估结果的法律后果给予明确规定。对《特许办法》第五章“监督管理和公共利益保障”进行修改,在第 43 条后增加一个关于“绩效评价结果的法律后果”的条款规定,即“特许经营项目绩效评估结果可作为企业信用评价的依据,具体实施办法由本法所涉及各行业主管部门另行制定”。据此,环境保护行政主管部门可以通过行政规范性文件的形式规定,“城市污水处理业特许经营项目绩效评估结果作为企业环境信用评价的依据,具体参照《企业环境信用评价办法》执行”。

其次,调整城市污水处理业特许经营者承担的规制责任。具体而言,对《水污染防治法》第四章“水污染防治措施”第三节“城镇水污染防治”第 44 条第 4 款和《城镇排水与污水处理条例》第 28 ~ 31 条进行修改,将其修改为“城镇污水集中处理设施的运营单位按照国家规定向排污者提供污水处理的有偿服务,收取污水处理费用,保证污水处理设施的正常运营。当城镇污水集中处理设施维护运营单位遇到进水水质和水量发生重大变化可能导致出水水质超标,或者发生影响城镇污水集中处理设施安全运行的突发情况时,应当立即采取应急处理措施,并向城镇排水主管部门、环境保护主管部门报告。城镇排水主管部门或者环境保护主管部门接到报告后,应当及时核查。确属不可归因于城镇污水集中处理设施维护运营单位的情形,应在委托第三方排水监测机构监测和邀请专家、公用事业公众监督委员会会商并向社会公告的基础上,做出豁免相应期间内城镇污水集中处理设施维护运营单位出水水质超标责任的决定”。

第六章　城市污水处理业特许经营的“水价”规制

第一节　“水价”规制问题的制度成因

价格机制是市场机制的核心,对于城市污水处理业特许经营者而言,只有合理的价格,才能保证城市污水处理设施正常的投资和运营,并使特许经营者赚取合理利润,获得合理收益。如果城市污水处理价格过低,就无法吸收民间资本进入污水处理行业,不能打破自然垄断形成竞争性市场格局,用水户也无法通过价格的杠杆作用自动节约水资源避免水资源浪费。反之,如果城市污水处理价格过高,则特许经营者会因此获取超额利润,但社会公众可能无力承受导致城市污水处理费征收困难甚至引起社会动荡。因此,合理的城市污水处理价格,既能保证城市污水处理业特许经营者的正常运营和合理收益,又能保护用水户的合法权益,还能实现政府对污水处理行业的调控作用。

特许经营模式下的城市污水处理价格,可细分为“城市污水处理费”和“城市污水处理服务费”。前者是政府针对向城市污水集中处理设施排放污水的排水户征收的费用,其中包含了污水处理、污泥处置和污水管网维护等费用。后者是地方政府财政部门根据当地水务部门和环保部门对特许经营者“水质”和“水量”的核查结果,对其提供的有偿污水处理服务给付的对价。城市污水处理费的标准和征收关系着城市污水处理服务费的核定和支付。

城市污水处理价格制度是否完善，直接关系特许经营者能否正常运营。

回顾中国城市水务业近30年的市场化改革进程，价格的调整也一直是改革的重点和难点。

首先，在城市水务业市场化改革的“萌芽期”（20世纪90年代初期至末期），为了加快吸引外商投资的步伐，在城市水务业BOT项目的价格约定中承诺固定回报成为各地的通行做法。虽然原外经贸部于1995年1月16日颁行了《关于以BOT方式吸收外商投资有关问题的通知》（以下简称《BOT通知》），《BOT通知》第3条规定：“政府机构一般不应对项目做任何形式的担保或承诺。如项目确需担保，必须事先征得国家有关主管部门的同意，方可对外做出承诺。”愈演愈烈的固定回报项目并未因《BOT通知》的出台而偃旗息鼓。依据原国家计委和原建设部于1998年9月23日联合颁行的《城市供水价格管理办法》（以下简称《水价办法》）第11条的规定，8%～12%的企业盈利水平成为将外资完全排除在市场风险和财务风险之外，却让中方公司和地方财政付出沉重代价的尚方宝剑。

其次，在城市水务业市场化改革的“整顿期”（20世纪90年代末期至21世纪初期），作为特许经营授权方的政府有关部门和特许经营者的博弈仍然围绕价格问题展开。原建设部于2000年5月27日颁行了《城市市政公用事业利用外资暂行规定》（以下简称《利用外资规定》）。《利用外资规定》在第13条中对在吸收外商投资项目中中方不可为的7种行为进行了具体列举，包括化整为零越权审批、保证或变相保证外方固定回报率、设定最低价格公式、以外币计价和结算、允许外方抽走资本金、向外方提供任何形式的担保、不当接受合营企业的委托进行经营管理等都在禁止之列。此后，国务院办公厅于2002年9月10日颁行了《关于妥善处理现有保证外方投资固定回报项目有关问题的通知》（以下简称《固定回报通知》）。《固定回报通知》不仅明确了处理固定回报项目的基本原则，即“保证外方投资固定回报不符合中外投资者利益共享、风险共担的原则，违反了中外合资、合作经营有关法律和法规的规定”（第1条），而且对于固定回报项目细分为“以项目自身收益支付外方投资固定回报的项目”“由于项目亏损或收益不足，以项目外资金支付外方部分或大部分投资回报，或者未向外方支付原承诺的投资回报的项目”和“仅通过购电协议形式实现外方投资预期回报的项目”三种类型。对于第一种类型采取在充分认识协商基础上修改合同或协议的形式处理，对于第二种类型采取“改、购、转、撤”等方式处理，对于第三种类型采取不纳入此次处理范围的方式处理（第2条）。《利用外资规定》和《固定回报通知》对于清理中国水务市场、保障整个行业的健康发展确实起到了积极的作用，但外资水务企业在华投资也随之转入低潮，特别是2003年“长春汇律水务事件”的发生，更是从实践的角度对

“整顿期”的法制建设提出了挑战。

最后,在城市水务业市场化改革的“勃兴期”(21 世纪初期至 2008 年)和反思调整期(2008 ~2012 年),从勃兴期伊始,以威立雅水务为代表的外资水务集团在对浦东自来水公司、天津市北水业、兰州水务集团等大陆水务企业的股权收购中,普遍采用“高溢价收购”模式,即以高出标底 2 ~3 倍的价格收购中方股权,在进入运营阶段又以企业在扩大供水提高水质方面加大了建设投入、原材料价格上涨导致维护费用增加以及有利于水资源节约等多种理由大规模上涨水价,导致全国水价“涨声一片”。然而,与自来水价格大幅度上涨相映照的,却是污水处理价格的原地踏步。

对于包括城市污水处理业在内的公用事业价格立法,我国一向采取的是“总体规划 + 基本法律 + 专门性法规”的模式,作为基本法律的《价格法》自 1997 年颁布以来,我国的经济形势及价格实践均发生了巨大变化。特别是作为总体规划的党和国家发布的规范性文件近年来变动巨大。《深改决定》(2013 年)、《中共中央、国务院关于推进价格机制改革的若干意见》(2015 年)和《水污染防治行动计划》(2015 年)的密集出台即是明证。仔细梳理以上文件,可以厘清包括城市污水处理业在内的整个公用事业价格改革的基本思路。

第一,从理念上来讲,再一次强调了“两手”的配合,即坚持“市场决定论”,凡是由市场形成价格的都交给市场,政府不进行不当干预。政府主动性干预领域被限定在重要公用事业、公益性服务、网络型自然垄断环节。

第二,从种类上来讲,强调了水资源费、排污费和污水处理费的协调配合。加快自然资源极其产品价格和财税制度改革,全面反映市场供求、资源稀缺程度、生态环境损害成本和修复效益。对于水资源费,要求修订征收管理办法(地下水水资源费征收标准高于地表水,超采地区地下水水资源费征收标准应高于非超采地区)。特别强调了对污水资源化利用实行鼓励性价格政策。对于排污费,不仅要求修订征收管理办法,还要求积极推进排污权有偿使用和交易试点,完善排污权交易价格体系。对于污水处理费,不仅要求修订征收管理办法,还要求合理提高征收标准(征收标准不应低于污水处理和污泥处理处置成本)。

第三,从运行环节上来讲,全面涉及了价格形成机制、价格调整机制和价格支付机制。从价格支付和调整机制上来讲,探索建立政府向污水处理企业拨付的污水处理服务费用与污水处理效果挂钩调整机制。

第四,从功能上来讲,强调了税、费、财政、信贷组合功能的发挥。对于水资源要求在适当的时候制定试行水资源税征收管理办法。中央财政加大水环境保护项目支持力度,向欠发达地区和重点地区倾斜,研究采取专项转移支付等方式,实施"以奖代补"。地方各级政府要重点支持重点项目和工作。此外,还要将企业环境信用评价体系建设与绿色信贷结合在一起。

第五,重点对政府定价行为和定价权力进行了约束。通过推进政府定价项目清单化、规范政府定价程序和加强成本监审、成本信息公开使权力在阳光下运行。

伴随着"总体规划"的调整,在专门性法规方面,首先,国家财政部、发改委和住建部于2014年12月31日联合发布了《污水处理费征收使用管理办法》(2015年3月1日施行),紧接着三部委又于2015年1月21日联合发布了《关于制定和调整污水处理收费标准等有关问题的通知》。其次,各地方较为密集地出台了一批有关城市污水处理费的地方规范性文件(见表6-1),这也是继2004~2009年第一波城市污水处理费的地方性立法高潮之后的第二波立法高潮,可以预见,在不久的将来,将有更多省、市、自治区加入城市污水处理费新法的颁行行列中。

那么,在有关城市污水处理费的立法大幅度调整的背景下,城市污水处理业特许经营的"价格"问题究竟存在于哪里?鉴于价格问题主要与"企业运营"环节相关,因此,在本章中,不再分为"市场准入—企业运营—市场退出"三个环节进行阐述,而是结合价格规制自身的特殊性,分为制定价格机制、价格支付机制和价格调整机制三个部分结合现有立法以及运营实践综合进行阐述。

表6-1 城市污水处理费的地方性立法

年份	地方政府规章	地方规范性文件
1998	《重庆市污水处理费征收管理办法》	
2004	《陕西省城市污水处理费收缴办法》	《湖南省城市污水处理费征收使用管理暂行办法》
2005	《河南省城市污水处理费征收使用管理办法》 《安徽省城市污水处理费管理暂行办法》	《四川省城市生活污水处理费收费管理办法》
2006	《吉林省城市污水处理费管理办法》	《山东省城市污水处理费征收使用管理办法》

续表

年份	地方政府规章	地方规范性文件
2008	《内蒙古自治区城市污水处理费征收使用管理办法》 《湖北省城市污水处理费征收使用暂行办法》 《海南省城镇污水处理费征收使用管理办法》	《河北省城市污水处理费收费管理办法》 《广西壮族自治区城镇污水处理费征收管理暂行办法》
2009	《辽宁省污水处理费征收使用管理办法》	《贵州省城镇污水处理费征收管理规定》
2014		《北京市污水处理费征收使用管理办法》
2015		《天津市污水处理费征收使用管理办法》 《青海省污水处理费征收使用管理实施办法》 《浙江省污水处理费征收使用管理办法》
2016		《上海市污水处理费征收使用管理实施办法》 《江苏省污水处理费征收使用管理实施办法》 《广东省污水处理费征收使用管理办法实施细则(征求意见稿)》

资料来源:根据城市污水处理费的地方性立法资料整理而得。

一、城市污水处理业特许经营"水价"的定(调)价机制

(一)城市污水处理费价格形式的"单轨制"

仔细梳理表6-1中的全国城市污水处理费的地方性立法可以发现,无论是2004~2009年第一波城市污水处理费的地方性立法高潮(以下简称旧规)还是2014年至今的第二波城市污水处理费的地方性立法高潮(以下简称新规),从《价格法》本体角度来讲,城市污水处理费的价格形式一直存在"政府定价"和"市场调节价"的所谓"双轨制"。在旧规中,关于城市污水处理费的价格形式出现最多的

界定是“行政事业性收费”和“经营性收费”。前者属于地方财政收入，要上缴财政专户，实行“收支两条线”管理；后者是指提供场所、设施、技术、信息、知识、体力劳动等经营服务而收取的费用。后者比之于前者，除实行政府定价以外还存在经营者定价形式。旧规中只有吉林和河北两省有关于“双轨制”的制度规定。然而，关于经营性收费的定价主体，吉林省的制度规定模糊不清，河北省的制度规定则界定为政府，即河北省的城市污水处理收费虽然属于经营性收费，但仍属于“政府定价”（见表6－2）。在新规中，除了广东省在地方规范性文件（征求意见稿）中明确“政府定价”的提法，在其他省市的地方规范性文件中，仅从城市污水处理费的征缴角度明确了城市污水处理费“属于非税收入，实行收支两条线管理，纳入政府性基金预算管理”，实际上仍然回避了城市污水处理费的价格形式问题。这就导致现有城市污水处理费立法中有关价格形式的界定，呈现形式上的“双轨制”和实质上的“单轨制”状态。“单轨制”削弱了市场活力，没有给企业以任何回旋的空间，缺乏必要的激励机制，无法发挥价格对于环境污染防治的杠杆作用。

表6－2　城市污水处理费地方性立法中有关“城市污水处理费性质”的规定

年份	地区	有关“污水处理费性质”的规定
1998	重庆	属于专项资金，实行收支两条线管理，专款专用，不得挪用
2004	陕西	属于行政事业性收费，全额缴入同级财政纳入专户管理，专款专用，不得挪用
	湖南	暂按事业性收费管理，收入上缴财政，实行收支两条线管理
2005	河南	属于专项资金，不得截留、挤占和挪用
	安徽	纳入政府非税收入管理，全额缴入同级财政，不得截留、挤占和挪用
	四川	实行政府定价，属于专项资金，不得截留和挪用
2006	吉林	污水处理企业建设期间为行政事业性收费，企业运营后为经营性收费
	山东	属于政府非税收入，按照财务隶属关系全额纳入同级财政专户，实行收支两条线管理

续表

年份	地区	有关“污水处理费性质”的规定
2008	内蒙古	属于政府非税收入,全额纳入财政专户,实行收支两条线管理。专款专用,不得坐支、截留、挤占或挪用
	湖北	由价格部门制定,纳入同级财政管理,实行收支两条线,全额缴入“废水收入汇缴结算户”,专款专用
	海南	实行政府定价
	河北	实行政府定价; 属于经营性收费,由污水处理企业自管自用,并接受有关行政部门的监督和检查
	广西	实行供排水一体化的地方由企业按规定自收自支,单独列账,专款专用,接受监督;未实行供排水一体化的以及自备水源,使用财政票据,收入缴入财政专户,实行收支两条线管理,专款专用
2009	辽宁、贵州	实行政府定价
2014	北京	属于政府非税收入,实行“收支两条线”管理。收入全额上缴国库,纳入政府性基金预算管理
2015	天津、青海、浙江	同北京
2016	上海、江苏	同北京、天津、浙江、青海
	广东	实行政府定价,其他同北京、天津、浙江、青海、上海、江苏

资料来源:根据城市污水处理费的地方性立法资料整理而得。

在实践中,经济开发区、工业园和产业园(以下简称“两园一区”)等集中处理工业污水范围明确的地方,执行的仍然是实质上的“单轨制”,不允许“两园一区”内的排水户与城市污水处理业特许经营者通过协商形成市场调节价,无法关照到“两园一区”的特殊性。“两园一区”的污水处理方式,通常是首先由政府负责在园区内敷设公共管网对污水进行收集,并依据国家及地方标准制订合理的公共纳管标准;其次园区入驻企业在接受并满足公共纳管标准的前提下,将污水排入公共管网;最后由工业园区污水处理厂负责将公共管网中的污水处理至符合要求的排放标准。然而,由于园区内的企业所处行业不同、排放的污水不同,从而形成了差异化的污水处理需求。例如,某些企业由于自身条件束缚,排放的污水无法满足公共纳管的标准,需要污水处理厂提供点对点的服务,将其排放的污水直接处理至排放标准(达到“直排标准”)。由于这是排污企业与污水处理厂之间完全市场化的行为,所以费用往往较高。以往园区内的污水处理厂多为政府投资建设,为吸引企业入驻,政府往往在园区建设初期就花费大笔资金建设污水处理厂。此举不但增加了地方财政的压力,而且由于投资进程与园区发展速度不能完全匹配,一旦受经济波动影响出现招商效果不理想或入园企业增减、调整等现象,就会造成因管网配套严重滞后、排水量过少、运行负荷过低及成本升高导致的污水处理厂“晒太阳”问题。同时,工业污水的复杂程度远远高于城镇生活污水,政府在这方面的运营经验和能力也十分有限。由于我国《价格法》第3条虽然在政府价格规制形式上除了政府定价外还规定了政府指导价,并依照《价格法》的规定,由政府价格主管部门或者其他有关部门,依照定价权限和范围规定基准价及浮动幅度,指导经营者制定的价格。但问题是,我国《价格法》对政府指导价只规定了一种形式,即政府制定基准价及其浮动幅度,这样就将“最高限价法”等激励型定价方法排除在外。

当然,并不是说将“水价”价格形式由实质意义上的“单轨制”转化为“双轨制”就能解决所有问题。政府要综合考虑“两园一区”的实际情况,在与意向投资人充分沟通后确定污水处理服务费的支付主体。此外,还需要在科学测算和预测的基础上向污水处理厂提供合理的“保底水量”。通常园区内的企业都会在各自厂区内建设污水的预处理设施,某些企业在进行成本核算后可能会发现,自行将污水处理至“直排标准”可能比排入公共管网向政府交纳污水处理费更合算。此时,企业将会拒绝使用污水处理厂的服务,转而自行处理,甚至还可能为其他企业处理(价格比政府收取的污水处理费更低),这便是通常所说的“隔墙服务”。这种情况的出现将影响园区内污水处理厂的“进水”水量且无法完全避免。特许经营者在投资建设运营污水处理厂前会充分考虑此种情况,如果政府不提供一定的保底水量,那么特许经营者在水量预测时就会格外保守,其要求的服务费单价也会相应提高。

(二)城市污水处理费的征收标准还有待细化

在城市污水处理业特许经营“水价”的征收标准上。旧规中多是以实际用水量作为征收标准,将排水户区分为“使用城市公共管网供水”和“使用自备水源”两类按月计征。新规中将“因大量蒸发蒸腾造成排水量明显低于用水量的排水行为、建筑施工临时排水行为、基坑疏干排水行为和产品以水为主要原料的企业的排水行为”四类行为纳入征收污水处理费的排水户种类中,进一步丰富和拓展了城市污水处理费的征收范围,贯彻了“应收尽收”的原则。但是,现有征收标准在“排水水质”和“污水处理费的减征和漏征”方面仍然存在缺失。

1. 针对“排水水质”的“差别化政策”需要配套性制度方可“落地”

污水处理厂的规模及处理工艺的选择，是根据污水排放系统的水量和水质确定的，其运行成本的高低与排水户排放污水水量和水质关联紧密。当然，城市污水处理价格针对不同的排水户也应有所不同。然而，旧规中大多规定了统一的最低征收标准，这种“一刀切”式的做法使污水处理价格仅在污水处理“量”上有所体现，即排放的污水越多，缴纳的费用越高，但并未在污水处理“质”上有所体现，即污染越重，费用越高。新规中详细地区分了不同区域、不同排水户的城市污水处理收费标准，旗帜鲜明地贯彻了“环境公平”的环境法基本理念。尤为引人关注的是，上海和江苏两省（市）的新规中所规定的“差别化收费”进一步将“环境公平”的环境法基本理念推向深入：前者规定根据排水户排放的水质情况（主要污染物排放情况）对超标排放的污水实行更高的收费标准；后者鼓励有条件的地区逐步按照环保部门开展的企业环境信用评价等级制定收费标准并建立动态调整机制。

但问题是，“差别化政策”的“落地”需要有两个基本前提：首先是政府有关部门对排水户水质规制的无缝对接，其次是对排水户实现“全覆盖”下科学权威的排水监测数据。对于前者，本书在城市污水处理业务特许经营的“水质”规制部分进行了阐述，并指出了目前实践中政府有关部门对排水户水质规制中存在的漏洞，在此不再赘述。对于后者，根据2013年10月颁布的《城镇排水与污水处理条例》和2015年1月颁布的《城镇污水排入排水管网许可管理办法》的规定，城镇排水主管部门应当委托排水监测机构定期对排水户排放污水的水质、水量进行监测并建立排水监测档案。作为环境第三方的排水监测机构的监测结果是保证排水户超标排污行为的查处和差别化污水处理收费政策落地的关键，但现有制度规定存在如下问题：第一，法律位阶偏低且与环境监测的关系不明。现有关于排水监测的专门性规定只有1992年12月原建设部发布的《城市排水监测工作管理规定》。原国家环保总局于2007年7月颁行的部委规章《环境监测管理办法》与前者既有关联（二者均涉及对污染源的监督性监测）又有交叉（排水监测除涉及水质外还涉及水量）。由于后者未对污染源的监督性监测作出明确界定，在无法明确二者关系的前提下，有关的信息公开和公众参与也无法落实。第二，现有规定无法满足排水与污水监测市场化发展的需要。[①]《城市排水监测工作管理规定》出台已20

① 住建部于2012年4月20日发布的《关于进一步加强城市排水监测体系建设工作的通知》中总结认为，《城市排水监测工作管理规定》（建城字〔1992〕886号）发布20年来，城市排水监测站建设工作进展较为缓慢。目前，全国仅有17个省（区、市）的20个城市排水监测站通过了国家级计量认证，仍有14个省（区、市）尚未设立国家级城市排水监测站，城市排水监测体系的建设严重滞后于排水监管工作的需要。

余年间，实践的发展早已沧海桑田，多地已尝试采用各种政府采购方式来推进排水监测的发展。作为现行制度，在排水监测机构的遴选资质要求和程序、排水监测机构开展监测服务中与政府有关部门、排水户之间的权利义务分担、引致取消排水监测机构资质的法定情形等方面均属空白。

2. 城市污水处理费的“减征”和“漏征”还有待完善

(1)城市污水处理费的减征

旧规中关于污水处理费的征收标准中有与污水处理费的减征相衔接的条款，即排水户自建污水处理设施，其污水经处理后出水水质达到《污水排入城市下水道标准》规定的一级或二级标准，可以按照一定比例减征污水处理费(见表6-3)。这一制度规定为企业主动治污减排以及环境第三方协助企业治污减排起到了价格应有的杠杆作用。但新规中普遍规定，单位或个人自建污水处理设施仍向城镇排水与污水处理设施排水的，应当足额缴纳污水处理费。从城镇排水与污水处理原理上来讲，只要向排水管网排水以及经过城市污水处理厂的处理，均应缴纳城市污水处理服务费。但污水处理费征收的终极目的是防治水污染保护水环境，无论是以污水处理厂为单位的“集中式治污”还是以排水户为单位的“分散式治污”，均应得到激励。

表6-3　城市污水处理费的地方性立法中有关“污水处理费减征”的规定

年份	地区	污水处理费的减征或免征
2004	陕西	(1)用于地下水回灌的自来水用水量不收取城市污水处理费； (2)企业自建污水处理设施，其处理后的污水达到国家污水排放标准的，经住建部门核准后，城市污水处理费按收费标准的50%计收
2005	河南	(1)用于地下水回灌的自来水不收取城市污水处理费。 (2)对污水排入城市排水管网的工业生产企业，其污水经处理后达到国家《污水综合排放标准》规定的一级或二级标准的，按照城市污水处理费收费标准的40%计收。未经处理或者经过处理，达不到国家或省规定污水排放标准的，排污者还应当承担治理超标污水的责任
	四川	鼓励开发中水，实行有偿使用。目前，中水价格暂由污水处理厂和使用者协议定价，以后若有新规定按新规定执行
2006	吉林	同陕西，所不同者，将污水处理费的征收标准调整为30%和40%
	山东	同陕西，所不同者，仅笼统规定“适当核减污水处理费”

续表

年份	地区	污水处理费的减征或免征
2008	内蒙古	对用于城市消防、园林绿化、环境卫生的公益性用水，免征污水处理费
	湖北	鼓励企业自建污水处理设施，其污水处理达到国家和地方排放标准的，可以向水体直接排放
	海南	同陕西
2009	贵州	同陕西，所不同者，将污水处理费的征收标准调整为30%
2015	天津、青海、浙江	单位或个人自建污水处理设施，污水处理后全部回用，或处理后水质符合国家规定的排向自然水体的水质标准，且未向城镇排水与污水处理设施排水的，不缴纳污水处理费；仍向城镇排水与污水处理设施排水的，应当足额缴纳污水处理费
2016	上海	同天津、青海、浙江
	江苏	(1)同天津、青海、浙江、上海； (2)使用再生水的，免征污水处理费
	广东	(1)同天津、青海、浙江、上海。 (2)未经处理或者经过处理达不到国家和省规定的排向自然水体水质标准的，经地方污水行政主管部门或环保部门确认后，排污者应当承担治理超标污水的责任并依法对其进行处罚，并相应补偿污水处理服务单位的损失。 (3)排入城镇排污设施的企业生产废水，经自建污水处理设施处理后出水水质须达到《污水综合排放标准》规定的二级标准，并应当足额缴纳污水处理费。企业自建有污水处理设施，其处理后的污废水不满足规定出水标准的，依法进行处罚

资料来源：根据城市污水处理费的地方性立法资料整理而得。

(2)城市污水处理费的漏征

近年来，随着再生水用途的扩大，越来越多的排水户备有自来水和再生水两套供水系统。笔者在实证调研中发现，实践中如热电厂一类的再生水用水大户，仅2014年该厂全年用水量为435万吨，按照该厂所在城市现有工商业用水价格4.9元/吨计算，用水成本在2131.5万元/年。按照该厂所在城市现有再生水价格1.24元/吨计算，用水成本在539.4万元/年，年节约1592.1万元。在尝到了再生水利用的甜头后，这些再生水用水大户不仅将再生水用于生产中的循环冷却用水,而且也用于厂区内的绿化、冲厕等生活用水。由此,自来水系统的用水量在企业用水总量中所占的成分是很小的。但企业的排水仍然是使用市政排水管网输送至污水处理厂,虽然企业使用再生水生产应该得到激励,但这种激励已经通过再生水水价得到了体现,既然再生水在企业的生产过程中变成了污水,①那么污水排入市政排水管网造成管网的损耗、污水通过管网输送接入到污水处理厂进行污水处理,对于这些损耗和处理企业理应承担相应费用。当然,为了鼓励企业对再生水的使用,可以在污水处理设施运行成本的基础上适当核定对排水户征收的污水处理费的比例,但新规中显然未将以上因素考虑在内。

(三)城市污水处理费的定(调)价程序缺乏制衡

政府定价是一种公权力,基于公法的一般原理,公权行为均应遵循必要的法律程序,并且程序内部应该有相应的制衡机制来保证最终决策的公平、正义。根据《价格法》《政府制定价格行为规则》的规定,一个完整的政府定价程序应该由价格(成本)调查、听取社会意见、形成定价方案、集体审议、作出制定价格的决定、公告、价格决定执行情况的跟踪调查和监测 7 个环节构成。此外,政府定价还要注意 3 个问题:第一,要依据中央和地方的定价目录中规定的定价权限和具体适用范围来确定。第二,依法应当开展成本监审、专家论证、价格听证的,按照有关规定执行。第三,建议人(包括消费者、经营者及有关方面)可以向定价机关提出制定价格的建议。关于政府调价,现有制度规定应当根据经济运行情况,按照规定的定价权限和程序适时调整。消费者、经营者可以对政府定价提出调整建议。

以《价格法》《政府制定价格行为规则》规定的以上内容为依据来反观城市污水处理费的专门性立法可以发现,关于城市污水处理费的定价,旧规中有如下规定:第一,依照法定程序召开价格听证会;第二,加强对城市污水处理设施运行、维护成本的调查、分析;第三,对污水处理成本进行定期监审。新规中除了“由政府有关部门按照覆盖污水处理设施正常运营和污泥处理处置成本并合理盈利的原则,提出污水处理费标准报同级政府批准后执行”之外,在政府定价方面别无制度规定。关于城市污水处理费的调价,旧规中湖北省的规定最为简单、原则,即“当征收的城市污水处理费不能满足城市污水处理设施的建设、运行和维护时,可以申请调整城市污水处理费标准”。其中,对于政府、经营者之间的权利义务分担未作任何规定;河南、海南和广西三省(区)比之于湖北省,则对城市污水处理价格调整中的政府义务作出了规定,即“有关部门应加强对污水集中处理设施建设、运行

---

① 现有再生水的用途主要包括绿化用水、城市杂用水、工业用水和环境用水等,此处所举热电厂对于再生水使用的例子即属于工业用水,绿化用水、城市杂用水和环境用水也皆同一理。

和维护成本的监审和城镇污水处理费标准执行情况的监督，为价格调整提供依据”。河北省则更进一步，不仅涉及污水处理价格标准的调整原则、调整时间，还对污水处理企业的成本核算义务、材料提交义务作出了明确规定（见表6－4）。新规普遍未直接涉及污水处理费的调整，天津、青海两地通过行政规范性文件有效期5年的规定变相界定了污水处理费的调整周期（见表6－5）。

表6－4 城市污水处理费地方性立法中政府及有关部门定价权限和义务

地区		政府及有关部门
重庆	权力	制定城市污水处理费征收标准
陕西	权力	同重庆 对污水处理费不能维持现有污水处理企业运营的给予适当的财政补贴
	义务	（1）将污水处理费数额及使用情况逐级报备； （2）对于污水处理费的收取和使用接受有关部门的监督和检查
湖南	权力	同重庆
	义务	同陕西
河南、安徽、内蒙古、湖北、海南、广西、辽宁、贵州	权力	同湖南
	义务	（1）依照法定程序召开价格听证会； （2）加强对城市污水处理设施运行、维护成本的调查、分析
四川	权力	同河南
	义务	污水处理费制定前实施价格成本监审，其结论报上一级价格部门备案同时接受抽查
吉林	权力	同河南
	义务	城市污水处理费收取之前向社会公告
山东	权力	同河南
	义务	对污水处理成本进行定期监审

续表

地区		政府及有关部门
河北	权力	同河南
	义务	(1)自接到污水处理标准制定和调整申请之日起40日内完成对申请材料的审查和成本监审; (2)制定和调整污水处理费应召开价格听证会后报当地政府并报上一级政府价格部门批准
北京、天津、青海、浙江、上海、江苏、广东	义务	由政府有关部门按照覆盖污水处理设施正常运营和污泥处理处置成本并合理盈利的原则,提出污水处理费标准报同级政府批准后执行

资料来源:根据城市污水处理费的地方性立法资料整理而得。

表6-5 城市污水处理费地方性立法中有关“污水处理费调整”的规定

年份	地区	污水处理费的调整
2005	河南	价格主管部门应当加强对城镇污水集中处理设施运行、维护成本的调查分析,为城镇污水处理费标准调整提供依据
2008	湖北	当征收的城市污水处理费不能满足城市污水处理设施的建设、运行和维护时,可以申请调整城市污水处理费标准
	海南	价格、财政主管部门应当加强对污水处理设施运行成本的监审和城镇污水处理费标准执行情况的监督,为城镇污水处理费收费标准的调整提供依据
	河北	城市污水处理费收费标准随着污水处理率的提高和经营成本的变化进行调整,原则上每2年核定一次。污水处理企业每两年应对其生产经营成本进行一次全面核算。当污水处理率和生产经营成本发生较大变化时,污水处理企业可向设区的市或扩权县(市)人民政府价格主管部门提出调整污水处理费标准的书面申请并提交以下材料: (1)污水处理企业近两年的生产经营成本核算报告,经审计的年度会计报表和污水处理成本价格核算报表; (2)污水处理费调整方案、征收标准及其依据; (3)拟调整污水处理费标准对相关行业及当地居民消费价格水平的影响评价; (4)与调整污水处理费标准有关的其他材料
	广西	同河南

续表

年份	地区	污水处理费的调整
2015	天津	有效期5年
	青海	同天津
2016	江苏	直接规定调整标准

资料来源:根据城市污水处理费的地方性立法资料整理而得。

从以上城市污水处理费专门性立法的制度规定来看,无论是有关城市污水处理费的定价还是调价,现有制度规定都呈现出大幅度精简的特征。客观地说,无论是三部委颁行的《关于制定和调整污水处理收费标准等有关问题的通知》还是《污水处理费征收使用管理办法》,从中央层面通过统一提高价格标准的方法来缓解城市污水处理资金缺口量大的方法确实较为高效。但就公平角度而言,城市污水处理收费标准居民不低于0.95元/吨、非居民不低于1.4元/吨的标准是怎么制定出来的?是否严格履行了公用事业价格的定(调)价程序?是否听取了社会意见?有没有公布价格监审的相关数据?换句话说,行政程序是由行政机关自行实施还是由相对人参与之下共同完成?由此,公众参与就成为城市污水处理费定(调)价法律制度的核心之一。此外,三部委颁行的规范性文件在各地方还需要一个"落地"的过程,这个过程同样需要完成《价格法》中规定的定(调)价的7个环节。作为公众参与的一个集中体现,价格听证成为7个环节中沟通前后形成价格决策的关键,因此,本书以城市污水处理费的价格听证为切入点,结合现有的价格听证中央层面立法(2008年国家发改委出台的《政府制定价格听证办法》,以下简称《听证办法》)和各省级地方性立法(见表6-6),对相关法律关系主体之间的权利运行状态进行考察,发现存在以下问题。

1.关于价格听证的定位:正位抑或错位

无论是中央层面立法还是各省级地方性立法,关于价格听证的定位均是以《听证办法》第1条为准,即"为规范政府制定价格听证行为,提高政府价格决策的民主性、科学性和透明度,根据《中华人民共和国价格法》,制定本办法"。从中我们不难发现,立法设计者在对价格听证进行制度设计时对听证的功能寄予了厚望,即通过价格决策来实现价格决策的科学性和民主性。而对于价格听证的内涵,《听证办法》和各省级地方性立法几乎一致的界定是,"由政府价格主管部门采取听证会形式,征求经营者、消费者和有关方面的意见,对制定价格的必要性、可行性进行论证的活动"。那么,在我国价格听证会的实质就是价格主管部门召集各

表6-6 价格听证的各省级地方性立法

年份	地方性立法名称
2004	《北京市政府价格决策听证办法实施细则》
2009	《山西省政府制定价格听证办法实施细则》 《陕西省政府制定价格听证办法实施细则》 《贵州省政府制定价格听证办法实施细则》(2011年修正) 《安徽省政府制定价格听证办法实施细则》 《江苏省政府制定价格听证办法实施细则》 《福建省政府制定价格听证办法实施细则》
2010	《黑龙江省政府制定价格听证办法实施细则(试行)》 《云南省政府制定价格听证办法实施细则》 《湖南省政府制定价格听证办法实施细则》 《广东省政府制定价格听证办法实施细则》
2011	《河北省政府制定价格听证办法实施细则》
2012	《重庆市政府制定价格听证办法实施细则》
2013	《河南省政府制定价格听证办法实施细则》

资料来源:根据价格听证的地方性立法资料整理而得。

利益相关方对价格制定进行论证的“论证会”。那么,听证能否等同于论证?听证/论证的结果对于利益相关方是否具有实质拘束力呢?从王名扬教授在《美国行政法》一书中对于听证的介绍可知,①听证分为正式听证和非正式听证。前者又称为“审判型听证”,实质行政机关在制定法规和作出行政决定时,举行正式的听证会,使当事人得以提出证据、质证、询问证人,行政机关基于听证笔录作出决定的程序;后者又称为“辨明型听证”,是指行政机关在制定法规或作出行政裁决时,只须给予当事人口头或书面陈述意见的机会,以供行政机关参考,行政机关无须基于笔录作出决定的程序。那么,如果将价格听证作为正式听证,价格决策就必须基于听证笔录作出,多数听证代表的意见就会最终左右定价行为。如果将价格听证作为非正式听证,那么价格决策就无须基于听证笔录作出,即便多数听证代表表示异议,价格决策机关也照样可以径行作出价格决定。从现有关于城市污水处理费的价格听证来看,其显然属于后者,那么在缺乏了来自社会公众通过对抗程序形成的对价格决策机关的实质性“制衡”后,现有的价格听证的内涵和实践是

① 参见王名扬:《美国行政法》(上),中国法制出版社1995年版,第196页。

无法为价格听证的定位提供背书和支持的。

2. 关于消费者的遴选：可控抑或不可控？

作为公众参与政府价格决策的重要程序，价格听证需要广泛征求经营者、消费者和有关方面的意见，而消费者的意见无疑是其中的核心要素。然而，从现有中央层面立法和各省级地方性立法来看，虽然规定消费者参加人可以采取自愿报名、随机选取方式，也可以由政府价格主管部门委托消费者组织或者其他群众组织推荐，但实践中，价格决策部门仍然坚持组织推荐方式产生消费者。与其他国家消费者协会（以下简称消协）属于群众性组织不同，我国的消协带有半官方性质，有这些消费者参加的价格听证会很难听到反对声音。笔者对近年来召开的城市污水处理费价格听证会的反对情况进行了统计，结果表明，其中 6 次反对意见为 0，只有 1 次是来自消协推荐的消费者提出了反对意见。然而，这并不代表社会公众对城市污水处理价格听证方案的高度认可，相反，从事后公众对听证涨价结果的不满中可以发现，这种结果并不能真实反映民意。

作为消费者的遴选标准，《价格法》和《听证办法》均未作明确规定。在价格听证的各省级地方性立法中，北京、山西、陕西、贵州、黑龙江、河北有一些制度规定，但问题是这些消费者的遴选标准均较为宽泛，实践中并未严格遵循这些标准。此外，在《听证办法》颁布实施后，北京的地方性立法已被废止，黑龙江的地方性立法在制定时就已经载明其有效期仅为 1 年，因此，目前有关消费者的遴选标准仍然并不明朗。此外，当前的消费者遴选机制，从消费者报名到遴选再到最终的确定名单，整个过程游离于公众监督之外，通过这种程序产生的消费者是否能够具有真正的代表性值得商榷。比如，阳江市发展和改革局定于 2015 年 11 月 12 日召开市区污水处理价格调整听证会，该局于 2015 年 11 月 5 日在发布的公告中发布了参加听证会的听证人以及听证参加人名单，至于听证参加人的产生过程则无从知晓（见表 6－7～表 6－8）。

表 6-7 近年来城市污水处理费价格听证会中反对意见统计

单位:人

年份	听证内容	参加人数	赞同人数	反对人数
2007	衡阳市城区污水处理价格调整听证会	30	30	0
2007	哈尔滨市调整污水处理价格标准听证会	32	32	0
2008	珠海市主城区污水处理费标准调整听证会	23	22	1
2010	临海市市区污水处理价格调整听证会	23	23	0
2012	中山市调整污水处理费征收标准听证会	28	26	2
2013	宣威市城区污水处理价格调整听证会	21	21	0
2013	龙井市污水处理价格调整听证会	17	17	0
2013	佛山市禅城区污水处理价格调整听证会	21	20	1
2015	阳江市市区污水处理价格调整听证会	21	21	0

资料来源:根据以上地方物价局和市、区级政府公布的网络资料整理而得。

表 6-8 价格听证的各省级地方性立法中有关消费者遴选标准的规定

年份	地区	遴选标准
2004	北京	A. 年龄在 18 周岁以上,具有完全民事行为能力; B. 具有一定的代表性,有较强的社会责任感,公正、公平的工作态度,并能够真实地反映意见; C. 具有一定的调查研究、分析论证和语言表达能力
2009	山西	A、B、C、D、F、G
	陕西	A、B、C、D、F
	贵州	A、B、C、D、E、F、G
2010	黑龙江	A、C、 D. 具有社会责任感,能够真实、客观、公正地反映意见; E. 保证准时出席听证会
2011	河北	A、B、C、 F. 有一定的政治思想觉悟,了解国家的相关法律、法规和相关经济政策; G. 有义务奉献精神和时间保障

资料来源:根据价格听证的地方性立法资料整理而得。

3. 关于价格听证主持人:中立抑或从属

主持人是价格听证的核心,肩负着保障价格听证的顺利开展、维护当事人合法权益的重任。听证主持人的法律地位如何,对能否有效地发挥价格听证的作用具有关键性的影响。《听证办法》第7条对听证主持人的来源进行了界定,即"由听证人中的政府价格主管部门的工作人员兼任"。价格听证的各省级地方性立法也基本上与该条规定保持了一致,此外,主要就听证主持人的职责进行了规定(见表6-9)。然而,透过这些制度规定,笔者认为,现有的制度规定仍然存在以下几个方面的问题:第一,价格听证主持人的法律地位相对不独立。目前仅规定价格听

表6-9 价格听证的各省级地方性立法中有关听证主持人的规定

年份	地区	有关听证主持人的规定
2004	北京	A、听证主持人的职责(a. 宣布听证会程序、听证会纪律;b. 介绍听证会代表;c. 维护听证会秩序;d. 保证申请人和听证会代表应有的发表意见的机会和时间;e. 对听证会进行总结)
2009	山西、贵州、安徽	A. 听证主持人的职责(a、b、c、d、h)
	陕西	A. 听证主持人的职责(a~e;j. 签审听证报告)
2010	黑龙江	A. 听证主持人的职责(a~e;f. 听取听证会工作人员关于听证会参加人出席情况的汇报;g. 制止妨碍听证活动的行为;h. 当听证会参加人的出席人数不足听证会参加人总数的2/3或者消费者人数未达到听证会参加人数的2/5时,可以当场宣布听证延期;i. 负责召集听证人并主持听证报告的制作工作); B. 听证主持人的回避:与所制定价格的相关经营者具有利害关系的不能担任听证会主持人
	广东	A. 听证主持人的回避:定价听证项目经营者及其主管部门、相关行业组织不得作为听证人; B. 听证主持人的来源(听证委员会主任由政府价格主管部门指定工作人员担任)
2011	河北	A. 听证主持人的职责(a~d、h)
	云南	A. 听证主持人的职责(a~d;k. 因特殊原因,可以决定听证会延期、临时休会、终止)
2013	河南	A. 听证主持人的职责(a~d、h)

资料来源:根据价格听证的地方性立法资料整理而得。

证主持人由政府价格主管部门的工作人员兼任，听证主持人与价格主管部门之间存在隶属关系，其听证主持工作难免受到所属机关的影响和控制。第二，听证主持人的职责仍有待完善。价格听证作为一项现代行政决策程序，需要扎实的调研和广泛信息的占有以弥补决策所需要的智慧、知识和信息的不足，提高决策质量。正如有学者所指出的：“如果认为确有必要，是否可以在听证会举行前召开预备会以及通过考察等方式调研定价听证事项等问题，大多数省级地方性立法中并无相关制度规定。”①可喜的是，广东省的立法中在听证委员会的职责中有对以上事项的规定，但听证委员会是一个由10～15名委员组成的组织，现有立法对于这个组织中主任委员和一般委员的权限并无确切规定，这就使如“认为有必要可以于听证会举行前召集听证委员会委员通过预备会、考察等方式调研定价听证事项”等制度规定由于缺乏了启动主体在实践中无法操作。第三，回避制度不确切。由于《价格法》和《听证办法》中均未对价格听证回避作出任何制度规定，虽然黑龙江和广东两省涉足了回避制度，但其既未能界定什么是“利害关系”，而且对于回避的提出主体、提出时间、方式和处理程序等方面也未作出任何制度规定。

4. 价格听证中的专家：独立抑或附和

在风险社会下，由于信息量的增大和利益的多元分化，涉及公共事务的行政决策呈现复杂性和综合性叠加的趋势。决策者限于知识、技术和智慧的有限性，不可能洞见所有风险。引入专家参与，通过发挥专家的知识理性和技术优势来确保行政决策的科学化已越来越多地为法律制度所采纳。《听证办法》中有关专家的制度规定主要集中于听证会参加人的构成、产生、权利与义务等方面。从价格听证的各省级地方性立法来看，专家的角色有担任听证参加人和听证人两种，专家的构成除北京市明确了专业外，其他省份均以“相关领域”界定，专家的产生大多数省份规定由政府价格主管部门聘请，北京市则规定由高等院校、研究机构在本部门内推荐，河北省则在单位推荐和团体选拔外增加了自愿报名（表6－10）。从目前价格听证中有关专家制度的运行来看，主要存在以下几个方面的问题：第一，专家的角色错位。之所以在价格听证中引入专家参与，就是为了弥补价格公共决策中的专业性和知识性的不足，填补政府、经营者和消费者之间存在的信息鸿沟，那么专家代表的就应该是专家的技术理性，而非其同时作为一名普通消费者的个体。专家不仅要针对公众对城市污水处理费上涨的价值判断作出结论，更为重要的是要通过其专业、科学和理性的分析，从公平和效率两个层面来阐述涨价背后所涉及的利益博弈和调整问题。以佛山市禅城区召开的污水处理费调价

① 谌爱华：《论价格听证主持人制度的完善》，载《价格月刊》2013年第11期。

听证会为例,一位专家代表认为:“应该从管理提高上去想办法。一方面要加强现有资金的有效利用,另一方面管理的提高对控制成本也还有很大空间。”从这位专家的发言中我们并未获得太多作为专家角色所应有的立场与分析,更多的是作为一名普通消费者对涨价所表达的观点和态度。第二,专家附合。价格听证中之所以要引入专家,是因为专家代表着技术理性,其身份应该是“独立”的,其所提供的意见也应该是客观且与价值无涉的。但无论是《听证办法》还是大多数价格听证的各省级地方性立法中都将专家的产生规定为由政府价格主管部门聘请,这种制度设计本身就为专家附和获埋下了伏笔。从目前价格听证实践来看,政府价格主管部门聘请的专家均是所谓“体制内”专家,即大多数来自高等院校、科研院所,从其职业发展、职务职称晋升来看,作为政府聘请的专家参与行政决策无疑会为专家自身锦上添花。

表 6-10 价格听证的各省级地方性立法中有关专家的规定

地区	有关价格听证中“专家”的规定
北京	A. 专家的角色(担任听证参加人); B. 专家的构成(经济、技术、法律等方面的专家、学者组成); C. 专家的产生(由人大、政协、政府有关部门以及高等院校、研究机构在本部门内推荐)
山西、陕西、贵州、安徽、黑龙江、湖南、云南、重庆、河南	A. 专家的角色(除担任听证参加人外,也可以因政府价格主管部门聘请担任听证人); B. 专家的构成(相关领域的专家、学者等专业人士); C. 专家的产生(由政府价格主管部门聘请)
广东	A 同北京; B、C 同山西等 9 个省
河北	A、B 同山西等 9 个省; C. 专家的产生(可以采取自愿报名、单位推荐、委托有关社会团体选拔等方式产生)

资料来源:根据价格听证的地方性立法资料整理而得。

二、城市污水处理业特许经营“水价”的价格支付机制

(一)城市污水处理业特许经营“水价”的支付链条长、周期久

现有的城市污水处理业特许经营“水价”有两种支付模式:第一种可称为“间接模式”,即由政府及有关部门向排水户收取“城市污水处理费”,然后根据特许经

营者在“水质”和“水量”方面的运营实绩、结合特许经营合同核定价格向其支付“城市污水处理服务费”。在此种模式下,用户不直接向提供城市污水处理服务的特许经营者支付费用,而是通过政府来支付。这样,城市污水处理服务市场就被分割为供给和消费两个市场(见图6-1)。相应地,价格被分割为供给价和消费价。供给价是针对特许经营者而言的,是特许经营者提供城市污水处理服务的价格;消费价是针对排水户而言的,是排水户因享受城市污水处理服务而实际支付的价格。其中,消费价是由政府根据消费者各种综合因素,通过听证会等形式形成的;供给价则由企业在特许经营招投标竞争中形成的或在合同签订过程中约定,具体收费标准一般都在特许经营合同中予以明确。第二种可称为“直接模式”,即由特许经营者直接向其服务范围之内的用户收取费用。在这种模式下,排水户是向提供城市污水处理服务的特许经营者直接缴纳费用,污水处理服务的供给价等于消费价(见图6-2)。实践中,“直接模式”一般多用于“两园一区”等工业污水范围界定较为明确的地方。“间接模式”之所以成为城市污水处理业特许经营“水价”的主流支付模式,主要有两个方面的原因:一是行业特征。与供水、供电、供气等行业相比,城市污水处理特许经营者不直接向用户提供污水处理服务,实践中,很难对用户实际需要处理的污水量进行计算。为此,城市污水处理业特许经营者难以直接向用户收费。由城市供水企业在水费中一并收取再由政府及有关部门核定后支付,对城市污水处理业特许经营者而言比较便利。二是社会承受能力。鉴于城市污水处理业属于新型公用事业,而这一新型公用事业的市场化改革主要路径又是通过“厂网分离”实现的,很多特许经营者常常通过“高溢价”模式获得特许经营权,如果任由城市污水处理业特许经营者直接依据其投资、处理成本及利润需求来向用户收费,可能会使城市污水处理的消费价增长速度过快,超过用户的承受能力,甚至引发社会问题。

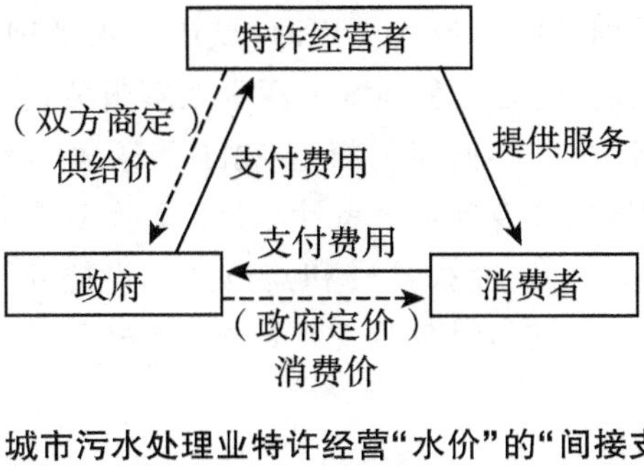

图6-1　城市污水处理业特许经营“水价”的“间接支付模式”

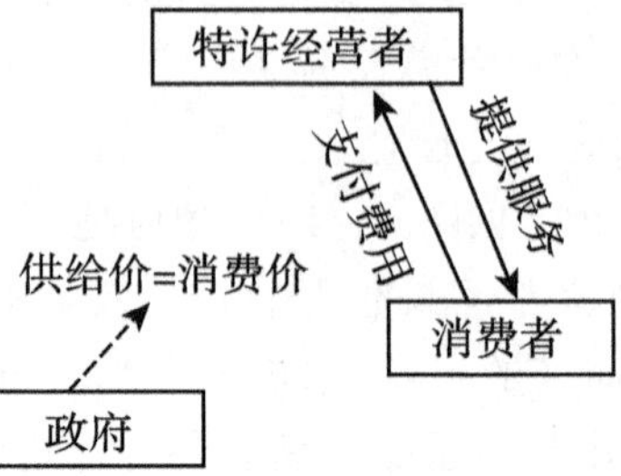

图 6-2　城市污水处理业特许经营“水价”的“直接支付模式”

虽然“间接模式”成为城市污水处理业特许经营“水价”的主流支付模式有其合理性，但是在这种模式下，城市污水处理业特许经营“水价”的支付中呈现出鲜明的“链条长、周期久”的特征（见图 6-3）：首先，政府及有关部门委托城市供水企业在征收自来水费时一并征收城市污水处理费。这其中，“拒缴”“漏缴”等现象仍然较为普遍。“拒缴”是指排水量较大的排水户（尤其是国有央企）长期拒绝缴纳城市污水处理费；“漏缴”是指城市排水户通过打自备井用地下水代替自来水，在漏缴自来水费的同时也漏缴了城市污水处理费。以上情况的出现使排水户排放的污水量大于作为城市污水处理费核算的污水量，城市污水处理业特许经营者应得的“水价”已在这一环节打了折扣。其次，政府财政部门收到城市供水企业收缴上来的城市污水处理费后，要以国家法律、法规和政策以及省内规章、政策为依据，结合环保部门对采取特许经营模式的城市污水处理设施的“水质”核查报告以及水务部门对采取特许经营模式的城市污水处理设施的“水量”核查报告，参照城市污水处理业特许经营合同对支付给城市污水处理业特许经营者的“城市污水处理服务费”进行核定。如果在这个环节中政策出现变动、政府环保和水务部门的核查报告有不利于特许经营者的记载、政府有关部门将城市污水处理费用于出借、股权投资和其他基础设施建设等支出时，城市污水处理业特许经营者都会因此被迟延支付或者干脆长期无法拿到城市污水处理服务费。事实上，城市污水处理费被挪用和挤占的情况并不鲜见。根据 2011 年国家审计署发布的《9 个省市 2010 年度城镇污水垃圾处理专项资金审计结果》显示，9 个省市中有 13 个单位将污水垃圾处理资金用于出借、股权投资和其他基础设施建设等支出。[①]《甘肃省 2012 年度省级预算执行和其他财政收支审计结果》显示，污水处理费和排污费征

① 参见中华人民共和国审计署：《9 个省市 2010 年度城镇污水垃圾处理专项资金审计结果》，载中华人民共和国审计署网站：http://www.audit.gov.cn/n1992130/n1992150/n1992379/n2810084.files/n2810083.htm，最后访问日期：2016 年 6 月 16 日。

收不到位 1.5 亿元，挤占挪用专项资金 2054 万元。[①]《关于 2014 年度广东省级预算执行和其他财政收支的审计工作报告》显示，有 2 个县挪用省级财政污水处理奖励金 1466 万元用于平衡预算等支出。[②]

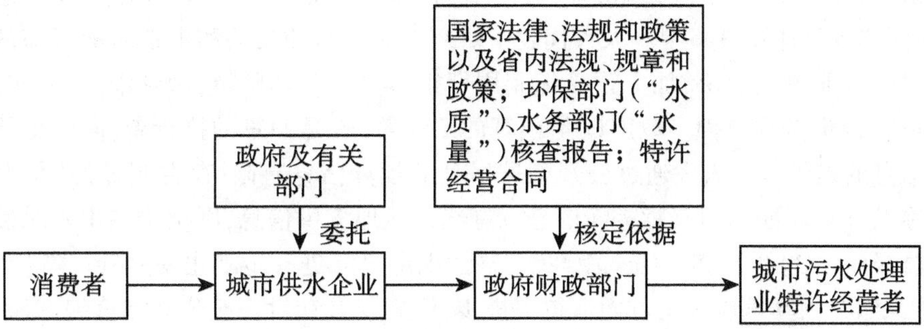

图 6-3　城市污水处理业特许经营"水价"的支付链条

（二）城市污水处理业特许经营合同中的"水价"条款缺乏保障机制

在《预算法》于 2015 年 1 月 1 日正式实施的背景下，我国已开始实行全口径预算管理，明确要求编制一般公共预算、政府性基金预算、国有资本经营预算和社会保险基金预算四本预算。新规贯彻了财政法定原则，较为一致地规定："城市污水处理费属于政府非税收入，实行收支两条线管理。收入全额上缴国库，纳入政府性基金预算管理。"此外，《预算法》中"预决算管理、中长期财政规划和跨年度预算平衡机制"在新规中的体现也被认为是新规的三大亮点。[③] 然而，笔者认为，仍然有两个问题阻碍着城市污水处理业特许经营者价格支付的保障。

1. 财政监督制度仍有待完善

完整意义上的财政监督是指国家权力机关、财政机关、审计机关对于财政预算执行单位财政使用活动所进行的监督。[④] 从国家权力机关的财政监督来看，主要存在以下几个方面的问题：（1）来自现行各级人大及其常委会会期制度的制约。

---

① 参见甘肃省审计厅：《甘肃省 2012 年度省级预算执行和其他财政收支审计结果》，载甘肃省审计厅网站：http://www.gsaudit.gov.cn/articles/2014/09/12/article_1314_82343_1.html，最后访问日期：2016 年 6 月 19 日。

② 参见广东省审计厅：《广东省 2014 年度省级预算执行和其他财政收支的审计工作报告》，载广东省审计厅网站：http://zwgk.gd.gov.cn/006940028/201507/t20150729_595929.html，最后访问日期：2016 年 6 月 20 日。

③ 参见薛涛：《我为何要为国家污水费办法叫好及对环保企业的几个提醒》，载北极星环保网：http://huanbao.bjx.com.cn/news/20160713/751284.shtml，最后访问日期：2016 年 6 月 26 日。

④ 参见陈融：《我国政府性基金法律问题探讨》，载《政治与法律》2013 年第 1 期。

预算年度从1月1日开始到12月31日截止，但人大会议通常在3月召开，预算在未经人大审批的情况下就已经开始执行，使国家权力机关的预算监督审查在很大程度上流于形式。(2)现行各级人大及其常委会的审查审议能力的制约。人大审批依旧延续了综合审批方式，即人大一次性审核各政府部门的所有预算汇总草案，而非各具体预算事项。人大代表中财经专业人员的欠缺和审核时间过短的问题仍然未能得到解决，加上预算编制周期很短，预算编制很难做到细致、充实，预算审查很难做到全面。政府既是预算的编织着，也是预算的执行者，同时也是预算信息的提供者。人大通过公开渠道得到的预算信息有限，存在明显的"信息不对称"，如果职能部门有意垄断信息或有选择性地提供信息，则很难在审查时发现和监督。① (3)预算编制的全面性、完整性规定仍需进一步细化和完善。新《预算法》虽然在预算编制规定方面取得了进步，但主要是针对一般公共预算编制而言，对于包括城市污水处理费在内的政府性基金预算，其收支范围按照新《预算法》第28条规定仍然可以依据"国务院的规定"执行，这不仅与《立法法》的规定相悖，其具体的编制、执行和实施在法律层面上也是缺失的，这就使政府性基金预算仍然有游离于人大监督之外的风险。从国家审计机关的监督来看，虽然经过2006年修正的《审计法》对我国的审计制度作出了更为详细的制度规定，但按照我国《宪法》第91条规定，"国务院设立审计机关，对国务院各部门和地方各级政府的财政收支，对国家的财政金融机构和企事业组织的财政收支，进行审计监督"，我国现行的审计体制无法超脱于行政首脑，也违背了国际通行的"审计独立"原则。与财政机关的监督相似，这种监督模式仍然强调的是行政机关内部自上而下的监督，缺乏强有力的外部监督效力。

2. 特许经营中的政府承诺制度仍有待加强

特许经营中的政府承诺制度是指在特许经营项目的"双阶"(特许经营者的选择和特许经营协议的履行)中，政府为保证特许经营项目的落地和运营向特许经营者作出的承诺。现有特许经营法律制度在有关城市污水处理服务费方面是有相应的政府承诺条款的，即对于向用户收费不足以覆盖特许经营建设、运营成本及合理收益的，可提供可行性缺口补助，包括其他开发经营权益(见表6-11)。《特许办法》第35条还规定："需要政府提供可行性缺口补助的特许经营项目，应当严格按照预算法规定，综合考虑政府财政承受能力和债务风险状况，合理确定财政付费总额和分年度数额，并与政府年度预算和中期财政规划相衔接，确保资金

① 参见朱大旗：《新〈预算法〉：着力加强人大对政府预算全方位的审查监督》，载《财经法学》2015年第6期。

表 6－11　特许经营法律制度中的政府承诺条款

特许经营项目的运行阶段	积极性承诺条款	消极性承诺条款
特许经营者的选择	1. 保证特许经营项目的科学性、完整性和连续性； 2. 保证通过竞争方式选择特许经营者	
特许经营协议的履行	1. 对于向用户收费不足以覆盖特许经营建设、运营成本及合理收益的，可提供可行性缺口补助，包括其他开发经营权益。 2. 就防止不必要的同类竞争性项目建设、必要合理的财政补贴、有关配套公共服务和基础设施的提供等内容作出承诺。 3. 不履行特许经营协议约定义务或者履行义务不符合约定要求的，应当根据协议继续履行、采取补救措施或者赔偿损失。 4. 保守在特许经营活动和监督管理工作中知悉的特许经营者的商业秘密。 5. 为特许经营者建设运营特许经营项目提供便利和支持，提高公共服务水平。行政区划调整，政府换届、部门调整和负责人变更，不得影响特许经营协议履行。 6. 因法律、行政法规修改，或者政策调整损害特许经营者预期利益，或者根据公共利益需要，要求特许经营者提供协议约定以外的产品或服务的，应当给予特许经营者相应补偿。 7. 特许经营协议提前终止应当收回特许经营项目的根据实际情况和协议约定给予原特许经营者相应补偿	不得承诺固定投资回报和其他法律、行政法规禁止的事项

资料来源：根据市政公用事业特许经营的地方性立法资料整理而得。

拨付需要。"然而，不少地方政府将特许经营项目经费列支财政预算等并未作为特许经营合同签订的必要条件，《特许办法》在第七章法律责任部分也并未明确政府未将特许经营项目经费纳入财政预算的相关法律责任。此外，《预算法》第 16 条规定："……按照法律、行政法规和国务院的规定可以设立专项转移支付，用于办理特定事项。建立健全专项转移支付定期评估和退出机制。市场竞争机制能够有效调节的事项不得设立专项转移支付。上级政府在安排专项转移支付时，不得要求下级政府承担配套资金。但是，按照国务院的规定应当由上下级政府共同承担的事项除外。"但《特许办法》关于财政转移支付并没有相应的衔接条款，在未能明确财政资助标准、地方财政承担能力有限的情况下，城市污水处理业特许经营项目自然不易实施。这种情况在实践中也多有发生。例如,《2015 年 11 月稳增长促改革调结构惠民生防风险政策措施贯彻落实跟踪审计结果》显示,黑龙江省发改委于 2013 年 8 月对 4 个污水处理项目下达中央预算内投资 2590 万元,计划 2014 年完工。截至 2015 年 11 月底,由于地方自筹资金不到位,4 个污水处理项目无一开工。四川省乐山市第三污水处理厂配套管网项目 2012 年 9 月收到中央专项资金,2013 年 3 月立项,由于建设资金不足,导致截至 2015 年 11 月底项目仍未开工。①

第二节 "水价"问题的解决机制

一、针对定(调)价机制的解决机制

(一)在取消政府定调、丰富政府指导价的基础上实行"双轨制"

如前所述,城市污水处理价格事实上的"单轨制"已严重桎梏了价格杠杆作用的发挥,即便新规将定价原则调整为"污水处理设施正常运营 + 污泥处理处置成本 + 合理盈利",但仍未摆脱"政府补贴 + 低污水处理费"的窠臼。有学者提出:"政府定价形式作为我国从社会主义计划经济体制向社会主义市场经济体制转轨过程中的特殊产物,带有浓重的计划经济色彩,其存在忽视了经营者的市场主体地位,是计划经济思维的延续。在我国社会主义市场经济已有较大发展的今天应当予以废除。"②针对城市污水处理价格而言,一方面,在缺乏详细的定价公式和定价标准的前提下,政府难以形成对成本进行有效监管的成本约束机制;另一方面,缺乏激励的价格规制实质上是一种自然垄断格局下将污水处理企业作为事业单位管理的"大锅饭"模式的延续。鉴于此,笔者认为在考虑到目前城市污水处理市场发展的客观现实,特别是出于维护社会公共利益的实际需要等因素的前提下,应该在价格法律、法规中取消政府定价形式但保留政府指导价形式,因为后者毕竟在一定程度上引入了市场机制,尊重了市场主体在一定范围内的自主权利,其存在具有客观现实意义。但目前价格法律、法规中有关政府指导价的实际形式范围过窄,应当丰富并扩展其实际形式。应当将激励型定价作为城市污水处理价格的政府指导价形式,以增强政府直接价格规制的弹性,提升价格规制效率并增强其适应性。针对城市污水处理,最高限价法、区域间比较竞争法等激励性定价方

---

① 参见中华人民共和国审计署:《2015 年 11 月稳增长促改革调结构惠民生防风险政策措施贯彻落实跟踪审计结果》,载中华人民共和国审计署网站:http://www.audit.gov.cn/n5/n25/c80336/content.html,最后访问日期:2016 年 6 月 29 日。

② 郭宗杰:《深化改革背景下价格法修订的若干问题研究》,载《政治与法律》2015 年第 8 期。

法已较为成熟,可以考虑在地方政府规章等城市污水处理的价格专门法中根据各地方实际选择合适的激励性定价方法,以促进污水处理企业之间的比较竞争,以最大限度发挥价格的杠杆作用。

(二)细化城市污水处理费的征收标准

细化城市污水处理费的征收标准应从价格专门法和行业性立法两个角度入手:首先,在价格专门法中保留现有以用水量“按量计征”、分地区、分排水户种类核定污水处理费的定价标准,而且还应增加关于再生水用户污水处理费的规定。对于使用再生水的用户,其污水处理费不执行“按量计征”的标准,仅按照排水管网和污水处理厂运行维护的平均成本核定污水处理费。此外,增加“按质计征”的制度规定,增加以主要污染物削减为核心的激励性制度设计。① 具体而言,对于排放的污水水质优于《污水排入城市下水道标准》一级标准的排水户,且在总氮、总磷等主要污染物削减方面取得显著进展的,可以按照一定比例减征污水处理费,减征的费用可用于下一年度排水户缴纳污水处理费的抵扣。此外,在污水处理服务费的核定中,将污水处理厂的“进水水质”和“出水水质”作为核定污水处理服务费标准的强制性要求。对因“进水水质”不符合标准造成污水处理厂处理成本升高的增加补偿标准,对“出水水质”不达标的规定污水处理费的核减标准和处罚标准,对“出水水质”优于相关标准的规定相应的奖励标准。

作为城市污水处理费“按质计征”的配套性制度规定,针对“排水水质”实行“差别化政策”落地难的问题,应从行业性立法角度着重增加针对“环境第三方”的制度规定,构建与排水与污水处理市场化相匹配的排水监测体制。鉴于现行制度规定中环境监测与排水监测关系不明、排水监测制度规定严重滞后于实践发展的现实,笔者建议国务院应尽快出台《环境监测管理条例》,将排水监测纳入其中,并对如下问题加以明确界定:第一,对现行制度规定中的4类环境监测的内涵给予清晰界定。原因在于排水监测涉及水量和水质两个方面,没有概念的明晰界定。首先,前者是否能够归结在“为环境状况调查和评价等环境管理活动提供监测数据的其他环境监测活动”类别中?其次,后者是否可以归结在“污染源监督性监测”类别中?如果可以,对于超标排污的监测数据应该由哪一个主管部门来认定和公开?第二,鉴于山东、上海等省市已在环境监测中采用TO模式和社会化实践试点,应在新法中从政府采购合同角度对于环境监测机构和人员,从准入、工作开展和退出三个环节对资质、收费、工作规范(执业和持证上岗、技术培训)、行为规

① 王俊豪、王建明、李军:《主要污染物削减的激励性管制政策研究》,载《经济管理》2009年第12期。

范、绩效考核和监督检查等给予清晰明确的规定。

(三)构建以制衡为主要特色的城市污水处理费定(调)价程序

如前所述,现有制度未能以“制衡”为主线将有关城市污水处理费的定(调)价程序串联成一个有机的整体。笔者认为,应该制定《政府定(调)价评价条例》,以“信息公开”“公众参与”和“权力制衡”为特色,从定(调)价的启动、审查和跟踪评价三个方面作出规定。此外,特别是要在定(调)价的审查环节对现有的价格听证制度进行完善:

1. 定(调)价的启动

城市污水处理价格牵涉面广,与民生密切相关,价格决策产生的社会后果必然伴有相应风险。为此,首先,应规定对政府定(调)价进行评价应包括的强制性内容和可供依据的标准和技术规范。其次,应规定由价格涉及行业的主管部门编制政府定(调)价社会影响篇章,在篇章中将成本监审报告作为强制性内容要求。限于现行的价格管理范围过宽,价格部门对于需要定调价的商品或服务项目进行全面审核的能力有限,笔者赞同有学者提出的“将目前附设于价格主管部门的成本调查机构分立成为第三方组织,以其专业、权威而具有公信力的成本调查报告为社会提供服务”的建议。① 此外,应增加成本监审机构对监审报告质量负责的法定义务。最后,在政府定(调)价评价报告报送审批前,应采取调查问卷、座谈会、论证会、听证会等形式公开征求有关单位、专家和公众的意见。当意见与社会影响评价结论有重大分歧时,价格涉及行业的主管部门应当采取论证会、听证会等形式进一步论证。此外,在与政府定(调)价评价报告一起报送审查的社会影响报告中应附具对公众意见采纳或不采纳情况及其理由的说明。

2. 定(调)价的审查

(1)定(调)价的审查程序

首先,价格涉及行业的主管部门在报送审批政府定(调)价评价报告时应当一并附送社会影响篇章。未编写的审批机关应当要求其补充,未补充的审批机关不予审批。其次,价格主管部门在审批前召集有关部门代表和专家组成审查小组,对社会影响篇章进行审查。审查小组应当提交书面审查意见。笔者认为,这里应特别对审查小组的运行规则进行规定:①审查小组的专家应从依法设立的专家库中随机抽取,人数不得少于总人数的1/2。政府定(调)价社会影响篇章编制的专家不得作为审查小组的成员。②明确规定审查小组出具审查意见的法定性内容、

① 参见郭宗杰:《深化改革背景下价格法修订的若干问题研究》,载《政治与法律》2015年第8期。

对政府定(调)价社会影响篇章进行修改并重新审查的法定情形、审查小组提出不予通过政府定(调)价社会影响篇章的法定情形。③价格主管部门编制政府定(调)价评价报告时,应当将政府定(调)价社会影响篇章结论和意见作为决策的重要依据,对于篇章结论和意见不予采纳的,应当逐项就不予采纳的理由作出书面说明并存档备查。有关单位、专家和公众可以申请查阅。

(2)定(调)价中的价格听证

首先,厘清价格听证的定位。虽然《价格法》和《听证办法》对价格听证会的强调了其“论证会”的定位,但从2001年的《政府价格决策听证暂行办法》到2002年的《政府价格决策听证办法》再到2008年的《政府制定价格听证办法》,我国的价格听证制度运行已走过了15个年头,对于一些阻碍制度运行的深层次问题再不进行改革和调整的话,将会进一步使价格听证制度的信度和效度大打折扣,并最终失去其应有的意义。中共中央和国务院于2015年10月12日发布的《关于推进价格机制改革的若干意见》第11项提出:“鼓励和支持第三方提出定调价方案建议、参与价格听证。完善政府定价过程中的公众参与、合法性审查、专家论证制度,保证工作程序明晰、规范、公开、透明,主动接受社会监督,有效约束政府定价行为。”鉴于此,笔者认为,应该在我国的价格听证定位中确立“以非正式听证为一般情形,以正式听证程序为特殊情形”的原则。当公众意见存在重大分歧或对事实争议较大时,就应该启动正式听证程序。在非正式听证程序下,第一,应该对价格听证结果公告文本的必备内容做出强制性要求,这样使公告内容尽可能详尽,满足公众的知情权需要,弥补信息不对称。第二,应该对决策方案(草案)通过各种媒介展开多样化评论,广泛听取社会各方面意见。在正式听证程序下,应该引入无论是英美法系国家还是大陆法系国家或地区普遍确立的“案卷排他规则”,规定政府价格主管部门作出价格决定所依据的事实证据必须是当事人知晓并经过辩论的,政府价格主管部门不得以当事人不知晓和未论证的事实作为裁决的依据。这样做的意义就在于以使行政相对人程序参与权有效制约行政权有了根本性的制度保障。

其次,健全消费者的遴选机制。第一,将自愿报名、随机选取与组织推荐相结合,并逐步增加自愿报名的名额。之所以这样做,是因为自愿报名和随机选取可以较好地保障遴选程序的公开、透明,提高社会公众对于消费者遴选的认可度;而组织推荐有助于确保政府在遴选消费者时兼顾广泛性和专业性。[①] 在制度调整初

① 参见尹少成:《价格听证中消费者参加人遴选机制的困境与出路》,载《北京行政学院学报》2015年第3期。

期,可以将50%左右的名额以自愿报名、随机选取的方式产生,另外50%左右的名额则仍然交给组织推荐产生。如果实施效果好且报名人数踊跃,可以逐步增加自愿报名、随机选取的名额直至全部以自愿报名方式产生。第二,在由当地消费者权益保护协会主导的组织推荐中,在遴选程序上,由工作人员确认信息,根据价格听证项目要求对申请人员进行分类,保证最终抽取的参加人员具有较强的广泛性。然后在新闻媒体和公证人员的见证下通过电脑摇号随机抽取。在遴选标准上,消协应该出台《价格听证消费者参加人推荐办法》,具体规定推荐的宗旨、标准等。

最后,完善听证主持人制度。第一,组建中立的听证主持人队伍。听证主持人作为价格听证程序的守护者,应本着中立、公正的原则主持价格听证,让所有的利益相关方尽可能表达自己的意见,特别是批评意见和反对意见。因此,笔者认为,应该模仿《仲裁法》中关于仲裁委员会和仲裁协会的组织架构,组建独立于行政机关的听证机构。听证协会是社会团体法人,听证委员会是听证协会的会员,听证协会的章程由全国会员大会制定。听证协会是听证委员会的自律性组织,根据章程对听证委员会及其组成人员、听证员的违纪行为进行监督。听证人由听证当事人各自选定,听证主持人由听证当事人共同选定或由听证委员会主任指定。听证主持人的听证笔录和听证建议在价格主管部门作出裁决时,严格依据"案卷排他规则",以听证记录在卷的证据作出价格决策,对于不予采纳的听证证据,价格主管部门应说明理由。第二,严格听证主持人的权限,包括决定权(有权决定价格听证程序的开始、结束及继续听证的时间和地点;有权决定是否需要补充证据;为了避免听证程序的延滞,其有权禁止当事人发言、维护听证秩序;有权调控价格听证的进程,决定是否需要中止、延期或终结听证)、预听证权、建议权(以案卷为依据,以当事人论证和陈述的事实为根据)。第三,明确听证主持人的回避制度。一是回避条件。当听证主持人存在如下情形应回避:其一,个人偏见,即听证主持人不能存在预设的个人好恶,倘若如此,其处理听证实务会存在偏颇之虞。其二,利益冲突。价格听证主持人在听证过程中因为其作为或者不作为,直接或间接使得其本人或关系主体,如近亲属、配偶等获取私人利益。二是回避方式。其一,当事人应以书面形式申请回避,申请书中应明确要求回避的理由;其二,当事人应当在法定期间或法定时间阶段(具体的期间一般为听证开始前的3日内,具体的时间阶段一般为作出听证笔录前)及时申请回避,否则将视为放弃申请回避;其三,对于当事人的回避申请,法定的处理机关(一般为听证主持人所属机关或者听证主持人的委托机关或者听证主持人所属的监督机关)应及时处理,对于处理结果不服,当事人可以申请复议一次。

3. 定(调)价的跟踪评价

首先,明确规定政府定(调)价跟踪评价的法定性内容,即政府定(调)价实施后实际产生的社会影响与预测之间的比较分析和评估、公众对政府定(调)价实施所产生的影响的意见、跟踪评价的结论;其次,政府定(调)价跟踪评价应当采取调查问卷、现场走访、座谈会等形式征求有关单位、专家和公众的意见;最后,政府定(调)价实施有重大不良社会影响的,价格涉及行业的主管部门应当及时核查并向价格主管部门提出采取改进措施或者修订政府定(调)价决策的建议。

二、针对城市污水处理业特许经营“水价”价格支付的解决机制

(一)运用多种规制工具堵住城市污水处理费的“漏失”源头

正如前文所言,城市污水处理费的“拒缴”和“漏缴”是造成城市污水处理费“漏失”的重要原因。对于“漏缴”,虽然我国现有法律、法规有相应的规制条款,但明显处罚力度过轻。例如,《水法》第 69 条规定:“有下列行为之一的,由县级以上人民政府水行政主管部门或者流域管理机构依据职权,责令停止违法行为,限期采取补救措施,处二万元以上十万元以下的罚款;情节严重的,吊销其取水许可证:(一)未经批准擅自取水的;(二)未依照批准的取水许可规定条件取水的。”《城市供水条例》《城市地下水开发利用保护管理规定》虽然均直接或间接地对未经批准擅自取水或未按取水许可规定条件取水的行为规定了可以进行行政处罚的条款,但并未明确具体的行政处罚限额。实践中,通过偷打自备井私采地下水的情况屡见不鲜,以沈阳市最近对希尔斯温泉美食中心和盛世桃园洗浴中心的查处可知,这两家大型洗浴中心用水量至少在 20,000 吨/月左右,按照 11.2 元/吨的水费计算,应缴水费应该在 20 万元/月左右。但按照现有的行政处罚标准,即便是按行政处罚的高限处罚也只有 10 万元。[①] 比起这两家洗浴中心通过偷打自备井私采地下水实现的经济收益而言简直不成比例。此外,行政执法队伍的单薄也是造成“漏缴”的原因之一。根据现有法律法规制度规定,水行政主管部门是未经批准擅自取水或未按取水许可规定条件取水的行政执法处罚主体,但自备井散布于“两园一区”、大学城、城中村等区域,这些无证开采的自备井数量多、隐藏深,给排查工作造成很大困难。即便是在城市辖区范围内,由于浅层自备井开采成本很低,平均用时 4 小时花 300 元就能打一口自备井,而像洗车店这一类的经营者 30

---

① 参见彭跃东:《两家大型洗浴中心“偷水”被查处》,载沈阳日报数字报纸网:http://epaper.syd.com.cn/syrb/html/2015-08/12/content_1085086.htm.,最后访问日期:2016 年 7 月 9 日。

元/辆的洗车收入,很快即可冲抵成本。[①] 由此,笔者认为,除了加大作为传统规制工具的行政处罚的力度之外,应该仿照《企业环境信用评价办法》,引入强制性信用评价,针对企业和个人制定专门的《水资源信用评价办法》,将税收、合同等多种规制工具串联起来,即由水务部门根据企业的水资源利用行为信息,按照规定的指标、方法和程序,对企业和个人的水资源利用行为进行信用评价,确定信用等级,并向社会公开,供公众监督和有关部门、机构及其组织应用。对于企业的水资源信用,分为相应等次并制定相应等次的评价标准,按照法定评价程序进行评价,并将评价结果在水务部门、环保部门、发改部门、税务部门、工商部门、金融机构和行业协会之间实现信息共享,对于守信企业给予水资源费、税收、项目立项、政府采购、信贷支持、保险费率等方面的倾斜和支持,对于失信企业除在以上方面给予惩戒以外,还可以加大执法监察频次甚至取消营业资格。

(二)强化对预算的财政外部监督制度

1. 关于审计机关预算监督

(1)通过修法进一步明晰财政违法主体的法律责任

虽然2006年的《审计法修正案》赋予了审计机关"责令限期缴纳应当上缴的款项、责令限期退还被侵占的国有资产、责令退还违法所得"等权限,但这些都不是最终的法律责任承担方式。只有明确财政违法主体应当承担的刑事责任、行政责任和民事责任,才能确保审计的权威和目的的实现。

(2)通过修法增强审计机关的独立职能

目前,国际上较为通行的惯例是审计机关隶属于国会或直接对法律负责,这样做的目的就是为了保证审计监督的中立性和监督的效能,让审计机关独立于行政系统以外免受来自其他行政部门的制约。建议通过修改《宪法》和《审计法》等相关法律将审计机关改属人大。同时,可以考虑在各省、自治区和直辖市所属区域实行审计系统内部从上到下的垂直领导,保障地方审计机关在人权、事权和财权上的独立性,打造"防火墙"防止地方审计机关被"俘获"使其充分发挥独立审计监督作用。

2. 关于权力机关预算监督

(1)加强行政机关预算编制的专业性和协调性

在各级政府及其所属各预算部门均成立预算编制办公室,在政府负责人和各预算部门负责人的领导下开展工作。预算编制办公室实行公务员和专业技

---

① 参见李永明:《自备井被封,300元再打一口》,载网易网:http://news.163.com/15/0117/14/AG5S9O4L00014Q4P.html.,最后访问日期:2016年7月12日。

术人员相结合并以专业技术人员为主体的组织形式。同时，为了加强各预算部门之前的组织协调，建议在各级政府成立财政预算委员会作为跨部门的财政预算决策协调机构，其职责可以包括中长期总体财政政策、确定跨年度和年度财政预算整体方针和方案、审查各预算部门预算草案、在特别情况下协调各部门预算编制工作。

(2)加强权力机关预算监督审查能力

鉴于现实中存在的各级人大财经专门委员会和常委会有关预算工作机构的人员职数过少、职权任务过重、预决算审查能力严重不足的现实情况，建议在各级人大新设预算委员会专司预决算草案审查、审议、监督、绩效评价等方面的工作。同时，应该大力充实各级人大常委会预算工作机构中的专业技术人员，以增强预决算审查能力。

(3)通过修法补充预算法律责任种类

新《预算法》在预算违法行为行政责任的追责实施主体、追责的程序机制方面没有作出任何相应的制度规定，这样带来的问题是，预算违法行为法律责任追究不能实施且无从落实。鉴于此，有必要通过人大常委会制定专门规定进行细化。在将来《宪法》和《审计法》修订并突出审计机关独立性的背景下，对于各预算单位的预算违法行为，可由审计部门根据《预算法》和《审计法》等有关法律予以追究。对于包括政府财政部门在内的各级政府部门的预算违法行为，由上一级审计机关进行追究。对于各级政府违反预算审查、审批等程序侵犯权力机关职权的预算违法行为，由同级人大及其常委会进行追究，其他预算违法行为由上级政府进行追究。中央政府的预算违法行为由全国人大及其常委会追究。对于主管人员和其他直接责任人员的预算违法行为，则由各级人大及其常委会、各级政府等相应的人员任命机关进行追究。

(三)完善特许经营制度中的政府承诺制度

如前所述，以《特许办法》为代表的现有特许经营制度中有关政府承诺制度在保障特许经营者权益方面存在不足。当然，政府承诺的“度”的把握是一个非常棘手的问题：政府承诺超过了政府财政承受能力和债务风险状况，过分强调对于特许经营者利益的保护，容易出现“长春汇律案”中因承诺固定回报纠纷导致合作破裂诉诸公堂、外资纷纷退出水务市场的问题。反之，如果在特许经营协议签订中不对特许经营协议履行后的价格问题给予相应的保障，又会导致特许经营协议因资金问题出现履行困难。由此，笔者建议，应该在以《特许办法》为代表的公用事业特许经营法律制度中将以下内容作为政府承诺的组成部分：第一，将特许经营项目经费列支财政预算等作为特许经营合同签订的必要条件，并在法律责任部分中将能够进行政府规则的具体法定情形予以细化，以便在出现因政府原因导致违约的情况下相关法律责任能够落实到位；第二，进一步提高目前以《特许办法》为代表的公用事业特许经营法律、法规的位阶，将《特许办法》升格为国务院行政法规，并在法条中具体授权中央和各地方财政部门确定特许经营项目的财政转移支付标准，并将财政转移支付资金的配套到位作为特许经营合同签订的必要条件。

第三节　城市污水处理业特许经营“水价”规制的案例分析

一、青海西宁鹏鹄环保 BOT 污水处理项目纠纷①

（一）纠纷事实介绍

鹏鹄环保是江苏鹏鹄环保集团的简称，2008 年 5 月鹏鹄环保先是通过招投标与西宁市水务局签订了特许经营协议，以最高价 1.8 亿元中标，运营西宁市第一污水处理厂（以下简称“一污”），处理设计能力为 8.5 万吨/天。2010 年 8 月鹏鹞环保再度与西宁市排水公司签订委托运营协议，获得“三污”运营权，处理能力为 10 万吨/天。两厂在青海省的节能减排任务达到 60%，在西宁市达到 70% 以上。鹏鹄环保高层管理人员声称：“以最高价中标看重的是‘三污’和后续建设项目的利益（当时预计后续还可能会有 20 万吨体量的建设规模）。”鹏鹄环保之所以与西宁市有关政府部门产生纠纷，是源于青海省财政厅 2012 年印发的青财建字〔2012〕76 号文件。这份文件要求，青海省内的城镇污水处理厂补贴，要按实际污水处理量及运行费用执行。而按照鹏鹞环保和西宁市水务局签订的特许经营协议规定，政府承诺保障达到设计的污水处理量（保底水量）。如果达不到，也要按设计量核算费用。到底是按照协议约定的设计处理量，还是按青海省财政厅要求的实际处理量核算城市污水处理服务费，让西宁市政府陷入了两难困境。为此，西宁市政府曾一度召开协调会。会上，市政府方面曾有人建议按协议执行，但在最后的会议纪要上，政府最终决定依照青海省财政厅文件执行。实际上，鹏鹞环保下辖的污水处理厂在污水处理上的“设计量”和“实际量”差别不大，巨额欠费的产生主要来自价格的变动。按照特许经营协议约定的“两年调价一次”的调价周期，鹏鹞环保当时提出调价，要求将城市污水处理服务费调整至 0.8 元/吨，但西宁市政府及有关部门坚持按照原有的 0.7 元/吨执行。由于始终无法达成一致，2013 年 10 月鹏鹞环保以西宁市水务局欠款不交为由向中国国际经济贸易仲裁委员会（以下简

① 参见吕明合、杨凯奇：《西宁污水处理政企“七年之痒”污局》，载南方周末网：http://www.infzm.com/content/112763/.，最后访问日期：2016 年 6 月 29 日。

称贸仲）提请仲裁。贸仲于2014年8月6作出了（2014）中国贸仲京裁字第0674号裁决：（1）西宁市水务局向鹏鹄环保支付污水处理费18,209,944.87元；（2）西宁市水务局向鹏鹄环保支付计算至2013年7月31日的违约金2,325,371元，西宁市水务局向鹏鹄环保支付2013年8月1日起至污水处理费18,209,944.87元实际支付日止的违约金，其数额根据上述污水处理费数额按照中国人民银行规定的一年期贷款基准利率加2个百分点的利率计算；（3）西宁市水务局向鹏鹄环保支付因办理本案而支出的合理费用20万元；（4）仲裁费212,488元，由西宁市水务局承担。由于西宁市水务局在仲裁裁决书生效后仍未主动履行，鹏鹞环保于2014年10月20日向西宁市中级人民法院（以下简称西宁中院）申请强制执行。西宁市中级人民法院从被执行人西宁市水务局银行账户中扣划执行款项23,197,206.66元（其中污水处理费18,209,944.87元，违约金2,325,371元，污水处理费实际支付日违约金1,914,067.52元，合理费用20万元，裁决后逾期利息245,379元，仲裁费212,488元，执行费89,956.27元）。西宁市中级人民法院将以上款项扣除执行费后的剩余款23,107,250.39元给付了鹏鹄环保，并依据《民事诉讼法》第257条第1款第6项之规定作出了终结执行的执行裁定书。

从2015年3月开始，鹏鹞环保陆续收到了多份来自西宁市环保局的罚单，行政处罚的理由是经过“一污”和“三污”处理后的污水出水水质未能达到排放要求。西宁市环保局对鹏鹞环保的第一次处罚针对的是2014年12月、2015年1月、2月这3个月的出水超标问题。后来处罚改为收取40多万元的排污费。2015年7月15日，西宁市环保局对鹏鹞环保的第二次处罚针对的是“一污”，理由是“一污”自从由青海洁神环保公司实施提标改造后，调试至今一直未能达标。环保部门开出了高达1300多万元的罚单。2015年8月5日，西宁市环保局又对鹏鹞环保进行了第三次处罚，此次针对的是“三污”，理由是出水水质中COD（化学需氧量）、总磷等指标超标严重，环保部门开出了800多万元的罚单。鹏鹞环保方面虽然承认出水水质确实超标，但认为不应归咎于自身。原因在于“一污”是城市生活污水处理厂，不是专门的工业污水处理厂，没有处理大量超标工业污水的能力。从2014年8月起，西宁市有大量高浓度废水进入污水处理厂，2015年3月更进入了高浓度的油污废水，致使污水处理系统遭到严重破坏。当初鹏鹞环保与西宁市水务局签订的特许经营协议对进水水质有明确要求，以总磷（单位毫克/升）为例，指标是4～4.5，但鹏鹞环保下辖的污水处理厂的进水总磷指标都在15～22。以鹏鹞环保提供的2015年6月8日数据为例，公司自测当天平均总磷金属浓度为8.66毫克/升，第三方在线数据为10.53毫克/升，而环保局监测站出具的监督性监测报告为3.80毫克/升，数据相差十分巨大。但西宁市环保局以鹏鹞环保方面没有CMA证书(中国计量认证)为由不予认可以上数据。鹏鹞环保认为,COD、BOD(生化需氧量)超标,通过工艺加料、增加成本的方式是可以做到达标排放的。但总磷超标是无法处理的。鹏鹞环保认为他们面临的困境是,“如果下辖的污水处理厂全负荷运营,因进水浓度偏高,出水不能达标环保部门要对我们处以罚款;采用谨慎减量运营,来不及处理的污水又要外溢,环保部门仍然要罚款。根据国家规定,城市污水处理厂又不能停运,实在是无法运营”。据鹏鹞环保称,2014 年 8 月后污水处理厂污泥量急剧增加。按照设计标准,两个污水处理厂每天的污泥处理量在 100 吨/天,现在两厂每天污泥处理量超过 130 吨,而处理系统中的污泥浓度仍居高不下。对于这一点,青海省环保厅 2015 年 5 月 14 日出具给西宁市政府的一份函件给予了印证:“西宁市第一、第三污水处理厂接纳的东川工业园区工业废水水质不稳定,高浓度废水对污水处理工艺造成较大冲击,也是影响污水处理厂稳定运行的重要原因之一。”青海省环保厅要求西宁市“督促环保部门和园区管委会立即对企业生产废水排放情况进行全面排查,对废水排放未达到污水处理厂接纳水质要求和偷排工业废水等环节违法行为进行查处……确保进入污水处理厂的废水水质稳定”。西宁市环保、水务部门随后组织人员进行调查,但迄今未见有公开结果。

鹏鹞环保认为,在业内 3 个月有一两次出水水质超标属于正常现象,只要说明是进水问题,一般都不会受到处罚。但公司在环保处罚听证时,曾提供了充足的数据说明出水超标的原因是因进水浓度超出设计标准而致,但因没有 CMA 资质被一口否决。根据媒体报道,西宁市的环境压力不小,2014 年 6 月环保部根据 2013 年上半年及全年总量减排考核情况,曾对“三污”进行了挂牌督办,要求优化治理工艺,完善中控系统和在线监控设施,规范污泥处置。直到 2014 年 9 月才解除督办。而在湟水河往兰州方向的小峡口断面,2014 年的污染物指标与 2013 年同期相比已经高了 30%。2015 年 10 月西宁市水务局出具了《关于第三污水处理厂经营权有关事宜的函》,随后,西宁市政府出动包括公安、城管执法、西宁排水公司的人员,进入“三污”以超标排污造成湟水河污染为由强制予以接管。

(二)纠纷分析

鹏鹞环保 BOT 污水处理项目纠纷之所以典型,是因为其综合涵盖了城市污水处理业特许经营的“水价”“水量”和“水质”,作为一个缩影真切地反映了现有采取特许经营模式的城市污水处理设施建设运营的实际情况。笔者以纠纷事实介绍中的先后顺序为线索,逐一对项目纠纷中反映出的问题进行分析:

1. 关于“水量”和“水价”问题

首先,从纠纷事实介绍中我们可以发现,鹏鹞环保 BOT 污水处理项目纠纷的导火索源于鹏鹞环保与西宁市水务局在特许经营协议中有关“水量”的条款。根据特许经营协议,双方按照行业惯例约定,“政府承诺保障达到设计的污水处理量(即保底水量)。如果达不到,也要按设计量核算费用”。也就是说,对于鹏鹄环保方面城市污水处理服务费的支付是以保底水量作为依据的。然而,由于青海省财政厅2012年印发的青财建字〔2012〕76号文件要求青海省内的城镇污水处理厂补贴要按实际污水处理量及运行费用执行,这使特许经营双方首次开始产生矛盾。按照《特许办法》第34条规定,“实施机构应当按照特许经营协议严格履行有关义务,为特许经营者建设运营特许经营项目提供便利和支持,提高公共服务水平。行政区划调整,政府换届、部门调整和负责人变更,不得影响特许经营协议履行”。第36条规定,“因法律、行政法规修改,或者政策调整损害特许经营者预期利益,或者根据公共利益需要,要求特许经营者提供协议约定以外的产品或服务的,应当给予特许经营者相应补偿”。由此可见,现有关于政府在特许经营协议履行中的行为规范已经入法,青海省财政厅2012年印发的青财建字〔2012〕76号文件本不应该成为双方产生矛盾的诱因,因为按照《特许办法》的规定,西宁市政府完全可以在遵守执行青海省财政厅青财建字〔2012〕76号文件的前提下因“实际水量”和“保底水量”之间产生的差额给予鹏鹄环保相应补偿即可。当然,青海省财政厅出具青财建字〔2012〕76号文件的本意,是否是在考虑到地方财政在城市污水处理费的补贴中的捉襟见肘的现实情况下做出的选择,由于没有相关材料的佐证我们无法得出确切结论,但所幸的是,从媒体披露的材料来看,“实际水量”和“保底水量”之间产生的差额并不大,因此,双方在“水量”方面产生的纠纷并不是导致破裂的主要原因。

其次,真正导致双方产生纠纷并诉诸仲裁的是“水价”问题。根据纠纷事实中介绍的情况可知,按照特许经营协议约定的“两年调价一次”的调价周期,鹏鹞环保当时提出调价,要求将城市污水处理服务费调整至0.8元/吨,但西宁市政府及有关部门坚持按照原有的0.7元/吨执行。由于始终无法达成一致,2013年10月鹏鹞环保以西宁市政府欠款不交为由提请仲裁。根据《特许办法》第4条、第37条的规定,“转变政府职能,强化政府与社会资本的协商合作”“保护社会资本合法权益,保证特许经营持续性和稳定性”是特许经营实施的两大基本原则,“在特许经营协议有效期内,协议内容确需变更的,协议当事人应当在协商一致基础上签订补充协议”。但从以上纠纷事实来看,西宁市政府有关部门如果坚持按照原有的0.7元/吨的城市污水处理费标准执行,应该在与鹏鹞环保协商的基础上提出按原有标准执行的理由,并与后者通过协议内容变更等方式协商妥善解决的方法。但从现有媒体披露的事实来看,西宁市政府有关部门显然除了拖欠城市污水处理费之外并无其他举措。在这种情况下,2013年10月鹏鹞环保以西宁市政府欠款不交为由提请仲裁。仲裁最终的裁决结果是西宁市政府须向鹏鹞环保支付拖欠的3000万元城市污水处理服务费以及近千万元的违约金。对于仲裁结果,西宁市政府仍然采取的是拒绝交款的态度。在法院查封西宁市水务局账号的情况下才将欠款交付。可见,"转变政府职能,强化政府与社会资本的协商合作""保护社会资本合法权益,保证特许经营持续性和稳定性"的基本原则并未在西宁市政府及有关部门的行动中得到落实,从本纠纷中看到的反倒是"行政优益权"的畸形放大。

2. 关于"水质"问题

从"水量"和"水价"上双方产生的矛盾和纠纷来看,虽然西宁市政府及有关部门在特许经营协议的履行上有诸多有待商榷的地方,但毕竟鹏鹞环保通过仲裁和法院强制执行程序讨回了政府拖欠的污水处理费。如果政府方面能秉持"转变政府职能,强化政府与社会资本的协商合作"和"保护社会资本合法权益,保证特许经营持续性和稳定性"的两个基本原则,相信鹏鹄环保BOT污水处理项目仍然是可以继续履行下去的。然而,根据以上纠纷事实,从2015年3月开始,鹏鹞环保陆续收到了多份来自西宁市环保局总价共计2150万元的罚单,理由是出水水质中COD(化学需氧量)、总磷等指标超标严重。鹏鹄环保对出水水质超标问题没有异议,但认为是由于"进水"水质超标造成的,并提供了相应的检测数据,但西宁市环保局以鹏鹞环保方面没有CMA证书(中国计量认证)为由不予认可以上数据,这里面存在以下几个方面的问题。

第一,为什么会有来自东川工业园区的工业废水接入到鹏鹄环保BOT污水处理项目?如果东川工业园区的工业废水在鹏鹄环保与西宁市政府及有关部门的纠纷诉诸纠纷和法院强制执行以前就接入到鹏鹄环保BOT污水处理项目,那么引致双方矛盾和纠纷公开化的主要原因除了"水价"问题之外还会有"水质"问题,因为在如此差的进水水质的基础上必然会增加鹏鹄环保BOT污水处理项目的运营成本,按照特许经营协议中规定的污水处理服务费两年调整一次的条款约定,"水质"更会成为支撑鹏鹄环保索要城市污水处理服务费的依据。那么显然,来自东川工业园区的工业废水接入到鹏鹄环保BOT污水处理项目是在鹏鹄环保与西宁市政府及有关部门的纠纷诉诸纠纷和法院强制执行之后。

第二,为什么鹏鹄环保在进水"水质"方面提供的数据不被西宁市环保局采纳?从纠纷事实来看,西宁市环保局以鹏鹞环保方面没有CMA证书(中国计量认证)为由不予认可鹏鹄环保在进水"水质"方面提供的数据。笔者专门对CMA证书(中国计量认证)进行了查询,得到的信息是只有取得计量认证合格证书的第三方检测机构,才允许在检验报告上使用CMA章,盖有CMA章的检验报告可用于产品质量评价、成果及司法鉴定，具有法律效力。根据环保部颁行的《环境行政处罚办法》（2010 年 1 月 19 日公布，2010 年 3 月 1 日起施行）第 35 条规定，监测报告应由有国家计量认证资质（CMA）的机构出具。根据行政处罚的一般原理，作为行政处罚证据使用的监测、鉴定等数据资料应由独立于当事方的第三方出具，因此本纠纷中，即便鹏鹞环保有国家计量认证资质（CMA），其数据也无法作为行政处罚的依据被采信。因此，西宁市环保局做出对鹏鹞环保在进水“水质”方面提供的数据不予采信的结果是正确的，但依据和理由却是错误的。

第三，为什么鹏鹄环保在进水“水质”方面的抗辩不被西宁市环保局采纳？在本书“城市污水处理业特许经营的水质规制”部分，笔者就已经谈道，城市污水处理业特许经营者承担了畸重的义务且苦于固定证据的困难无法提出强有力的抗辩意见。此外，无论是基于《环境保护法》《水污染防治法》还是《城镇排水与污水处理条例》，在持续接纳“进水”方面规定的“申报登记义务（向县级以上人民政府环境保护主管部门）”“保证设施正常使用义务”和“不得拆除或闲置设施义务”实际上等于变相规定了特许经营者的“不得拒绝义务”。因此，正如纠纷事实介绍中所反映的，“如果下辖的污水处理厂全负荷运营，因进水浓度偏高，出水不能达标环保部门要对我们处以罚款；采用谨慎减量运营，来不及处理的污水又要外溢，环保部门仍然要罚款”。无论如何，特许经营者在缺失在“进水”水质方面权利的情况下都会被“坐实”出水水质超标的责任。值得注意的是，青海省环保厅要求西宁市“督促环保部门和园区管委会立即对企业生产废水排放情况进行全面排查，对废水排放未达到污水处理厂接纳水质要求和偷排工业废水等环节违法行为进行查处……确保进入污水处理厂的废水水质稳定”。西宁市环保、水务部门随后组织人员进行调查，但迄今未见有公开结果。《特许办法》第 18 条第 11 项关于“政府承诺和保障”的条款被立法者认为是对“政府有什么职责，能做什么不能做什么，要一览无余地在协议中事先约定”的重要要求，然而，特许经营协议是否能够细化到与特许经营项目履行相关的风险，都有相关的政府部门职责的覆盖？另外，《特许办法》通篇只有第 55 条这么一个条款是有关政府责任的，该条规定：“实施机构、有关行政主管部门及其工作人员不履行法定职责、干预特许经营者正常经营活动、徇私舞弊、滥用职权、玩忽职守的，依法给予行政处分；构成犯罪的，追究刑事责任。”那么，工作的“广度”和“深度”到什么程度时才算是履行法定职责？如果不履行法定职责而仅给予行政处分的法律责任，是否处罚过轻？能否对违法者起到应有的规范作用？

3. 关于“临时接管”问题

本纠纷中西宁市政府及有关部门出动包括公安、城管执法、西宁排水公司的人员，进入“三污”以超标排污造成湟水河污染为由强制予以接管，从临时接管制度本身来讲，应该属于“特许经营者违反法律法规规定或者特许经营协议约定时的临时接管”情形。在此种情形下，主管部门在运用警告、罚款、责令限期改正以及协调指导等常规措施难以奏效而使公共利益遭受或者面临严重损害时，有权进行接管。从纠纷事实介绍来看，西宁市政府有关部门在2015年3～8月对鹏鹄环保下辖的“一污”和“三污”进行了3次行政处罚后即在2015年10月对“三污”进行了临时接管。从表面上来看，鹏鹄环保下辖的污水处理项目确实造成了较为严重的水污染，这一点从纠纷事实介绍中2014年6月环保部对“三污”的督办以及湟水河往兰州方向小峡口断面污染物指标比去年同期上升30%的事实即可得到印证。但笔者认为，来自东川工业园区的工业废水问题得不到妥善解决，接入到鹏鹄环保下辖的污水处理项目的“进水”水质问题就将长期成为困扰“出水”水质超标难以绕开的障碍。由此，西宁市政府及有关部门对鹏鹄环保下辖的污水处理项目强行进行临时接管就有两点值得商榷。

第一，西宁市政府及有关部门并未履行必要的临时接管程序。正如有学者所言：“行政程序的基本功能就在于限制行政权的恣意行使，保障行政相对人的合法权益。对于临时接管这一非常激烈的规制手段而言，如果没有相应的程序制约，极易蜕变为‘随意接管’和‘暴力接管’。”①从本纠纷来看，本书前文中所提到的临时接管的启动、听证、决定、执行等行政程序，西宁市政府及有关部门是直接省略了启动、听证而直接进入到决定、执行程序。从中国水网披露的资料来看，双方在临时接管中发生了肢体冲突，这也从一个侧面说明西宁市政府及有关部门的行为并未遵守《特许办法》第4条“转变政府职能，强化政府与社会资本的协商合作”“保护社会资本合法权益，保证特许经营持续性和稳定性”的原则以及第38条“在与债权人协商一致后可以提前终止协议”的制度规定。

第二，临时接管后的补偿问题。从目前媒体披露的事实来看，西宁市政府及有关部门并未提及对鹏鹄环保下辖的污水处理项目的补偿问题。根据《特许办法》第38条规定，“特许经营协议提前终止的，政府应当收回特许经营项目，并且根据实际情况和协议约定给予原特许经营者相应补偿”。前文中提到，对特许经营者违法行为造成的损害进行认定时，要遵照比例原则和正当程序原则。如果造

① 章志远、李明超：《公用事业特许经营中的临时接管制度研究》，载《行政法学研究》2010年第1期。

成的损害较小，且特许经营者主动整改和赔偿时，就不必进行临时接管。如果造成的损害较大，且特许经营者拒不改正或已不具备特许经营资格时，则主管部门在履行了必要程序后可以取消其特许经营权进行临时接管。笔者认为，比例原则和正当程序原则适用的前提必须是建立在特许经营双方分清责任的基础上，从本纠纷事实来说，未见关于鹏鹄环保拒不改正的事实，并且问题出现的责任也并不全在鹏鹄环保一方，西宁市政府及有关部门启动强制临时接管本身就有待商榷，那么即便是在承认临时接管的基础上，在缺乏绩效评估前提下，由政府部门单独作为补偿标准的核定主体和实施主体更加值得商榷。

二、吴江华衍水务有限公司滥用市场支配地位案①

（一）江苏省工商行政管理局行政处罚决定

2014年以来，吴江区多家房地产开发企业到工商机关举报称，当事人（吴江华衍水务有限公司）在提供自来水供水服务时，限定房地产开发企业对小区居民供水工程设计、施工和供水材料设备的自主选择，违反我国《反垄断法》相关规定，请求工商机关依法查处。2015年6月23日，江苏省工商行政管理局依据国家工商行政管理总局的授权，对当事人涉嫌滥用市场支配地位的垄断行为予以立案调查。

1. 本案相关市场的界定

我国《反垄断法》第12条规定，相关市场是指经营者在一定时期内就特定商品或者服务（以下统称商品）进行竞争的商品范围和地域范围。国务院反垄断委员会《关于相关市场界定的指南》第2条规定，任何竞争行为（包括具有或可能具有排除、限制竞争效果的行为）均发生在一定的市场范围内。科学合理地界定相关市场，对识别竞争者和潜在的竞争者、判定经营者市场份额和集中度、认定经营者的市场地位、分析经营者的行为对市场竞争的影响、判断经营者行为是否违法以及在违法情况下需要承担的法律责任等关键问题具有重要作用。

首先，本案相关商品市场。本案中，当事人向房地产开发企业提供的商品为城市公共自来水供水服务。自2005年成立以来，当事人整合了吴江区域多个分散供水的乡镇水厂及管网，并购和改造了吴江区域供水一期工程，新建了区域供水二期工程，2008年7月基本实现由多点水源分散供水转换成统一管网的区域供水

① 参见国家工商行政管理总局：《吴江华衍水务有限公司滥用市场支配地位案》，载国家工商行政管理局网站：http://www.saic.gov.cn/zwgk/gggs/jzzf/201702/t20170207_174857.html，最后访问日期：2017年3月6日。

格局。即便吴江区域实际存在极少部分自备水源供水和购买桶装水用于生活饮用等情况,但自备水源供水数量少且不在市场销售,桶装水主要用于饮用且价格高,难以替代当事人提供的自来水供水服务。城市公共自来水供水服务供应是房地产开发企业对当事人最大的依赖所在,也是当事人在交易时附加不合理条件的基础。因此,本案相关市场中的商品市场确定为城市公共自来水供水服务市场。

其次,本案相关地理市场。本案中,投诉人反映的当事人在提供供水服务时附加其他不合理交易条件的行为均发生在苏州市吴江区所辖地域范围,江苏省工商行政管理局调查的房地产开发企业所开发建设的居民小区也均在上述地域范围内。依据 2005 年 9 月 21 日当事人与原吴江市建设局签署的《吴江市区域供水特许经营协议》,当事人拥有吴江市行政管辖区域范围及今后不时扩展的吴江市行政管辖区域供水的特许经营权。当事人具备唯一经营者地位,不存在同类经营的竞争关系,用户在所属地域范围内只能选择当事人提供的公共自来水供水服务,不存在其他可替代的地域市场。因此,本案相关市场中的地域范围界定为苏州市吴江区行政所辖地域范围。综上所述,本案相关市场界定为:苏州市吴江区行政所辖地域范围内的公共自来水供水服务市场。

2. 当事人在相关市场具有市场支配地位的认定

我国《反垄断法》所称市场支配地位,是指经营者在相关市场内具有能够控制商品价格、数量或者其他交易条件,或者能够阻碍、影响其他经营者进入相关市场能力的市场地位。是否具备市场支配地位,是判断经营者行为能否构成滥用市场支配地位违法行为的前提。

依据《吴江市区域供水特许经营协议》,本案当事人通过原吴江市人民政府授权,获得吴江区域的供水特许独家经营权,经营期限为 30 年,是吴江区所辖区域范围唯一的供水特许经营者,具备区域供水公用企业自然垄断的不可替代和无选择性。特许经营期内其他经营者进入本案相关市场经营的可能性极小。在本案相关地域市场内,用水户等其他经营者对当事人的供水服务具有很强的依赖性,特别是当地房地产开发企业只能从当事人处申请用水,且只有各项供水工程通过当事人验收合格后方可办理通水手续,对当事人具有绝对的依赖性。根据《反垄断法》第 18 条、第 19 条关于经营者市场支配地位的规定,本案当事人在吴江区所辖地域范围内的公共自来水供水服务市场具有市场支配地位。

3. 当事人利用市场支配地位在交易时附加其他不合理交易条件

当事人在供水经营中,利用其在吴江区范围内公共自来水供水服务的支配地位,明示或暗示房地产开发企业将给水安装工程、二次供水工程、接水装表工程等交由其全资子公司吴江华衍建筑工程安装有限公司(以下简称华衍建工)或其指定的企业施工。对供水工程所需的水表、管材等主要材料和设备,要求房地产开发企业、施工单位必须使用当事人提供或指定的品牌、厂商。当事人在交易过程中附加的上述不合理交易条件,使房地产开发企业在供水工程施工单位的选择、材料设备的采购等方面丧失了自主选择权。当事人实施了以下附加其他不合理交易条件的行为。

(1)当事人提供供水服务时,附加指定供水工程施工单位的不合理交易条件

①房地产开发企业申请用水时,以“用户须知”的形式附加指定施工单位的不合理交易条件。当事人在房地产开发企业开始申请用水时,提供格式化的《报装申请表》,表格的正面是申请用水人的基本情况,背面是“用户须知”。在“用户须知”第12条、第13条,当事人明确,“凡需抄表到户的开发商或企业”,“小区庭院管道及户内立管原则上由当地供水企业施工”,“凡涉及二次供水的用户,二次供水设计、系统及设备须经当地供水企业的审核认可,二次供水设备的安装施工原则上由当地供水企业组织实施”。虽然当事人在表述中使用了“原则上”一词,但由于房地产开发企业供水工程必须经当事人审核验收后方可接水,且《报装申请表》正面底部用户签章栏预先印有“本人(本单位)已阅读并自愿遵守用户须知内容”字样,房地产开发企业为避免耽误工期和交房时间,实际上并无选择权,只能接受当事人附加安排供水工程施工单位的不合理交易条件。

②当事人以《告知》《联系单》《证明》等函件的形式,明示或暗示房地产开发企业接受由其指定施工单位的不合理条件。当事人给江苏绸都房地产发展有限公司、吴江天鸿房地产开发有限公司的《告知》函指出,“现有三家二次供水施工企业通过考察能满足我司的技术要求,作为我司的二次供水施工企业”,分别是苏州中宇建筑安装有限公司、浙江银珠机械设备制造有限公司、吴江市华厦建筑有限公司是华衍水务二次供水施工企业。浙江银珠机械设备制造有限公司出具给上海绿地(吴江)置业有限公司的《证明函》称,“我公司为吴江华衍水务有限公司指定的合格承包商和施工单位”。吴江天鸿房地产开发有限公司和吴江市伟业恒盛置业有限公司因自行委托其他有资质的施工企业进行二次供水工程施工,工程验收受阻,或被要求由当事人指定的施工单位进行施工改造。当事人以华衍建工的名义,发给吴江鹏翔房地产开发有限公司的《联系单》指出:“贵司投资建设的盛泽君悦半岛住宅小区项目,市政管道—加压泵房、市政管道—立管联通管道工程不在与我司签订的《君悦半岛给水工程》施工合同范围内。为保证施工进度,建议我司下属施工单位承建上述工程。”当事人正是利用其在供水服务市场的支配地位和对供水工程审核验收的职能,附加指定供水工程施工单位的不合理交易条件。

③部分房地产开发企业提供的“免招标申请”内部流程,印证了当事人实施附

加指定施工单位的不合理交易条件行为。吴江海亮房地产有限公司内部流转的给水工程《免招标申请审批单》"免招标理由简述"一栏标注,"自来水供水为吴江华衍水务垄断,无法通过市场招标形式确定中标单位,只能按华衍水务指定的施工单位苏州中宇建筑安装公司施工"。该公司的《合同审批表》中"经办部门意见"一栏也明确标注,"自来水属垄断行业,采用免招标申请直接委托方式确定中标单位"。苏州博盛房地产发展有限公司的给水工程《综合前期类免招标事项审批单》"免招标的理由"一栏标注,"自来水属垄断行业"。中房(苏州)地产有限公司的《公司流程手册》中也提出,项目的施工、监理以及材料采购设备等工程类采购,符合竞争性谈判标准的,原则上都应采用竞争性谈判的方式,但水电气等特殊行业可以直接委托。上述公司供水工程免招标的内部审批流程,印证了当事人利用其在吴江区域供水市场的支配地位,在提供供水服务时附加了由其指定供水工程施工单位的不合理交易条件。

(2)当事人提供供水服务时,附加供水工程主要材料、设备由当事人提供或指定品牌、供货厂商的不合理交易条件

①当事人通过其子公司华衍建工与房地产开发企业签订格式化的《给水安装工程合同》《接水装表协议》。《给水安装工程合同》规定,"除发包方供应以外的其他材料、设备由承包方采购"。江苏省工商行政管理局调查查明,供水工程所需的主要材料设备均由当事人提供或由其指定品牌、厂商,房地产开发企业无法自主选择。《接水装表协议》第2条"工程总造价"明确,"本次接水安装工程工料费为包干制",房地产开发企业只需按华衍建工填写的接水装表总费用缴款,对于使用何种品牌的水表,房地产开发企业无从选择。华衍建工是当事人的全资子公司,住所相同,其法定代表人由当事人的副总经理兼任,当事人对其经营行为有能力并实际施加决定性的影响力。华衍建工与房地产企业签订的《接水装表协议》左上角显著位置标注有"华衍水务、Hua Yan Water"图文标志,当事人及其子公司身份混同使用,众多被调查的房地产开发企业不能准确区分当事人与华衍建工。对于接水装表工程和水表的选用由当事人指定的事实,当事人亦在《询问笔录》和其提供的《吴江华衍管材、水表供应商名录》中给予认可。

②当事人指定的施工单位与房地产开发企业签订的供水施工合同中规定,"水泵(格兰富)、控制柜、阀门、管道、水箱等均采用自来水公司入网品牌","所有工程中的所有材料和设备必须是供水单位认可或指定的"。施工合同附件中的《品牌表》,在"名称""品牌"栏明确注明材料、设备的品牌或厂商,在"备注"栏标注"水司指定品牌"。江苏绸都房地产发展有限公司提供的《华庭二次供水投标报价细目》在"材料品牌"一栏标注"按港华水务公司指定品牌"。华衍建工在《吴江

松陵海亮地产项目给水工程》预算书中所附的《二次供水泵房主要材料名录表》《二次供水电控部分名录表》《安装主材名录表》也对供水工程主要材料、设备的品牌和厂商进行指定。

③当事人利用其对供水工程的审核验收职能，以“审核意见”的形式明确要求房地产开发企业在供水工程中使用其指定品牌或供货厂商的材料设备。当事人2014年2月下达给吴江市伟业名墅房地产有限公司《关于滨河名墅二次供水系统设计的审核意见(第二次)》的第2条明确，“根据标准化设计的要求，建设单位须按照我公司的《二次供水主要材料的品牌要求》进行采购二次供水设施设备”，“目前设计图纸中有些设备未指定我公司要求的品牌，如门禁系统、音响、ups电源等，请自行对照附件一内容确定设备品牌”。审核意见所称的“附件一”为《二次供水主要材料的品牌要求》，对供水材料、设备的品牌或厂商进行了指定。当事人第三次下达给吴江市伟业名墅房地产有限公司《关于滨河名墅二次供水系统设计变更的审核意见》第2条再次明确，“关于二次供水工程涉及的设施设备品牌必须按照我公司要求的进行采购、安装，如相关设备品牌、型号停产，请及时告知我公司，由我公司确定更换设备品牌及型号”。

④当事人与供水工程设计单位、施工单位签订的年度合同中规定，“设计人不得指定建筑材料、设备的生产厂或供货商”，“除甲供材料以外的所有材料设备均为乙方采购，采购材料、设备型号、厂家必须为甲方指定品牌，并经现场监理工程师和甲方代表同意。乙方采购的管材、阀门、配件等所有材料应按照《吴江华衍主要材料供应商目录》中的规定的供应商名单选购”。

江苏省工商行政管理局调查的20家房地产开发企业，2家供水工程设计单位，2家施工单位，1家水表供应企业均对当事人在提供供水服务的过程中滥用市场支配地位，在交易时附加上述不合理交易条件行为进行了陈述或印证。

4. 当事人在交易时附加其他不合理交易条件的行为无正当理由的认定

在本案调查过程中，当事人先后向江苏省工商行政管理局提交了情况说明、中止调查申请。2015年12月16日，江苏省工商行政管理局向当事人送达了《行政处罚听证告知书》(苏工商听字〔2015〕37号)，将局拟作出行政处罚的事实、理由、依据及处罚内容进行告知。2015年12月21日当事人提出听证申请，2016年1月6日至7日，江苏省工商行政管理局依法举行了听证，当事人对其行为的合理性和江苏省工商行政管理局拟作出的行政处罚进行了陈述和申辩。当事人认为：第一，虽然当事人在公共自来水供水服务市场具有支配地位，但在供水工程的设计、施工、材料设备市场没有支配地位。第二，当事人与房地产开发企业、设计单位、工程施工单位签订的合同是双方自由协商结果，没有附加限定交易条件的条款，对市场竞争和消费者不产生影响。第三,供水工程设计由其指定是因为房地开发商的自主选择,设计单位也不太愿意承接此类设计,且苏州市给排水设计院有限责任公司是更专业的设计企业;在供水工程施工单位选择方面,华衍建工和其认可的施工单位是以普通经营者的身份进行竞争,是为了提高供水工程的建设质量,是否由华衍建工或其认可的施工单位承建并不会影响供水;在材料设备选购方面,由其采购或指定厂商、品牌可以有效防止其他公司使用品质不高的商品,降低供水企业后期管理维护的成本和困难,也能避免发生供水安全事故。第四,处罚幅度过高。

江苏省工商管理局认为,当事人在提供供水服务过程中附加其他不合理交易条件的行为,无正当理由:第一,当事人附加指定供水工程施工单位、材料设备品牌或厂商的不合理交易条件,与其在施工、材料设备市场是否具备支配地位无关。本案中,当事人通过政府授权获得吴江区域内公共自来水供水的独家经营权,其在吴江区自来水供水市场具有市场支配地位。房地产开发企业等用水户,在吴江区域内只能找当事人申请用水服务。当事人在提供供水服务的过程中,正是利用其供水服务的不可替代性,附加交易相对人将供水工程施工以及材料设备的选用交由其或其指定的公司承揽的交易条件。江苏省工商管理局调查当事人附加不合理交易条件的行为,都是基于其在供水市场的支配地位才得以实施的。第二,当事人附加其他不合理的交易条件的行为,违背交易相对人的意愿。在本案调查中,房地产开发企业均在询问笔录或者提供的书式材料中反映,向当事人申请用水时,当事人便指定由华衍建工或者其认可的公司施工,房地产公司迫于当事人在供水市场的支配地位,掌握了供水工程的审核验收职能,为了不影响施工工期,只能满足当事人提出的不合理交易条件。当事人通过格式合同、告知、用户须知、审核意见等明示或暗示的方式,附加对施工单位和材料设备品牌、厂商进行指定的交易条件,房地产公司没有选择权。在案件调查过程中,房地产开发公司均明确表示,希望通过市场竞争的方式确定供水工程施工单位,希望自主在市场上采购符合规定的材料设备,以减少成本。当事人陈述的房地产开发企业自愿签订合同,自愿将供水工程施工和材料设备选用交由当事人指定与事实不符。第三,当事人附加指定供水工程施工单位和材料、设备品牌或厂商的不合理交易条件行为,没有法律、法规和政策依据。国务院《城市供水条例》《江苏省城乡供水管理条例》分别对供水、二次供水的设计、施工和材料设备标准进行规范,但均没有规定必须由供水企业或其指定企业设计、施工,也没有规定必须使用何种品牌或者哪个公司的材料设备。苏州市吴江区政府《关于进一步加强城镇供水供气管理工作的意见》(吴政发〔2014〕23 号)也明确规定“建设单位可以自行委托具有供水相应资质的单位承担设计、施工、监理”，“二次供水工程的设计、施工，建设单位应当委托具有相应资质的单位承担”。因此，当事人以相关法律法规规定、提高工程质量、保障用水安全为由附加其他不合理交易条件的行为，不符合法律、法规和政策规定。第四，当事人于2015年10月，向江苏省工商管理局提出了中止调查申请，但其并没有认识到自身行为的违法性，坚持辩称其不存在违法行为，因此江苏省工商管理局对其申请不予同意。关于当事人提出处罚幅度的问题，江苏省工商管理局认为当事人没有《行政处罚法》第27条规定的从轻或者减轻处罚的情形。同时，根据《反垄断法》第49条规定，反垄断执法机构确定具体罚款数额时，应当考虑违法行为的性质、程度和持续的时间等因素。当事人作为承担供水公共服务职能的公用企业，滥用其在供水市场的支配地位，在供水工程施工、材料设备采购等多个领域实施排除、限制竞争行为，严重损害了社会公共利益。其违法行为从2011年起即存在，持续时间较长，至江苏省工商管理局调查结束时止，当事人对其行为违法性仍未有正确认识，也从未表示主动整改意愿。江苏省工商管理局综合考虑以上因素，决定对其处以上一年度销售额7%的罚款。

综上所述，江苏省工商管理局认为，当事人附加其他不合理的交易条件的行为缺乏正当理由，是对其市场支配地位的滥用。

5. 当事人的行为对市场公平竞争造成了损害

当事人作为吴江区行政区域内独家拥有自来水供水特许经营权的公用企业，通过自身的支配地位排除和限制其他经营者的合法竞争，损害了相关企业和消费者的合法权益。第一，当事人附加其他不合理交易条件的行为，排除、限制了供水工程施工、材料设备市场中其他合法经营者的公平竞争。自来水供水工程的施工、材料设备市场本应是开放的竞争市场，只要具备法定资质的经营者或者符合国家、行业、地方标准规范的材料设备都可以进入该市场公平竞争。吴江区具备房屋建筑工程施工总承包三级或市政公用工程总承包三级及以上资质证书的企业有90家左右，众多房地产开发企业也大多具备供水工程施工资质。大量具备供水工程施工资质的企业和符合标准规范的材料设备供应商被排除在本案相关地域市场竞争之外，不公平地限制了此类商品或服务的竞争。第二，当事人附加其他不合理交易条件的行为，限制了交易相对方的自主选择权，损害了交易相对方的合法权益。由于当事人在吴江区域范围内独家提供自来水供水服务，掌握供水工程审核验收职能，房地产开发企业为确保工程工期和顺利验收，按时向购房人交房，只能违背真实意思表示，将供水工程的施工和材料设备采购交由当事人或其指定公司承揽，限制了房地产开发企业的自主选择权。第三，当事人附加其他不合理交易条件的行为，加重了企业和消费者的负担。由当事人指定施工单位的供水工程和由其采购或指定品牌、厂商的材料设备，其价格明显高于同类产品市场价。尽管房地产开发企业对过高的价格意见很大，但为了不影响楼盘工期，只能被迫接受高价。当事人的行为加重了房地产开发企业开发楼盘的成本，也增加了购房消费者的房价负担。

6. 定性与处罚

江苏省工商管理局认为，当事人作为苏州市吴江区唯一拥有供水特许经营权的企业，利用其市场支配地位，没有正当理由，在交易时附加其他不合理的交易条件，破坏了公平竞争的市场秩序，违反了《反垄断法》第 17 条第 1 款第 5 项的禁止性规定。根据《反垄断法》第 47 条之规定，江苏省工商管理局决定责令当事人停止违法行为，并处 2014 年销售额 306, 134, 558. 39 元 7% 的罚款，计 21, 429, 419. 08 元。当事人应在收到本处罚决定书之日起 15 日内（末日为节假日顺延），到中国农业银行江苏省分行任一网点缴清上述款项。若使用转账支票、银行本票、银行汇票缴纳罚没款，必须在转账支票、银行本票、银行汇票“收款人”栏填写“待报解罚没收入专户”，在转账支票、银行本票、银行汇票“用途”栏填写“缴纳江苏省工商行政管理局罚没款”。逾期不缴纳的，将依据《行政处罚法》的有关规定，每日按罚款数额的 3% 加处罚款。当事人如对本处罚决定不服，可在接到本处罚决定书之日起 60 日内，向国家工商行政管理总局或江苏省人民政府申请复议，也可在收到本处罚决定书之日起 6 个月内直接向南京市中级人民法院提起诉讼。

（二）案件分析

虽然本案直接针对的是供水领域的反竞争问题，但笔者认为，其具有非常鲜明的代表性，原因在于：第一，该案是我国首例城市水务领域的特许经营项目因滥用市场支配地位被处罚的案件。第二，虽然该案直接针对的是城市供水领域，但随着城市水务领域市场化改革的纵深发展，特许经营模式已不仅仅适用于“厂网分离”模式，越来越多的城市污水处理业特许经营项目也覆盖了“厂网合一”模式。城市污水处理业特许经营者也可以凭借其在相应区域内的垄断地位，滥用市场支配地位指定经营者并与之进行交易或限定经营者必须与其所指定的经营者交易。第三，真正造成水务特许经营者滥用市场支配地位限制竞争的根源并不在于反竞争行为本身，而在于城市水务价格。

从本案来看，争议的焦点在于以下几点：

首先，吴江华衍水务有限公司提供供水服务时，是否附加了不合理的交易条件。依据《吴江市区域供水特许经营协议》，本案当事人通过原吴江市人民政府授权，获得吴江区域的供水独家经营权，是吴江市所辖区域范围内唯一的供水特许经营者，用水户等其他经营者对当事人的供水服务具有很强的依赖性，用水户只能从当事人处申请用水,且只有各项供水工程通过当事人验收合格后方可办理通水手续。本案中,当事人主要是通过《报装申请表》中的“用户须知”形式,《告知》《联系单》《证明》等函件形式,《给水安装工程合同》《接水装表协议》等格式合同形式,附加了指定供水工程施工单位、供水工程主要材料、设备由当事人提供或指定品牌、供货厂商等不合理交易条件,其凭借的是其对供水工程的审核验收职能。根据《城市供水条例》(1994 年国务院令第 158 号)第 17 条的规定,“城市供水工程竣工后,应当按照国家规定组织验收;未经验收或者验收不合格的,不得投入使用”。根据该项条款表述,城市供水工程的竣工验收主体并未在法条中予以明确。笔者通过进一步查询发现,《江苏省城乡供水条例》第 14 条规定:“供水单位新建、改建、扩建供水工程项目,应当符合卫生要求,选址和设计审查、竣工验收应当通知卫生、城乡供水主管部门参加。用水单位自行投资建设与城乡公共供水管道连接的户外管道及其附属设施,其设计方案需经城乡供水主管部门组织技术性审查。工程竣工后,经供水单位参与验收合格后,方可与公共供水管网连接使用。”由此可知,地方行政法规中对于城市供水工程的审核验收主体是有明确规定的,即供水单位和卫生、城乡供水主管部门。然而,我们并未在本案中看到卫生和城乡供水主管部门的身影。从城市供水工程的审核验收本身来讲,供水单位是从业务角度对工程的安全性、可靠性和适用性进行验收,而政府主管部门则是从公共利益保护角度出发对工程进行审查和核准。显然,现有法条是将供水单位作为审核验收的第一顺序法律关系主体,而将包括卫生和城乡供水主管部门在内的政府主管部门作为审核验收的第二顺序法律关系主体。这样,在实践中很容易造成政府公法义务的空白和漏洞,形成政府监管盲区。反观城市污水处理领域,根据《城市排水与污水处理条例》第 15 条的规定,“城镇排水与污水处理设施建设工程竣工后,建设单位应当依法组织竣工验收。竣工验收合格的,方可交付使用,并自竣工验收合格之日起 15 日内,将竣工验收报告及相关资料报城镇排水主管部门备案”。第 16 条规定:“城镇排水与污水处理设施竣工验收合格后,由城镇排水主管部门通过招标投标、委托等方式确定符合条件的设施维护运营单位负责管理。特许经营合同、委托运营合同涉及污染物削减和污水处理运营服务费的,城镇排水主管部门应当征求环境保护主管部门、价格主管部门的意见。国家鼓励实施城镇污水处理特许经营制度。具体办法由国务院住房城乡建设主管部门会同国务院有关部门制定……”从现有法条表述中我们发现,城市排水与污水处理设施工程建设的审核验收是由建设单位自行完成的,在城镇排水主管部门只需完成备案程序即可。这里会存在两个方面的问题:其一,建设项目需要自行完成排水工程建设,达到公共管网纳管标准后方可将污水接入公共管网,在市政排水管网由政府投资建设的地方,实际上是由市政部门履行审核验收职能的。在市政排水管网由特许经营者投资建设的地方,审核验收的职能则实际上是由特许经营者履行的。这样,在供水工程领域发生的吴江华衍水务有限公司滥用市场支配地位问题就很有可能在排水与污水处理工程领域中重现。其二,与城市供水立法不同,现有的城市排水与污水处理立法尚且未能将政府有关主管部门对城市排水与污水处理工程的审核验收职能明确加以界定,这样,在实践中同样容易造成政府公法义务的空白和漏洞,形成政府监管盲区。

其次,吴江华衍水务有限公司在提供供水服务时,为什么要附加不合理的交易条件。根据新闻媒体报道,供水企业的利润有 6 成以上都来自于供水设施施工。目前我国水价调整较为滞后,部分供水特许经营项目的运营商无法从中较快获得盈利,市场上以辅业盈利反哺主业的情况较为普遍。从中我们不难发现,签订尽可能详细的特许经营合同才能避免在特许经营项目后期运营中各种法律风险的出现。然而,笔者认为,该案实际上仍然没有绕开包括城市供水和污水处理在内的整个城市水务特许经营中的“老问题”,即如何保障特许经营者“保本微利”,如何避免出现特许经营者通过特许经营项目攫取“暴利”。关于“暴利”,《价格法》第 14 条规定:“经营者不得有下列不正当价格行为……(七)违反法律、法规的规定牟取暴利……”《制止牟取暴利的暂行规定》对于成本界定、具体的暴利行为均有界定,但总体上均较为原则和宏观,并没有专门针对城市供水和城市污水处理的可资借鉴和依据的具体界定标准,造成在城市水务领域中盈利与暴利的界限很难控制,给后期的运营带来了较大的法律风险。关于城市污水处理业特许经营项目在价格调整中遇到的问题,前文已经有所阐述,在此不再赘述。

合理的城市污水处理价格,既能保证城市污水处理业特许经营者的正常运营和合理收益,又能保护用水户的合法权益,还能实现政府对污水处理行业的调控作用。采用特许经营模式的城市污水处理设施所涉及的城市污水处理价格,实际上包括“城市污水处理费”和“城市污水处理服务费”两个价格。前者是政府针对向城市污水集中处理设施排放污水的排水户征收的费用,其中包含了污水处理、污泥处置和污水管网维护等费用。后者是地方政府财政部门根据当地水务部门和环保部门对采用特许经营模式的城市污水处理设施在企业运营中有关“水质”和“水量”的核查结果核发的其提供有偿污水处理服务的对价。正所谓“大河不满小河干”,城市污水处理费的足额征收关系着城市污水处理服务费的支付,由此,城市污水处理业特许经营的“水价”规制中,主要围绕“水价”的定(调)价机制和价格支付机制展开。

笔者在法律法规文本分析和实证调研相结合的基础上,通过分析发现:(1)在城市污水处理业特许经营“水价”的定(调)价机制中,主要存在以下几点问题:首先,城市污水处理费性质仍然是“单轨制”模式。此种模式桎梏了市场活力,没有给企业以任何回旋的空间,缺乏必要的激励机制,无法发挥价格对于环境污染防治的杠杆作用。其次,城市污水处理费的征收标准还有待细化。一是针对“排水水质”的“差别化政策”需要配套性制度方可“落地”。但是一方面,政府有关部门对排水户的水质规制并未实现无缝对接;另一方面,对排水户还未实现“规制全覆盖”下由第三方提供科学权威的排水监测结果。二是城市污水处理费的“减征”和“漏征”还有待完善。有关城市污水处理费的地方性立法,旧规尚且有关于污水处理费的征收标准中有与污水处理费的减征相衔接的条款,但新规则删减了相应条款。此外,新规对于使用再生水的企业并未考虑城市污水处理费的征收比例造成了“漏征”。最后,城市污水处理费的定(调)价程序缺乏制衡。这种制衡的缺乏突出地表现在价格听证制度上,即关于价格听证的定位到底是正位抑或错位?关于消费者的遴选到底是可控抑或不可控?关于价格听证主持人到底是中立抑或从属?关于价格听证中的专家到底是独立抑或被俘获?(2)在城市污水处理业特许经营“水价”的价格支付机制中,主要存在以下几点问题:首先,城市污水处理业特许经营“水价”的支付链条长、周期久。其次,城市污水处理业特许经营合同中的“水价”条款缺乏保障机制,一是财政监督制度有待完善,二是特许经营中的政府承诺有待加强。

鉴于此,本章提出了解决城市污水处理业特许经营“水价”规制问题的机制。

1. 针对定(调)价机制的解决机制

首先,在取消政府定价、丰富政府指导价的基础上实行“双轨制”。具体而言,对《价格法》第三章“政府的定价行为”第18条进行修改,将其修改为“下列商品和服务价格,政府在必要时可以实行政府指导价……”对《城镇排水与污水处理条例》第四章第33条进行修改,将其修改为“污水处理费应当纳入地方财政预算管理,专项用于城镇污水处理设施的建设、运行和污泥处理处置,不得挪作他用。污水处理费实行政府指导价,鼓励各地方采用激励性定价方法并通过制定具体的实施办法加以落实。污水处理费的收费标准不应低于城镇污水处理设施正常运营的成本。因特殊原因,收取的污水处理费不足以支付城镇污水处理设施正常运营的成本的,地方人民政府给予补贴。污水处理费的收取、使用情况应当向社会公开”。

其次,细化城市污水处理费的征收标准。其一,增加“按质计征”的制度规定。具体而言,对《污水处理费征收使用管理办法》第二章“征收缴库”进行修改,在第10条后增加一个关于“按质计征”的条款规定,即“全面实行差别化污水处理收费。各地环保部门应加大对重污染行业的监管力度。各地应按照环保部门开展的企业环保信用评价等级分档制定收费标准,建立动态调整机制。各地城镇排水主管部门会同财政、物价等根据环保部门每年向社会公布的上一年度企业环保信用评价结果,明确执行差别化收费的企业具体名单、污水处理费加收标准及执行起止时间。差别化收费执行期限为一年,下一年度企业环保信用评价结果达到'黄色'等级以上后,停止执行差别水价。加收的污水处理费由征收单位全部缴入同级财政,不得挪作他用。对超过国家或行业有关污水排入城镇下水道水质标准的排水户,应限期整改,整改期间的污水原则上不得接入污水管网。对于城镇污水处理设施具备相应处理能力的污水,整改期间经城镇排水主管部门批准可以接入,但其排水户应根据超标排放污水中主要污染物情况,加价不低于50%缴纳污水处理费,具体标准由城镇排水主管部门根据实际确定;对于排放进入城镇排水管网的污水水质优于《污水排入城市下水道标准》一级标准的排水户,且在总氮、总磷等主要污染物削减方面取得显著进展的,可以按照一定比例减征污水处理费,减征的费用可用于下一年度排水户缴纳污水处理费的抵扣,具体减征标准由各地城镇排水主管部门确定"。其二,增加关于"再生水用户"污水处理费核定的规定。对《污水处理费征收使用管理办法》第二章"征收缴库"第9条进行修改,将其修改为"单位或个人自建污水处理设施,污水处理后全部回用,或处理后水质符合国家规定的排向自然水体的水质标准,且未向城镇排水与污水处理设施排水的,不缴纳污水处理费;仍向城镇排水与污水处理设施排水的,应当减征污水处理费,具体的减征比例由各地城镇排水主管部门确定"。其三,在城市污水处理服务费的核定中增加有关"进水水质"和"出水水质"的考量。对《城镇排水与污水处理条例》第四章"污水处理"第34条和第35条进行修改,第34条修改为"县级以上地方人民政府环境保护主管部门应当依法对城镇污水处理设施的进水水质和水量以及出水水质和水量进行监督检查。城镇排水主管部门应当对城镇污水处理设施运营情况进行监督和考核,并将监督考核情况向社会公布。有关单位和个人应当予以配合。城镇污水处理设施维护运营单位应当为进出水在线监测系统的安全运行提供保障条件"。第35条修改为"城镇排水主管部门应当根据城镇污水处理设施维护运营单位履行维护运营合同的情况以及环境保护主管部门对城镇污水处理设施进水水质和水量以及出水水质和水量的监督检查结果,核定城镇污水处理设施运营服务费。对于城镇污水集中处理设施'出水水质'不达标的,在结合'进水水质和水量'分清责任的基础上视情节核减城镇污水处理设施运营服务费,并依法对其进行处罚。对于城镇污水集中处理设施'出水水质'优于现行标准并在主要污染物削减上取得显著成绩的给予奖励,具体的奖励标准由各地排水主管部门确定。地方人民政府有关部门应当及时、足额拨付城镇污水处理设施运营服务费”。其四,对《环境监测管理办法》和《城市排水监测工作管理规定》进行修改。建议将排水监测纳入环境监测的范畴中,并将现有环境监测的法律位阶由“部委规章”提升为国务院制定颁布的“行政法规”,制定颁布《环境监测管理条例》,该条例应适应环境监测日趋市场化的趋势,将环境监测机构的性质定位于以自身的专业化服务向社会提供独立、公正、客观的环境监测结果的事业型社会中间层(也就是通常所说的第三方机构),并以“市场准入——企业运营——市场退出”作为整部法律制度对于环境监测机构进行规制的逻辑思路和架构,对于环境监测机构的资质要求、准入方式(特别是将特许经营模式引入到政府有关部门对环境监测机构的选择中来)、日常运营中的行为规则、引致取消法定资质退出市场的法定情节给予清晰明确的规定。

最后,从定(调)价的启动、审查和跟踪评价等程序制度上构建以制衡为主要特色的城市污水处理费定(调)价程序。其一,对定调价的启动环节予以完善。对《政府制定价格行为规则》进行修改,在第 6 条后增加一个关于“定(调)价标准”的条款规定,即“定(调)价机关应制定定(调)价标准作为定(调)价的基本依据”。对第 7 条进行修改,将其修改为“定价机关制定价格,应当依法履行价格(成本)调查、定价社会影响篇章或说明的编制、听取社会意见、集体深意、作出制定价格的决定、公告等程序。依法应当开展成本监审、专家论证、价格听证的,按照有关规定执行”。对第 11 条进行修改,将其修改为“定价机关制定价格,应当委托第三方机构开展价格、成本调查。依法应当开展成本监审的,应当委托第三方机构开展成本监审,具体事项按照成本监审的有关规定执行。第三方机构应当认真履行职能并提供真实、科学的调查和监审结果”。在第 25 条后新增一个关于“第三方机构责任”的条款,即“第三方机构在提供价格成本调查、监审服务时存在弄虚作假情形的,由价格主管部门取消其资质并给予行政处罚,对具体从事相关业务的工作人员视情节给予行政处分。构成犯罪的,依法追究刑事责任”。在第 14 条后新增一个“定调价方案公众参与”的条款规定,即“定价机关形成制定价格方案后,应向社会公开征求意见。当公众意见与制定价格方案结论有重大分歧的,应当采取论证会、听证会等形式进一步论证。论证后向定价机关提交的制定价格方案应当附具对公众意见采纳或不采纳情况及其理由的说明”。其二,对定调价的审查程序予以完善。对《政府制定价格行为规则》进行修改,在第 14 条后新增一个“定调价方案报送审查”的条款规定,即“定价机关形成制定价格方案完成向社会公开征求意见后,在报送审批的制定价格方案中应一并附送社会影响篇章或说明以及公众参与意见”。对第 15 条第 2 款进行修改,将其修改为“实行集体审议的方式、人员组成和工作规则,由省级以上定价机关规定。审查小组的专家应从依法设立的专家库中随机抽取,人数不得少于总人数的二分之一。政府定(调)价社会影响篇章编制的专家不得作为审查小组的成员"。其三,对定调价中的价格听证予以完善。对《政府制定价格听证办法》进行修改,将第4条修改为"价格听证应当遵循公开、公平、公正、效率的原则。价格听证以非正式听证为一般情形,以正式听证程序为特殊情形。本法所称的特殊情形,是指定价方案与公众参与意见有严重分歧或定价方案与事实严重不符"。对第25条进行修改,将其修改为"政府价格主管部门应当在听证会举行后15日内将听证笔录、听证报告、听证会视频资料一并提交定价机关"。对第26条进行修改,将其修改为"定价机关作出定价决定时应当充分考虑听证会的意见。定价机关根据听证会的意见,对定价听证方案作出修改后,政府价格主管部门认为有必要的,可以再次举行听证会,或者采取其他方式征求社会意见。政府价格主管部门认为没有必要的,应当将根据听证会意见将修改后的定价方案向社会公开征求意见,并附具听证会视频资料。出现定价方案与公众参与意见有严重分歧或定价方案与事实严重不符等法定情形时,由上一级价格主管部门启动正式听证程序。通过正式听证程序作出的定价决定必须以正式听证程序中当事人知晓并经过辩论的事实证据作为依据"。对第10条第1款进行修改,将其修改为"消费者采取自愿报名、随机选取和组织推荐相结合的方式,其中50%的名额以自愿报名、随机选取的方式产生,另外50%的名额由政府价格主管部门委托消费者组织或者其他群众组织推荐产生。通过消费者组织推荐的消费者名额的产生,应由工作人员在确认信息后,根据价格听证项目要求对申请人员进行分类,在新闻媒体和公证人员的见证下通过电脑摇号随机抽取。具体实施办法由消费者组织制定"。在第7条之前增加一个关于"听证人的产生和组织架构"的条款,即"听证协会是社会团体法人,听证委员会是听证协会的会员,听证协会的章程由全国会员大会制定。听证协会是听证委员会的自律性组织,根据章程对听证委员会及其组成人员、听证员的违纪行为进行监督。听证人由听证当事人各自选定,听证主持人由听证当事人共同选定或由听证委员会主任指定"。对第8条进行修改,将其修改为"听证人履行下列职责:第一,有权决定价格听证程序的开始、结束及继续听证的时间和地点。第二,有权决定是否需要补充证据。第三,为了避免听证程序的延滞,有权禁止当事人发言、维护听证秩序。第四,有权调控价格听证的进程。第五,有权决定是否需要中止、延期或终结听证。第六,有权决定预听证"。对第7条进行修改,增加一个条款作为第3款,即"听证主持人在主持听证中不得以个人偏好来引导听证程序。涉及听证主持人近亲属、配偶的听证,听证主持人应主动申请回避。听证主持人应以书面形式申请回避,申请书中应明确载明申请回避的理由。听证当事人应当在听证开始前的3日内向政府价格主管部门提出听证主持人的回避申请，逾期视为放弃申请回避。政府价格主管部门对于当事人的申请应当及时处理，对于处理结果不服的，当事人可以向上一级价格主管部门提起行政复议"。其四，对于定调价的跟踪评价予以完善。对《政府制定价格听证办法》进行修改，在第四章"法律责任"前新增加一章，即"定调价的跟踪评价"，并增加如下条款：第1条，"定价机关作出定价决定并实施后，价格主管部门应当及时组织相关行业主管部门开展定调价的跟踪评价"。第2条，"定调价的跟踪评价应当包括下列内容：(一)定调价实施后实际产生的社会影响与社会影响篇章或说明预测可能产生的社会影响之间的比较分析和评估；(二)定调价实施中所产生的预防或者减轻不良社会影响的对策和措施有效性的分析和评估；(三)公众对定调价实施所产生的社会影响的意见；(四)跟踪评价的结论"。第3条，"定价机关对定调价社会影响进行跟踪评价，应当采取调查问卷、现场走访、座谈会等形式征求有关单位、专家和公众的意见"。第4条，"定调价实施中产生重大不良社会影响的，相关行业主管部门应当及时提出改进措施并报告价格主管部门，价格主管部门应当及时进行核查。经核查属实的，向相关行业主管部门提出采取改进措施的建议"。

2. 针对城市污水处理业特许经营"水价"价格支付的解决机制

首先，运用多种规制工具堵住城市污水处理费的"漏失"源头。具体而言，对《水法》第七章"法律责任"第69条进行修改，将其修改为"有下列行为之一的，由县级以上人民政府水行政主管部门或者流域管理机构依据职权，责令停止违法行为，限期采取补救措施，处二万元以上十万元以下的罚款。对于从事商品经营或营利性服务的法人、其他经济组织或个人的行政处罚，以其销售额的百分之一以上百分之十以下为准，行政处罚不足二万元的以二万元为最低限；情节严重的，吊销其取水许可证：(一)未经批准擅自取水的；(二)未依照批准的取水许可规定条件取水的"。仿照《企业环境信用评价办法》，引入强制性信用评价，针对企业和个人制定专门的《水资源信用评价办法》，以"总则""评价指标和等级""评价信息来源""评价程序""评价结果公开与共享""守信激励和失信惩戒"6个部分作为整部立法的基本架构。

其次，强化对预算的财政外部监督制度。其一，加强审计机关预算监督。具体而言，对《审计法》第六章"法律责任"第45条进行修改，将其修改为"对本级各部门(含直属单位)和下级政府违反预算的行为或者其他违反国家规定的财政收支行为，审计机关、人民政府或者有关主管部门在法定职权范围内，依照法律、行政法规的规定，区别情况采取下列处理措施：(一)责令限期缴纳应当上缴的款项；(二)责令限期退还被侵占的国有资产;(三)责令限期退还违法所得;(四)责令按照国家统一的会计制度的有关规定进行处理;(五)对主管人员和直接责任人员提请本级政府依照相关法律、法规视情节给予记大过、降级、撤职、开除等行政处分;(六)其他处理措施"。对《审计法》第二章"审计机关和审计人员"第7条、第8条、第9条进行修改,将其修改为"全国人大常委会设立审计署,在全国人大常委会委员长的领导下,主管全国的审计工作。审计长是审计署的行政首脑"(第7条)。"省、自治区、直辖市、设区的市、自治州、县、自治县、不设区的市、市辖区的人大常委会的审计机关,分别在人大常委会主任和上一级审计机关的领导下,负责本行政区域内的审计工作"(第8条)。"地方各级审计机关对本级人大常委会和上一级审计机关负责并报告工作,审计业务以上级审计机关领导为主"(第9条)。其二,加强权力机关预算监督。具体而言,对《预算法》第四章"预算编制"第31条进行修改,增加一个关于"行政机关预算编制组织形式"的条款规定作为第3款,即"各级政府及其所属各预算部门均应成立预算编制办公室,在政府负责人和各预算部门负责人的领导下开展工作。预算编制办公室实行公务员和专业技术人员相结合并以专业技术人员为主体的组织形式。各级政府应成立财政预算委员会作为跨部门的财政预算决策协调机构"。对《预算法》第五章"预算审查和批准"第49条进行修改,将其修改为"全国人民代表大会预算委员会向全国人民代表大会主席团提出关于中央和地方预算草案及中央和地方预算执行情况的审查结果报告。省、自治区、直辖市、设区的市、自治州人民代表大会预算委员会,县、自治县、不设区的市、市辖区人民代表大会常务委员会,向本级人民代表大会主席团提出关于总预算草案及上一年总预算执行情况的审查结果报告"。对《预算法》第九章"监督"进行修改,增加一个关于"预算违法行为责任追究"的条款规定,即"对包括政府财政部门在内的各级政府部门的预算违法行为,由上一级审计机关进行追究。对于各级政府违反预算审查、审批等程序侵犯权力机关职权的预算违法行为,由同级人大及其常委会进行追究,其他预算违法行为由上级政府进行追究。中央政府的预算违法行为由全国人大及其常委会追究。对于主管人员和其他直接责任人员的预算违法行为,由各级人大及其常委会、各级政府等相应的人员任命机关进行追究"。

最后,完善特许经营制度中的政府承诺制度。对《特许办法》第二章"特许经营协议订立"第21条进行修改,将其修改为"政府可以在特许经营协议中就防止不必要的同类竞争性项目建设、必要合理的财政补贴、特许经营项目经费列支财政预算、有关配套公共服务和基础设施的提供等内容作出承诺,但不得承诺固定投资回报和其他法律、行政法规禁止的事项"。此外,进一步提升《特许办法》的法律位阶,最好由国务院出台作为行政法规的《基础设施和公用事业特许经营管理条例》,在“特许经营协议订立”的相关章节中专门增加一个关于“财政转移支付”的条款规定,即“中央和各地方财政部门确定特许经营项目的财政转移支付标准。财政转移支付资金的配套到位是特许经营合同签订的必要条件”。

第七章　主要结论与展望

第一节　主要结论

特许经营作为我国“集中式”水污染防治模式市场化改革的典型代表,已经成为城市污水处理业引入竞争摆脱自然垄断开始市场化进程的主要制度实施工具。特许经营一方面弥补了政府资金投入的不足并助推了城市污水处理设施的增长和处理能力的提高;另一方面实践中其运营的经济绩效和环境绩效并不尽如人意。本书以采用特许经营模式的城市污水处理设施为研究对象,对其运营的经济绩效和环境绩效借助数据包络分析方法(DEA)进行了测算和分析,对其中集中反映出来的“水质”“水量”和“水价”问题,结合法律、法规文本和典型案例对其产生原因进行了分析,并探讨了相应的解决机制。本书主要结论如下:

1. 以西北地区7座污水处理厂2013～2015年的运营数据作为评价对象,运用数据包络分析(DEA方法),通过构建CCR模型对其运营的经济绩效进行了评价。结果发现位于城市主城区的3座采用特许经营模式的污水处理企业综合技术效率值均为1.000且不存在松弛变量值。财务成本结构合理,成本费用得到有效利用,经济绩效较优。位于城市远郊区/县的3座采用特许经营模式的污水处理企业综合技术效率值在0.401～0.995变动且均不同程度地存在松弛变量值,说明投入要素存在减少的余地,经济绩效较差。规模效率值偏低是造成以上3座企业综合技术效率值偏低的重要原因。从2013～2015年各项投入指标的改进幅度来看,药剂费用和维修费用偏高成为共通性问题,而3座企业的"进水"水质差是两项费用偏高的重要原因。通过计算得出了2013~2015年7座污水处理厂的单位运营总成本(万元/吨),结果显示,不论是采用国有模式的1座污水处理企业还是采用特许经营模式的2座污水处理企业,作为纯粹的生活污水处理企业,按照现有的居民污水处理费征收标准均无法覆盖单位污水处理总成本。

2. 以西北地区5座采取特许经营模式的污水处理厂2013~2015年的运营数据作为研究对象,对其进出水水质选取有数据支撑的BOD、COD、氨氮、总磷和SS5项评价指标,以《污水排入城镇下水道水质标准》(CJ 343—2010)和《城镇污水处理厂污染物排放标准》(GB 18918—2002)为对照依据进行了评价。结果显示,1座位于城市远郊区县的城市污水处理厂出水水质长期超标(超标污染物为总氮和总磷),2座位于城市主城区的污水处理厂进水水质长期超标(超标污染物为SS、COD和总磷)。其余1座位于城市远郊区/县(国家级生态区)和1座位于城市主城区的污水处理厂进出水水质均符合相关标准。

3. 通过对法律法规文本、典型案例进行研究并结合实证调研,提出了城市污水处理业特许经营"水质"规制问题的解决机制。

(1)在市场准入环节,从如下几个角度构建相关解决机制。

首先,从打通与竞争法衔接的角度完善"招投标"法律制度。具体而言,在《招投标法》及其实施条例中确立"内部发标违法性标准",在现有《招标法》第26条和《招投标法实施条例》第34条的基础上,进一步对"利害关系"作出扩充性规定,即这里的利益关系不仅仅指的是利益冲突关系,即便是招标人与投标人存在一般管理关系,也不应允许投标人投标。此外,应进一步修改《招投标法》第7条和《招投标法实施条例》第4条,整合招标监管机构并成立专门、统一的招投标行政监督管理部门以此明确招标人。

其次,调整行政垄断规制制度。具体而言,拓宽目前《反垄断法》第五章中对于行政垄断的认定标准,变目前的"行为+后果"模式为"行为"模式,只要做出了行政垄断行为,无论是否具有实际效果,可直接适用"本身违法原则"予以规制。此外,还建议全国人大法工委经济法室修改现有的立法解释,明确"滥用行政权力,排除、限制竞争"的标准,将"政策依据"予以删除,并将"排除、限制竞争的行为"扩充为"该行为是否具有或可能具有排除或限制竞争的效果"。

(2)在企业运营环节,从如下几个角度构建相关解决机制。

首先,科学界分污染第三方治理法律关系主体之间的权利义务。其一,在《环境保护法》第四章"防治污染和其他公害"中增加关于"污染第三方治理"相关法律关系主体权利义务界分的规定,即对于"污染第三方治理者",负有"污染治理义务"(污染第三方治理者,应当采取措施处理排污者在生产建设或者其他活动中产生的废气、废水、医疗废物、粉尘、恶臭气体、放射性物质以及噪声、振动、光辐射、电磁辐射等对环境的污染和危害至国家标准要求;应当建立污染第三方治理责任制度,明确单位负责人和相关人员的责任。严禁通过暗管、渗井、渗坑、灌注或者篡改、伪造监测数据,或者不正当运行治理污染设施等逃避监管的方式违法排放污染物)、享有"取得收益权和免征税费权"(污染第三方治理者有权依据与排污者达成的合同取得其所提供服务的对价,对污染第三方治理者免征排污费。对于开征环境保护税的地区对污染第三方治理者予以免征)。"国家及有关部门",应履行"示范合同制定义务"(国务院环境保护主管部门制定《污染第三方治理服务示范合同》,对排污者和污染第三方治理者的权利义务分担作出规定,排污者与污染第三方治理者经过协商订立的合同内容必须满足示范合同的要求),并享有"污染第三方治理许可制定权"(国家依照法律规定实行污染第三方治理许可管理制度。实行污染第三方治理许可管理的企业事业单位和其他生产经营者应当按照污染第三方治理许可证的要求提供污染治理服务;未取得污染第三方治理许可证的,不得提供污染第三方治理服务)。以上权利义务安排应在《水污染防治法》第三章"水污染防治的监督管理"中给予明确规定。其二,在《环境保护法》第二章"监督管理"第16条后增加关于"污染第三方治理者服务质量标准"的条款规定,具体而言,"国务院环境保护主管部门根据国家环境质量标准和国家污染物排放标准,制定国家污染第三方治理服务质量标准。省、自治区、直辖市人民政府对国家标准中未作规定的项目,可以制定严于国家标准的地方标准。地方标准应当报国务院环境保护主管部门备案"。此外,在《水污染防治法》第二章"水污染防治的标准和规划"中根据以上权利义务安排增加相应规定。其三,在《环境保护法》第二章"监督管理"中增加关于"强制性环境信用评价"的规定,即"国家实行强制性环境信用评价制度。关于环境信用评价的实施,由国务院环境保护行政主管部门制定具体办法"。此外,在《水污染防治法》第三章"水污染防治的监督管理"中增加相应规定;在《环境保护法》第四章"防治污染和其他公害"中增加关于"污染第三方治理强制实施与限期实施制度",即"对于因违法而实行前期整改的排污企业,在到期仍然不能达标的,或在一定期限内多次出现违法行为的,强制实施污染第三方治理;对于印染、化工等高污染企业聚集、形成连片污染的重点区域实施限期治理,到期仍然不能达标的责令实施第三方治理"。此外,在《水污染防治法》第四章"水污染防治措施"中增加相应规定,在《环境保护法》第六章"法律责任"中针对"擅自篡改监测数据"和"擅自停止治理污染设施运行"两种行为明确规定行政处罚直接适用上限规定。

其次,调整规制理念更新规制措施实现采取特许经营模式的污水处理企业的“进水”水质保障。其一,对《城镇排水与污水处理条例》第四章“污水处理”第28条、第29条进行修改,规定政府相关主管部门的“水质监督检查权”和“委托绩效考评权”、经营者(包括重点排水户、城镇排水管网维护运营单位、城镇污水处理设施维护运营单位)的“依法运营义务”“信息公开义务”“接受监督义务”“水质保证义务”和“运营信息报备义务”。具体而言,对于第28条,删除“城镇排水主管部门与城镇污水处理设施维护运营单位签订运营合同”的表述,将其修改为“排水户、城镇排水管网维护运营单位、城镇污水处理设施维护运营单位相互之间应当签订合同,明确双方权利义务。城镇排水主管部门应当对排水户排入到城镇排水管网的纳管水质和通过城镇排水管网接入到城镇污水处理设施维护运营单位的进水水质依据相关国家标准和行业标准进行监督检查。重点排水户、城镇排水管网维护运营单位、城镇污水处理设施维护运营单位应当依照法律、法规和有关规定以及合同约定运营,定期向社会公开有关运营信息,并接受相关部门和社会公众的监督。城镇排水主管部门委托第三方机构对城镇排水管网维护运营单位和城镇污水处理设施维护运营单位的运营绩效进行定期考评,绩效考评结果作为核定城市污水处理服务费的依据”。对于第29条,增加如下表述:“城镇排水管网维护运营单位应当保证通过城镇排水管网接入到城镇污水处理设施维护运营单位的进水水质符合国家和地方规定的水质标准,不得排放不达标污水。城镇排水管网维护运营单位应当按照国家有关规定检测排水户排入到城镇排水管网的纳管水质和通过城镇排水管网接入到城镇污水处理设施维护运营单位的进水水质,向城镇排水主管部门、环境保护主管部门报送污水水质和水量、主要污染物等信息。城镇排水管网维护运营单位应当按照国家有关规定向价格主管部门提交相关成本信息。”其二,对《特许办法》第三章“特许经营协议履行”进行修改,增加特许经营者的“信息公开义务”,即“特许经营者应当依照有关法律、行政法规的规定,定期公开应予公开的特许经营项目运营信息”。对《城镇排水与污水处理条例》第四章“污水处理”进行修改,对“重点排水户、城镇排水管网维护运营单位和城镇污水处理设施维护运营单位”的“信息公开义务”给出法定性要求,以此与上文中修改后的《城镇排水与污水处理条例》第四章“污水处理”第29条形成呼应。具体而言,增加一个条款规定,即“重点排水户、城镇排水管网维护运营单位和城镇污水处理设施维护运营单位应予主动公开的运营信息,由城镇排水主管部门会同环境保护行政主管部门另行制定实施办法。鼓励重点排水户、城镇排水管网维护运营单位和城镇污水处理设施维护运营单位主动公开法定要求之外的运营信息”。

(3)在市场退出环节,从如下几个角度构建相关解决机制。

首先,进一步明确临时接管的条件。其一,对《特许办法》第四章"特许经营协议变更和终止"进行修改,增加一个"紧急情况下临时接管"的条款,即"在特许经营期限内,因紧急情况导致特许经营者无法继续履行协议约定义务,由政府有关部门对特许经营项目实施临时接管。本法所指称的紧急情况,是指发生自然灾害、战争灾害、事故灾害,以及公共安全等公共突发事件,特许经营者无法依靠自身力量或者依靠自身力量成本过高难以有效应对突发事件,使公共利益遭受损害或者面临损害的情形"。其二,在分清责任的基础上按照"比例原则"和"正当程序原则"处理"违法"或"违约"时的临时接管。对《特许办法》第四章"特许经营协议变更和终止"第 38 条进行修改,规定政府有关部门的"公平追责义务"和"依程序接管义务"和特许经营者的"不得不当提前终止协议义务"。即"政府应当对因严重违约导致的临时接管在公平追责的基础上启动临时接管程序。若因严重违约造成的损害较小,且特许经营者主动补救和赔偿,不启动临时接管程序。若特许经营者拒不改正且造成损害较大时,政府主管部门在进行绩效评估、专家论证的基础上可以进行临时接管"。"非法定情形和约定情形的出现,特许经营者不得不当提前终止协议。否则,政府有关部门可在绩效评估和专家论证的基础上对该特许经营者给予行政处罚,并根据企业信用评价相关法律法规对其进行处理。"

其次,明确临时接管的主体。对《特许办法》第四章"特许经营协议变更和终止"进行修改,增加一个"临时接管的主体构成"的条款,即"实施机构启动临时接管程序时应成立临时接管小组,小组组成人员包括基础设施和公用事业特许经营主管部门、行业主管部门、公用事业公众监督委员会、专家、第三方机构和人员(包括绩效评估机构、律师和注册会计师等)"。

再次,明确临时接管的程序。对《特许办法》第四章"特许经营协议变更和终止"进行修改,增加 5 项关于临时接管程序的条款,即"临时接管的启动包括以下两种情形:一是公用事业特许经营主管部门依职权启动;二是公用事业特许经营主管部门依特许经营者或者利害关系人的申请启动。公用事业特许经营主管部门在决定启动临时接管程序时应履行政府审查—公众参与—作出决定程序"。"临时接管应经过正式听证。公用事业特许经营主管部门应发布公告,其中应载明被临时接管的特许经营者的名称、临时接管事由、听证时间、地点等。听证主持人应当是独立于政府部门的专业听证员,参加听证的人员主要包括公用事业特许经营主管部门、特许经营者、与特许经营事项有关的利害关系人、公用事业公众监督委员会成员以及被临时接管企业的用户等。听证中应充分听取各方当事人和利害关系人的意见,对当事人提出的事实、理由和证据进行核实。听证会结束后,公用事业特许经营主管部门应当及时把听证的案卷记录提交人民政府决定。在政府有关部门作出是否临时接管的裁决时,必须以听证会行政案卷所记载的各种事实、证据材料作为依据,任何未经行政程序认定的事实及证据都不能作为行政决定作出的依据。”“政府有关部门在收到听证的案卷材料后,基于听证笔录和公用事业特许经营主管部门提交的案卷材料来决定是否进行临时接管。其间,应当听取公用事业公众监督委员会的意见。作出临时接管的决定后,应当启动临时接管应急预案,同时将临时接管的决定送达被接管者和利害关系人并在政府公报及门户网站予以公告。”“临时接管组织在向特许经营者出具政府作出的临时接管决定书后,进驻特许经营企业实施接管。临时接管期间,公用事业特许经营主管部门负责组织正常生产,其他部门按预案分工协作。”“公用事业特许经营临时接管期限由公用事业特许经营主管部门商行业主管部门确定,最长不得超过6个月。”

最后,明确临时接管终止后的权利义务分担。对《基础设施和公用事业特许经营管理办法》第四章“特许经营协议变更和终止”进行修改,增加1项关于临时接管终止后权利义务分担的条款,规定“临时接管组织”的“归还特许经营权”“取消特许经营权”“收归国有权”和“不得转移债权义务”“妥善处理接管期间的收入义务”“返还接管后的营运剩余义务”。此外,还应规定“被接管特许经营者”的“承担接管前债权债务和因接管发生费用义务”。

4. 通过对法律法规文本、典型案例进行研究并结合实证调研,提出了城市污水处理业特许经营“水量”规制问题的解决机制。

(1)在市场准入环节,从如下几个角度构建相关解决机制。

首先,应该加强规划环评的立法监督。其一,对规划环评范围的甄选权作出修改。具体而言,对《规划环境影响评价条例》第一章“总则”第2条第2款进行修改,将其修改为“依照本条第一款规定应当进行环境影响评价的规划的具体范围,由国务院环境保护主管部门在征求国务院有关部门意见后拟定,报人大常委会批准后执行”。其二,对规划环评的前期调研和评估作出修改。具体而言,对《规划环境影响评价条例》第二章“评价”第7条进行修改,将其修改为“规划编制机关应当在规划进入编制程序后报告同级人大常委会环资委,由环资委组织环保部门和有关专家组成审查小组对规划组织进行环境影响评价”。其三,对规划环评的审批进行修改。具体而言,对《规划环境影响评价条例》第三章“审查”进行修改,在第17条前增设一个有关综合性规划环境影响篇章或说明审查的条款规定,即“设区的市级以上人民政府审批的综合性规划,在审批前由同级人大常委会环资委召集环境保护主管部门及政府有关部门和专家组成审查小组,对环境影响篇章或说明进行审查。审查小组应当提交书面审查意见”。对第17条进行修改,将其修改为“设区的市级以上人民政府审批的专项规划,在审批前由同级人大常委会环资委召集环境保护主管部门及政府有关部门和专家组成审查小组,对环境影响报告书进行审查。审查小组应当提交书面审查意见”。其四,对规划环评的公告、实施及跟踪评价进行修改。具体而言,对《规划环境影响评价条例》第四章“跟踪评价”进行修改,在第 24 条前增设一个条款:“国务院环境保护行政主管部门在征求有关行政主管部门意见后制定规划环评的跟踪评价标准和具体实施办法。”对 24 条进行修改,将其修改为“对环境有重大影响的规划实施后,规划编制机关应当及时报告同级人大常委会环资委,由环资委组织环境保护行政主管部门及有关行政主管部门开展规划环境影响的跟踪评价,将评价结果反馈给规划审批机关”。对第 26 条进行修改,将其修改为“人大常委会环资委对规划环境影响进行跟踪评价,应当采取调查问卷、现场走访、座谈会等形式征求有关单位、专家和公众的意见”。对第 27 条进行修改,将其修改为“规划实施过程中产生重大不良环境影响的,人大常委会环资委督促规划编制机关和审批机关提出改进措施”。对第 28 条进行修改,将其修改为“环境保护行政主管部门发现规划实施过程中产生重大不良环境影响的,应当在报告同级人大常委会环资委的同时及时进行核查。经核查属实的,由人大常委会环资委督促规划审批机关提出改进措施或者修订规划”。对第 29 条进行修改,将其修改为“规划审批机关在接到规划编制机关的报告或者人大常委会环资委督查意见后,应当及时组织论证,并根据论证结果采取改进措施或者对规划进行修订,改进措施或修订意见应公开向社会公开征求意见后,将附具公众意见和采纳与否理由的具体结果及时报告人大常委会环资委。人大常委会环资委组织由环境保护行政主管部门、有关行政主管部门和专家组成的审查小组进行审查。发现有弄虚作假、失职或者滥用职权行为的,督促有关部门对直接负责的主管人员和其他直接责任人员依法给予处分”。

其次,应加强规划环评的政府信息公开。其一,加强规划环评编制阶段的信息公开。对《政府信息公开条例》第二章“公开的范围”第 12 条进行修改,增加一个条款作为该条第 9 款,即“区域规划、专项规划的审核情况(包括文字和图例)”。对《环境信息公开办法(试行)》第二章“政府环境信息公开”第一节“公开的范围”第 11 条第 8 款进行修改,除了保留现有规定外,增加如下表述:“规划环境影响评价文件受理情况,受理的环境影响评价文件的审批结果和跟踪评价结果。”对《规划环境影响评价条例》第五章“法律责任”进行修改,对第 31 条进行修改,将其修改为“……对直接负责的主管人员和其他直接责任人员,依法视情节给予记大过、降级、撤职、开除等处分”。对第 32 条进行修改,将其修改为“规划审批机关有下列行为之一的,对直接负责的主管人员和其他直接责任人员,依法视情节给予记大过、降级、撤职、开除等处分”。对第33条进行修改，将其修改为“审查小组的召集部门……对直接负责的主管人员和其他直接责任人员视情节给予记大过、降级、撤职、开除等处分。审查小组的专家……由设立专家库的环境保护主管部门取消其入选专家库的资格并予以公告，终身不得入选因环境保护事项设立的专家库；审查小组的部门代表有上述行为的，依法视情节给予记大过、降级、撤职、开除等处分”。对第34条进行修改，将其修改为“规划环境影响评价技术机构弄虚作假或者有失职行为，造成环境影响评价文件严重失实的，由国务院环境保护行政主管部门予以通报，处所收费用5倍以上10倍以下的罚款，取消其承担规划环评业务的资质，3年内不得提出规划环评业务资质的申请；构成犯罪的，依法追究刑事责任”。其二，加强规划环评审批阶段的信息公开。对《规划环境影响评价条例》第三章“审查”进行修改，对第20条进行修改，将其修改为“由下列情形之一的，审查小组应当提出对环境影响报告书或环境影响篇章（说明）进行修改并重新审查的意见……”对第21条进行修改，将其修改为“有下列情形之一的，审查小组应当提出不予通过环境影响报告书或环境影响篇章（说明）的意见……”对第22条进行修改，将其修改为“规划审批机关在审批专项规划草案和综合性规划草案时，应当将环境影响报告书和环境影响篇章或说明以及审查意见作为决策的重要依据……”

最后，应加强规划环评的公众参与。其一，在规划环评的编制阶段增加公众参与的条款。具体而言，对《规划环境影响评价条例》第二章“评价”第7条进行修改，将其修改为“规划编制机关应当在规划进入编制程序后报告同级人大常委会环资委，由环资委组织环保部门和有关专家组成审查小组对规划组织进行环境影响评价。审查结果应向社会公开征求意见”。对《规划环境影响评价条例》第三章“审查”第15条进行修改，将其修改为“规划编制机关在报送审批综合性规划草案和专项规划中的指导性规划草案时，应当将环境影响篇章或说明以及公众意见作为规划草案的组成部分一并报送规划审批机关。未编写环境影响篇章或说明、未附具公众参与意见及说明的，规划审批机关应当要求其补充；未补充的，规划审批机关不予审批”。其二，在规划环评的跟踪评价阶段增加公众参与的条款。具体而言，对《规划环境影响评价条例》第五章“法律责任”进行修改，在第33条后增加一个条款规定：“审查小组的召集部门在组织规划环评的跟踪评价时弄虚作假或者滥用职权，造成跟踪评价结果严重失实的，对直接负责的主管人员和其他直接责任人员视情节给予记大过、降级、撤职、开除等处分。审查小组的专家在规划环评的跟踪评价审查中弄虚作假或者有失职行为，造成环境影响评价严重失实的，由设立专家库的环境保护主管部门取消其入选专家库的资格并予以公告，终身不得入选因环境保护事项设立的专家库；审查小组的部门代表有上述行为的，依法视情节给予记大过、降级、撤职、开除等处分。”

（2）在企业运营环节，从如下几个角度构建相关解决机制。

首先，构建科学的城市污水处理业特许经营绩效评估法律制度。具体而言，其一，对城市污水处理业特许经营绩效评估的指标体系框架、参照标准、设定主体、实施主体和绩效评估的法律效力给予明确规定。对《特许办法》第五章“监督管理和公共利益保障”第43条进行修改，将其修改为“实施机构应当根据特许经营协议，在定期对特许经营项目建设运营情况进行监测分析的基础上进行绩效评价；对特许经营项目进行绩效评价时应拟定特许经营绩效评价指标体系框架，框架内指标应能够综合反映特许经营者的履约状况和特许经营项目运营的各种情形。绩效评价以特许经营合同为准，合同内容未做规定的，以相应的国家标准、地方标准或行业标准为准；实施机构对特许经营项目进行绩效评价的，应会同公用事业公众监督委员会通过招投标等公开竞争方式选择有资质的第三方机构。公用事业公众监督委员会对招投标结果有异议的，可对实施机构提出质询，认为实施机构对质询的答复无法满足质询要求的，可向公用事业特许经营主管部门提起申诉。在申诉得到答复之间，中标的第三方机构不得开展绩效评价；第三方机构在绩效评价后应制作绩效评价结论提交实施机构，实施机构应将评价结论向社会公开征求意见并制作绩效评价结果报告书（草案）并附具对公众意见不予采纳的理由，组织有关专家、公用事业公众监督委员会组成审查小组对绩效评价结果报告书（草案）进行审查并制作绩效评价结果报告书（正本）向社会公布，其中应附具对专家、公用事业公众监督委员会异议的说明以存档备查”。对《特许办法》第七章“法律责任”进行修改，增加一个关于“绩效评价结果报告书”的条款规定，即“实施机构在组织公用事业特许经营项目绩效评价审查时弄虚作假或者滥用职权，造成绩效评价结果严重失实的，对直接负责的主管人员和其他直接责任人员视情节给予记大过、降级、撤职、开除等处分。审查小组的专家在公用事业特许经营项目绩效评价结果报告书的审查中弄虚作假或者有失职行为，造成绩效评价结果严重失实的，由设立专家库的公用事业特许经营主管部门取消其入选专家库的资格并予以公告，终身不得入选因公用事业特许经营事项设立的专家库；公用事业公众监督委员会的代表有上述行为的，予以开除并终身不得申请任何公用事业公众监督委员会委员资格”。其二，对城市污水处理业特许经营绩效评估结果的法律后果给予明确规定。对《特许办法》第五章“监督管理和公共利益保障”进行修改，在43条后增加一个关于“绩效评价结果的法律后果”的条款规定，即“特许经营项目绩效评估结果可作为企业信用评价的依据，具体实施办法由本法所涉及各行业主管部门另行制定”。据此，环境保护行政主管部门可以通过行政规范性文件的形式规定，“城市污水处理业特许经营项目绩效评估结果作为企业环境信用评价的依据，具体参照《企业环境信用评价办法》执行”。

其次，调整城市污水处理业特许经营者承担的规制责任。具体而言，对《水污染防治法》第四章“水污染防治措施”第三节“城镇水污染防治”第44条第4款和《城镇排水与污水处理条例》第28～31条进行修改，将其修改为“城镇污水集中处理设施的运营单位按照国家规定向排污者提供污水处理的有偿服务，收取污水处理费用，保证污水处理设施的正常运营。当城镇污水集中处理设施维护运营单位遇到进水水质和水量发生重大变化可能导致出水水质超标，或者发生影响城镇污水集中处理设施安全运行的突发情况时，应当立即采取应急处理措施，并向城镇排水主管部门、环境保护主管部门报告。城镇排水主管部门或者环境保护主管部门接到报告后，应当及时核查。确属不可归因于城镇污水集中处理设施维护运营单位的情形，应在委托第三方排水监测机构监测和邀请专家、公用事业公众监督委员会会商并向社会公告的基础上，做出豁免相应期间内城镇污水集中处理设施维护运营单位出水水质超标责任的决定”。

5. 通过对法律法规文本、典型案例进行研究并结合实证调研，提出了城市污水处理业特许经营“水价”规制问题的解决机制。

（1）针对定（调）价机制的解决机制，从如下几个角度予以完善。

首先，在取消政府定价、丰富政府指导价的基础上实行“双轨制”。具体而言，对《价格法》第三章“政府的定价行为”第18条进行修改，将其修改为“下列商品和服务价格，政府在必要时可以实行政府指导价……”对《城镇排水与污水处理条例》第四章第33条进行修改，将其修改为“污水处理费应当纳入地方财政预算管理，专项用于城镇污水处理设施的建设、运行和污泥处理处置，不得挪作他用。污水处理费实行政府指导价，鼓励各地方采用激励性定价方法并通过制定具体的实施办法加以落实。污水处理费的收费标准不应低于城镇污水处理设施正常运营的成本。因特殊原因，收取的污水处理费不足以支付城镇污水处理设施正常运营的成本的，地方人民政府给予补贴。污水处理费的收取、使用情况应当向社会公开”。

其次，细化城市污水处理费的征收标准。其一，增加“按质计征”的制度规定。具体而言，对《污水处理费征收使用管理办法》第二章“征收缴库”进行修改，在第10条后增加一个关于“按质计征”的条款规定，即“全面实行差别化污水处理收费。各地环保部门应加大对重污染行业的监管力度。各地应按照环保部门开展的企业环保信用评价等级分档制定收费标准，建立动态调整机制。各地城镇排水主管部门会同财政、物价等根据环保部门每年向社会公布的上一年度企业环保信用评价结果,明确执行差别化收费的企业具体名单、污水处理费加收标准及执行起止时间。差别化收费执行期限为一年,下一年度企业环保信用评价结果达到'黄色'等级以上后,停止执行差别水价。加收的污水处理费由征收单位全部缴入同级财政,不得挪作他用。对超过国家或行业有关污水排入城镇下水道水质标准的排水户,应限期整改,整改期间的污水原则上不得接入污水管网。对于城镇污水处理设施具备相应处理能力的污水,整改期间经城镇排水主管部门批准可以接入,但其排水户应根据超标排放污水中主要污染物情况,加价不低于50%缴纳污水处理费,具体标准由城镇排水主管部门根据实际确定;对于排放进入城镇排水管网的污水水质优于《污水排入城市下水道标准》一级标准的排水户,且在总氮、总磷等主要污染物削减方面取得显著进展的,可以按照一定比例减征污水处理费,减征的费用可用于下一年度排水户缴纳污水处理费的抵扣,具体减征标准由各地城镇排水主管部门确定"。其二,增加关于"再生水用户"污水处理费核定的规定。对《污水处理费征收使用管理办法》第二章"征收缴库"第9条进行修改,将其修改为"单位或个人自建污水处理设施,污水处理后全部回用,或处理后水质符合国家规定的排向自然水体的水质标准,且未向城镇排水与污水处理设施排水的,不缴纳污水处理费;仍向城镇排水与污水处理设施排水的,应当减征污水处理费,具体的减征比例由各地城镇排水主管部门确定"。其三,在城市污水处理服务费的核定中增加有关"进水水质"和"出水水质"的考量。对《城镇排水与污水处理条例》第四章"污水处理"第34条和第35条进行修改,第34条修改为"县级以上地方人民政府环境保护主管部门应当依法对城镇污水处理设施的进水水质和水量以及出水水质和水量进行监督检查。城镇排水主管部门应当对城镇污水处理设施运营情况进行监督和考核,并将监督考核情况向社会公布。有关单位和个人应当予以配合。城镇污水处理设施维护运营单位应当为进出水在线监测系统的安全运行提供保障条件"。第35条修改为"城镇排水主管部门应当根据城镇污水处理设施维护运营单位履行维护运营合同的情况以及环境保护主管部门对城镇污水处理设施进水水质和水量以及出水水质和水量的监督检查结果,核定城镇污水处理设施运营服务费。对于城镇污水集中处理设施'出水水质'不达标的,在结合'进水水质和水量'分清责任的基础上视情节核减城镇污水处理设施运营服务费,并依法对其进行处罚。对于城镇污水集中处理设施'出水水质'优于现行标准并在主要污染物削减上取得显著成绩的给予奖励,具体的奖励标准由各地排水主管部门确定。地方人民政府有关部门应当及时、足额拨付城镇污水处理设施运营服务费"。其四,对《环境监测管理办法》和《城市排水监测工作管理规定》进行修改。建议将排水监测纳入环境监测的范畴中，并将现有环境监测的法律位阶由“部委规章”提升为国务院制定颁布的“行政法规”，制定颁布《环境监测管理条例》，该条例应适应环境监测日趋市场化的趋势，将环境监测机构的性质定位于以自身的专业化服务向社会提供独立、公正、客观的环境监测结果的事业型社会中间层（也就是通常所说的第三方机构），并以“市场准入—企业运营—市场退出”作为整部法律制度对于环境监测机构进行规制的逻辑思路和架构，对于环境监测机构的资质要求、准入方式（特别是将特许经营模式引入到政府有关部门对环境监测机构的选择中来）、日常运营中的行为规则、引致取消法定资质退出市场的法定情节给予清晰明确的规定。

最后，从定（调）价的启动、审查和跟踪评价等程序制度上构建以制衡为主要特色的城市污水处理费定（调）价程序。其一，对定调价的启动环节予以完善。对《政府制定价格行为规则》进行修改，在第6条后增加一个关于“定（调）价标准”的条款规定，即“定（调）价机关应制定定（调）价标准作为定（调）价的基本依据”。对第7条进行修改，将其修改为“定价机关制定价格，应当依法履行价格（成本）调查、定价社会影响篇章或说明的编制、听取社会意见、集体审议、作出制定价格的决定、公告等程序。依法应当开展成本监审、专家论证、价格听证的，按照有关规定执行”。对第11条进行修改，将其修改为“定价机关制定价格，应当委托第三方机构开展价格、成本调查。依法应当开展成本监审的，应当委托第三方机构开展成本监审，具体事项按照成本监审的有关规定执行。第三方机构应当认真履行职能并提供真实、科学的调查和监审结果”。在第25条后新增一个关于“第三方机构责任”的条款，即“第三方机构在提供价格成本调查、监审服务时存在弄虚作假情形的，由价格主管部门取消其资质并给予行政处罚，对具体从事相关业务的工作人员视情节给予行政处分。构成犯罪的，依法追究刑事责任”。在第14条后新增一个“定调价方案公众参与”的条款规定，即“定价机关形成制定价格方案后，应向社会公开征求意见。当公众意见与制定价格方案结论有重大分歧的，应当采取论证会、听证会等形式进一步论证。论证后向定价机关提交的制定价格方案应当附具对公众意见采纳或不采纳情况及其理由的说明”。其二，对定调价的审查程序予以完善。对《政府制定价格行为规则》进行修改，在第14条后新增一个“定调价方案报送审查”的条款规定，即“定价机关形成制定价格方案完成向社会公开征求意见后，在报送审批的制定价格方案中应一并附送社会影响篇章或说明以及公众参与意见”。对第15条第2款进行修改，将其修改为“实行集体审议的方式、人员组成和工作规则，由省级以上定价机关规定。审查小组的专家应从依法设立的专家库中随机抽取，人数不得少于总人数的二分之一。政府定（调）价社会影响篇章编制的专家不得作为审查小组的成员”。其三,对定调价中的价格听证予以完善。对《政府制定价格听证办法》进行修改,将第4条修改为“价格听证应当遵循公开、公平、公正、效率的原则。价格听证以非正式听证为一般情形,以正式听证程序为特殊情形。本法所称的特殊情形,是指定价方案与公众参与意见有严重分歧或定价方案与事实严重不符”。对第25条进行修改,将其修改为“政府价格主管部门应当在听证会举行后15日内将听证笔录、听证报告、听证会视频资料一并提交定价机关”。对第26条进行修改,将其修改为“定价机关作出定价决定时应当充分考虑听证会的意见。定价机关根据听证会的意见,对定价听证方案作出修改后,政府价格主管部门认为有必要的,可以再次举行听证会,或者采取其他方式征求社会意见。政府价格主管部门认为没有必要的,应当将根据听证会意见将修改后的定价方案向社会公开征求意见,并附具听证会视频资料。出现定价方案与公众参与意见有严重分歧或定价方案与事实严重不符等法定情形时,由上一级价格主管部门启动正式听证程序。通过正式听证程序作出的定价决定必须以正式听证程序中当事人知晓并经过辩论的事实证据作为依据”。对第10条第1款进行修改,将其修改为“消费者采取自愿报名、随机选取和组织推荐相结合的方式,其中50%的名额以自愿报名、随机选取的方式产生,另外50%的名额由政府价格主管部门委托消费者组织或者其他群众组织推荐产生。通过消费者组织推荐的消费者名额的产生,应由工作人员在确认信息后,根据价格听证项目要求对申请人员进行分类,在新闻媒体和公证人员的见证下通过电脑摇号随机抽取。具体实施办法由消费者组织制定”。在第7条之前增加一个关于“听证人的产生和组织架构”的条款,即“听证协会是社会团体法人,听证委员会是听证协会的会员,听证协会的章程由全国会员大会制定。听证协会是听证委员会的自律性组织,根据章程对听证委员会及其组成人员、听证员的违纪行为进行监督。听证人由听证当事人各自选定,听证主持人由听证当事人共同选定或由听证委员会主任指定”。对第8条进行修改,将其修改为“听证人履行下列职责:第一,有权决定价格听证程序的开始、结束及继续听证的时间和地点。第二,有权决定是否需要补充证据。第三,为了避免听证程序的延滞,有权禁止当事人发言、维护听证秩序。第四,有权调控价格听证的进程。第五,有权决定是否需要中止、延期或终结听证。第六,有权决定预听证”。对第7条进行修改,增加一个条款作为第3款,即“听证主持人在主持听证中不得以个人偏好来引导听证程序。涉及听证主持人近亲属、配偶的听证,听证主持人应主动申请回避。听证主持人应以书面形式申请回避,申请书中应明确载明申请回避的理由。听证当事人应当在听证开始前的3日内向政府价格主管部门提出听证主持人的回避申请,逾期视为放弃申请回避。政府价格主管部门对于当事人的申请应当及时处理,对于处理结果不服的,当事人可以向上一级价格主管部门提起行政复议”。其四,对于定调价的跟踪评价予以完善。对《政府制定价格听证办法》进行修改,在第四章“法律责任”前新增加一章,即“定调价的跟踪评价”,并增加如下条款:第 1 条,“定价机关作出定价决定并实施后,价格主管部门应当及时组织相关行业主管部门开展定调价的跟踪评价”。第 2 条,“定调价的跟踪评价应当包括下列内容:(一)定调价实施后实际产生的社会影响与社会影响篇章或说明预测可能产生的社会影响之间的比较分析和评估;(二)定调价实施中所产生的预防或者减轻不良社会影响的对策和措施有效性的分析和评估;(三)公众对定调价实施所产生的社会影响的意见;(四)跟踪评价的结论”。第 3 条,“定价机关对定调价社会影响进行跟踪评价,应当采取调查问卷、现场走访、座谈会等形式征求有关单位、专家和公众的意见”。第 4 条,“定调价实施中产生重大不良社会影响的,相关行业主管部门应当及时提出改进措施并报告价格主管部门,价格主管部门应当及时进行核查。经核查属实的,向相关行业主管部门提出采取改进措施的建议”。

(2)针对城市污水处理业特许经营“水价”价格支付的解决机制,从如下几个角度予以完善。

首先,运用多种规制工具堵住城市污水处理费的“漏失”源头。具体而言,对《水法》第七章“法律责任”第 69 条进行修改,将其修改为“有下列行为之一的,由县级以上人民政府水行政主管部门或者流域管理机构依据职权,责令停止违法行为,限期采取补救措施,处二万元以上十万元以下的罚款。对于从事商品经营或营利性服务的法人、其他经济组织或个人的行政处罚,以其上一年度销售额的百分之一以上百分之十以下为准,行政处罚不足二万元的以二万元为最低限;情节严重的,吊销其取水许可证:(一)未经批准擅自取水的;(二)未依照批准的取水许可规定条件取水的”。仿照《企业环境信用评价办法》,引入强制性信用评价,针对企业和个人制定专门的《水资源信用评价办法》,以“总则”“评价指标和等级”“评价信息来源”“评价程序”“评价结果公开与共享”“守信激励和失信惩戒”6 个部分作为整部立法的基本架构。

其次,强化对预算的财政外部监督制度。其一,加强审计机关预算监督。具体而言,对《审计法》第六章“法律责任”第 45 条进行修改,将其修改为“对本级各部门(含直属单位)和下级政府违反预算的行为或者其他违反国家规定的财政收支行为,审计机关、人民政府或者有关主管部门在法定职权范围内,依照法律、行政法规的规定,区别情况采取下列处理措施:(一)责令限期缴纳应当上缴的款项;(二)责令限期退还被侵占的国有资产;(三)责令限期退还违法所得;(四)责令按照国家统一的会计制度的有关规定进行处理;(五)对主管人员和直接责任人员提请本级政府依照相关法律、法规视情节给予记大过、降级、撤职、开除等行政处分;(六)其他处理措施"。对《审计法》第二章"审计机关和审计人员"第7条、第8条、第9条进行修改,将其修改为"全国人大常委会设立审计署,在全国人大常委会委员长的领导下,主管全国的审计工作。审计长是审计署的行政首脑"(第7条)。"省、自治区、直辖市、设区的市、自治州、县、自治县、不设区的市、市辖区的人大常委会的审计机关,分别在人大常委会主任和上一级审计机关的领导下,负责本行政区域内的审计工作"(第8条)。"地方各级审计机关对本级人大常委会和上一级审计机关负责并报告工作,审计业务以上级审计机关领导为主"(第9条)。其二,加强权力机关预算监督。具体而言,对《预算法》第四章"预算编制"第31条进行修改,增加一个关于"行政机关预算编制组织形式"的条款规定作为第3款,即"各级政府及其所属各预算部门均应成立预算编制办公室,在政府负责人和各预算部门负责人的领导下开展工作。预算编制办公室实行公务员和专业技术人员相结合并以专业技术人员为主体的组织形式。各级政府应成立财政预算委员会作为跨部门的财政预算决策协调机构"。对《预算法》第五章"预算审查和批准"第49条进行修改,修改为"全国人民代表大会预算委员会向全国人民代表大会主席团提出关于中央和地方预算草案及中央和地方预算执行情况的审查结果报告。省、自治区、直辖市、设区的市、自治州人民代表大会预算委员会,县、自治县、不设区的市、市辖区人民代表大会常务委员会,向本级人民代表大会主席团提出关于总预算草案及上一年总预算执行情况的审查结果报告"。对《预算法》第九章"监督"进行修改,增加一个关于"预算违法行为责任追究"的条款规定,即"对包括政府财政部门在内的各级政府部门的预算违法行为,由上一级审计机关进行追究。对于各级政府违反预算审查、审批等程序侵犯权力机关职权的预算违法行为,由同级人大及其常委会进行追究,其他预算违法行为由上级政府进行追究。中央政府的预算违法行为由全国人大及其常委会追究。对于主管人员和其他直接责任人员的预算违法行为,由各级人大及其常委会、各级政府等相应的人员任命机关进行追究"。

最后,完善特许经营制度中的政府承诺制度。对《特许办法》第二章"特许经营协议订立"第21条进行修改,将其修改为"政府可以在特许经营协议中就防止不必要的同类竞争性项目建设、必要合理的财政补贴、特许经营项目经费列支财政预算、有关配套公共服务和基础设施的提供等内容作出承诺,但不得承诺固定投资回报和其他法律、行政法规禁止的事项"。此外,进一步提升《特许办法》的法律位阶,最好由国务院出台作为行政法规的《基础设施和公用事业特许经营管理条例》,在“特许经营协议订立”的相关章节中专门增加一个关于“财政转移支付”的条款规定,即“中央和各地方财政部门确定特许经营项目的财政转移支付标准。财政转移支付资金的配套到位是特许经营合同签订的必要条件”。

第二节 本书特色及创新之处

本书以城市污水处理业特许经营的法律制度作为研究对象,采用环境学与法学研究相结合的方法,通过大量的实地调研和问卷调查等多种数据采集方式,综合运用数据调研方法、数据处理与分析方法、实证法学研究方法和规范法学研究方法,分析了西北地区城市污水处理业特许经营项目运营中出现的“水质”“水量”和“水价”问题,并以西北地区为例探讨了国内城市污水处理业特许经营法律制度的完善对策,所获得的结果对于通过特许经营推进污水处理市场化改革以摆脱水污染困扰的中国城市来说,具有重要的理论和实践意义。本书主要有以下特色与创新之处。

1. 采用环境学与法学相结合的交叉学科研究方法。在研究方法上,采用环境学的实地调研、问卷调查和数据分析方法、实证法学研究方法和规范法学研究方法。在研究思路上,首先,通过环境学的方法,深入分析了城市污水处理业存在的环境问题;其次,利用法学研究方法,逐条剖析现有相关法条,建立环境问题和现有法律问题之间的因果关系,提出对应法条的修改意见。

2. 量化了城市污水处理业特许经营项目运营的环境绩效与经济绩效。位于城市主城区的3座采用特许经营模式的污水处理厂综合技术效率值为1.000且不存在松弛变量值,经济绩效较优。位于城市远郊区/县的3座采用特许经营模式的污水处理厂经济绩效较差,其综合技术效率值在0.401~0.995变动且均不同程度地存在松弛变量值,药剂费和维修费偏高是共通性问题,“进水”水质差、水质变化幅度大是两项费用偏高的重要原因。从2013~2015年7座污水处理厂的单位运营成本(万元/吨)来看,采用特许经营模式的污水处理厂按照现有的居民污水处理费征收标准,均无法覆盖污水处理总成本;在环境绩效方面,进水和出水不达标现象还比较普遍。有1座污水处理厂进水中的BOD、COD和总磷3年内均超标。1座污水处理厂进水中的COD、总磷在2014~2015年超标、氨氮在2015年超标、SS在2014年超标。3座污水处理厂的出水中的BOD、总磷和SS在3年内均超标。

3. 获得了完善城市污水处理业特许经营的法律制度有价值的结论。在城市污水处理业特许经营的“水质”规制方面,对现有法律制度提出了16处修改意见。

具体包括对市场准入环节的3处法条修改意见。对企业运营环节的7处法条修改意见和对市场退出环节的6处法条修改意见；在城市污水处理业特许经营的“水量”规制方面，对现有法律制度提出了27处修改意见。具体包括对市场准入环节的19处法条修改意见和对企业运营环节的8处法条修改意见。在城市污水处理业特许经营的“水价”规制方面，对现有法律制度提出了21处修改意见。具体包括对定调价机制的13处修改意见和对价格支付机制的8处修改意见。

第三节 研究展望

1. 由于研究条件所限，本书所选取的采用特许经营模式的污水处理设施均处于西北地区，从全国社会经济发展和公用事业特许经营项目的运营来看，西北地区相对落后。由于缺乏东部经济发达地区采用特许经营模式的污水处理设施的运营数据，使本书无法通过对比研究更为全面和客观地揭示城市污水处理业特许经营项目运营中存在的法律问题，也使法律制度层面相应解决机制的构建失之片面。此外，由于实践中各污水处理厂以涉及商业秘密为由拒绝透露其运营数据，使本书通过实证调研所占有的数据样本量仍然较小，如果能进一步挖掘数据，将会使本书关于采用特许经营模式的城市污水处理设施运营的环境与经济绩效的分析结果更为客观和全面。

2. 城市污水处理业特许经营法律制度高度地体现了法学各分支学科的交叉性，从“水质”规制角度来说，保证采用特许经营模式的城市污水处理设施的“进水”水质，其前提在于对作为源头的排水户排污行为的规制，这种规制不仅会牵涉环境污染第三方治理，还会牵涉排污权交易等多种规制工具的综合使用。从“水价”规制的角度来说，保障采用特许经营模式的城市污水处理设施的正常运营，应该是多种经济规制手段的综合运用（如税收、补贴和押金）。本书限于主题、篇幅以及实证案例的匮乏，未能较为全面地从法律制度层面展开对相关规制工具及其组合运用的探讨，今后随着相关案例的出现和披露，还需要进行更为深入细致的分析。

3. 鉴于环境科学和环境法学高度的实践性学科特征，广泛深入到政府及其所属部门、城市污水处理企业、行业机构和民间组织的实践一线了解现有制度的运行情况，将会更有利于客观、全面地反映城市污水处理业特许经营的实证法律问题，这也是本研究需要进一步加强的地方。

附录A　城市污水处理业特许经营项目运营情况调查问卷(企业版)

尊敬的受访者,您好!

为研究城市污水处理业特许经营项目的运营情况,我们现在开展问卷调查。您填写的信息将对于我们科学研究的结果十分重要,谢谢您的支持和配合!

一、城市污水处理业特许经营项目基本情况

1. 企业名称＿＿＿＿＿＿＿＿＿＿＿＿＿＿＿＿

地址:＿＿＿＿＿＿＿＿＿＿＿＿＿＿＿＿＿＿

成立时间:＿＿＿＿＿＿＿＿＿＿＿＿＿＿＿＿

运营时间:＿＿＿＿＿＿＿＿＿＿＿＿＿＿＿＿

基本建设投资(万元):＿＿＿＿＿＿＿＿＿＿＿

设计能力(万吨/日):＿＿＿＿＿＿＿＿＿＿＿

2. 企业性质(　　)

A. 国有企业　　B. 集体企业

C. 股份合作企业　　D. 公司

E. 事业单位　　F. 其他

3. 隶属单位(　　)

A. 环保局　　B. 水利局

C. 公用事业局　　D. 建委

E. 市政局　　F. 其他

4. 投资主体及比例(　　)

A. 国家　　B. 地方政府

C. 私人投资　　D. 外商投资

E. 其他

5. 建设资金来源及比例(　　)

A. 国内借款________　　　　B. 地方政府自筹________

C. 国外贷款________　　　　D. 社会集资________

E. 国家财政拨款________　　　　F. 其他________

6. 运行资金来源渠道________________________。

7. 管理方式(　　)

A. 官办官营　　　　B. 官办半民营

C. 官办民营　　　　D. 公私合营

E. 私办私营

8. 管网经营权属于____________________。

9. 采用的工艺是____________________。

10. 污水处理程度为____________________。

二、城市污水处理业特许经营项目的市场准入环节

1. 贵企业获得特许经营权是否通过招投标或其他竞争性准入程序?

2. 政府有关部门设置的招投标或其他竞争性准入程序是否公平?

三、城市污水处理业特许经营项目的企业运营环节

<table>
<tr><td colspan="7">污水处理厂年投入情况</td><td></td></tr>
<tr><td>填表单位</td><td></td><td>填表人</td><td></td><td>联系方式</td><td colspan="2"></td><td></td></tr>
<tr><td rowspan="2">年份</td><td colspan="2">动力费(万元)</td><td colspan="2">药剂费(万元)</td><td colspan="2">工资及福利(元)</td><td rowspan="2">维修费用(万元)</td></tr>
<tr><td>单位电费(元/kwh)</td><td>用电量(kw)</td><td>单位平均药剂费</td><td>用量(kg)</td><td>职工人数</td><td>月平均工资(元)</td></tr>
<tr><td>2013</td><td></td><td></td><td></td><td></td><td></td><td></td><td></td></tr>
<tr><td>2014</td><td></td><td></td><td></td><td></td><td></td><td></td><td></td></tr>
<tr><td>2015</td><td></td><td></td><td></td><td></td><td></td><td></td><td></td></tr>
<tr><td rowspan="2">年份</td><td colspan="2">财务费用(万元)</td><td rowspan="2">销售税金及附加(万元)</td><td rowspan="2">其他(万元)</td><td rowspan="2">折旧及摊销费</td><td rowspan="2">管理费用(万元)</td><td rowspan="2"></td></tr>
<tr><td>长期借款利息</td><td>流动资金利息</td></tr>
<tr><td>2013</td><td></td><td></td><td></td><td></td><td></td><td></td><td></td></tr>
<tr><td>2014</td><td></td><td></td><td></td><td></td><td></td><td></td><td></td></tr>
<tr><td>2015</td><td></td><td></td><td></td><td></td><td></td><td></td><td></td></tr>
</table>

污水处理费征收使用情况年报表

<table>
<tr><td>填表单位</td><td colspan="6"></td><td>填表人</td><td colspan="7"></td><td>联系电话</td><td colspan="3"></td></tr>
<tr><td rowspan="3">年份
月份</td><td colspan="5">标准执行情况</td><td rowspan="3">代收单位</td><td colspan="5">应征收情况</td><td colspan="5">实际征收情况</td><td rowspan="2">收费率</td><td rowspan="3">备注</td></tr>
<tr><td colspan="5">收费标准(元/吨)</td><td colspan="5">(月)应收额</td><td colspan="5">(月)收费额(万元)</td></tr>
<tr><td>综合</td><td>居民</td><td>工业</td><td>商业</td><td>其他</td><td>合计</td><td>居民</td><td>工业</td><td>商业</td><td>其他</td><td>合计</td><td>居民</td><td>工业</td><td>商业</td><td>其他</td><td>(%)</td></tr>
<tr><td>2013</td><td></td><td></td><td></td><td></td><td></td><td></td><td></td><td></td><td></td><td></td><td></td><td></td><td></td><td></td><td></td><td></td><td></td><td></td></tr>
<tr><td>2014</td><td></td><td></td><td></td><td></td><td></td><td></td><td></td><td></td><td></td><td></td><td></td><td></td><td></td><td></td><td></td><td></td><td></td><td></td></tr>
<tr><td>2015</td><td></td><td></td><td></td><td></td><td></td><td></td><td></td><td></td><td></td><td></td><td></td><td></td><td></td><td></td><td></td><td></td><td></td><td></td></tr>
</table>

污水处理厂产出情况

项目	年运行天数(天)	年处理污水量(万吨)	年中水回用量(万吨)	年中水回用收入(万元)	年其他收入(万元)	COD 削减量(吨)	氨氮削减量(吨)	总磷削减量(吨)	污泥排放量(吨)
2013									
2014									
2015									

四、城市污水处理业特许经营项目的市场退出环节

1. 临时接管程序的启动是否侵害到企业的合法权益？

2. 临时接管程序的启动对企业带来什么影响？

附录B　城市污水处理业特许经营项目运营情况调查问卷(政府版)

尊敬的受访者,您好!

为研究城市污水处理业特许经营项目的运营情况,我们现在开展问卷调查。您填写的信息将对于我们科学研究的结果十分重要,谢谢您的支持和配合!

一、政府有关部门对城市污水处理业特许经营项目监管的基本情况

1. 本部门所辖区域污水处理业特许经营项目的分布和建设运营的总体情况。

2. 该部门对所辖区域污水处理业特许经营项目监管的总体情况(资金、人员、监管计划及其落实)。

二、城市污水处理业特许经营项目的市场准入环节

1. 本部门所在区域在“市场准入”环节对于特许经营者的选择方式。

2. 本部门是否参与了所在区域特许经营者的招投标或其他竞争性准入程序?若参与,请介绍程序的具体运行情况。

三、城市污水处理业特许经营项目的企业运营环节

1. 本部门对于特许经营项目在日常运营中的水质监管计划及实施情况。

2. 本部门对于特许经营项目在日常运营中的水量监

管计划及实施情况。

3. 本部门对于特许经营项目的水价核定标准及程序。

4. 本部门对于特许经营项目的绩效评估方式及程序。

四、城市污水处理业特许经营项目的市场退出环节

1. 本部门是否参与了临时接管程序的启动？若参与，请介绍具体的程序运行。

2. 本部门是否参与组建了临时接管机构？若参与，请介绍临时接管机构的组成及其权限。

与本书相关的课题研究及学术论文发表情况

一、课题研究

[1]2015 年度中国法学会部级法学研究课题:公私合作背景下城市污水再生利用法律问题研究[CLS(2015)C60](成员性质:项目负责人)

[2]2015 年度陕西省社科界重大理论与现实问题研究项目:公私合作背景下陕西省再生水利用法律促进机制研究(2015Z020)(成员性质:项目负责人)

[3]2015 年度西安市社会科学规划基金项目:公私合作背景下西安市再生水利用法律促进机制研究(15F17)(成员性质:项目负责人)

[4]2013 年度陕西省社科界重大理论与现实问题研究项目:基于生态文明的陕西污水处理业特许经营法律制度研究(2013Z035)(成员性质:项目负责人)

[5]2013 年度陕西省教育厅科研项目:陕西省公用事业公私合作法律促进制研究(2013JK0091)(成员性质:项目负责人)

[6]深圳市哲学社会科学"十二五"规划课题:深圳市政公用事业特许经营法律制度研究(125C055)(成员性质:项目负责人)

二、论文发表

[1]薛亮、邱国玉:《完善我国城市污水处理收费制度初探》,载《价格理论与实践》2016 年第 10 期。

[2]薛亮:《公私合作背景下城市污水再生利用法律问题研究——以西北地区若干城市污水处理设施的运营为分析样本》,载《兰州学刊》2016 年第 6 期。

[3]薛亮:《台湾公营事业民营化对大陆公用事业市场化改革的启示——以水务业为视角》,载《兰州学刊》2015 年第 6 期。

[4]薛亮:《城市水务业市场化改革法制建设的历史演进及启示》,载《国家行政学院学报》2014 年第 4 期。

[5]薛亮:《特许经营背景下污水处理企业履行环境义务的法律问题与解决对策——以 X 省 Y 市的实证调研为视角》,载《兰州学刊》2014 年第 4 期。

[6]薛亮:《中国城市水务法研究述评》,载《兰州大学学报》(社会科学版)2014 年第 2 期。

[7]薛亮:《中国西部城市公用事业特许经营立法研究——以水务业为视角》,载《环境科学与管理》2014 年第 1 期。

[8]薛亮:《中国城市水务业特许经营法律制度研究》,载《中国环境管理干部学院学报》2014 年第 1 期。

[9]薛亮、邱国玉:《快速城市化进程中的西安水资源与水环境问题》,载《北方环境》2013 年第 9 期。

[10]薛亮:《"去城市看海"的法学思考》,载《兰州学刊》2012 年第 2 期。

三、合著

金自宁、薛亮:《环境与能源法学》,科学出版社 2014 年版。

四、国际会议或研修

[1]2012 年赴新加坡国立大学参加 SPORE 水务行政培训并获得合格证书。

[2]2013 年赴中国台湾地区中正大学参加两岸公刑法博士论坛并作学术报告。

后　记

在这个桃红柳绿、万物复苏的春天，我终于迎来了自己专著的出版，好似怀胎十月一朝分娩的母亲看待着自己呱呱坠地的婴儿，心中满满地都是激动……

回想起6年前踏入燕园参加博士研究生入学考试，当我坐在洒满阳光的教室里提笔答题时，心中不免有一丝不安和惶恐，我能进入这座中国最高学府吗？我能在这里实现自己学术深造的追求吗？幸运的是，燕园接纳了我。当我见到我的导师邱国玉教授时，原来一切的不安和惶恐统统化为乌有。为什么呢？因为邱老师的微笑。从他的微笑中，我读到了笃定、坚毅、沉静与平和……

我的整个博士培养过程是在南国燕园（北京大学深圳研究生院）完成的，那里有蓝天、白云、镜湖和缅栀，在这样的环境里读书深造应该是再惬意不过的了。然而，作为一名本科和硕士都是法学专业背景，且在职攻读环境科学专业博士学位的学生而言，跨专业、跨学科的艰辛常常使我迷茫、彷徨甚至痛苦。宿舍后院的大沙河边、缅栀树下，都留下过我辗转徘徊的足迹。我该如何在学科交叉中寻求有价值的"科学问题"？这个问题久久地萦绕在脑际常常使我夜不能寐。让我仿佛在漫漫黑夜中找到的第一丝亮光的是邱老师的城市水文与水资源课程，通过课堂研讨，让我第一次对城市水务产生了浓厚的兴趣，让我深深钦佩的是邱老师独特的指导学生的方式。当他发现我的兴趣点后即带我参加了在新加坡举办的为期半个月的"新加坡国立大学—北京大学—牛津大学"（SPORE 项目）水务行政培训。通过培训，让我从比较的视野，对城市水务尤其是城市污水处理有了更进一步的认识。此后,在邱老师办公室几乎每半个月一次的研讨,让我不断厘清思路、凝练选题范围,并指引着我沿着正确的方向将激情燃烧的学术热情与严谨冷静的理性思考有机结合。特别是在博士学位论文的撰写阶段,从论文的选题设计、研究方法、数据的调研和分析到论文的撰写,每一个环节都得到了老师的大力帮助。邱老师开阔的学术视野、严谨认真的治学态度和富于远见的真知灼见,深深地影响着我,成为我今后学习和工作的榜样。尤其需要感谢的是,作为一名跨专业、跨学科攻读博士学位的学生,邱老师对我的指导为我打开了学术研究的另外一扇大门。在这里,我仿佛发现了一座熠熠发光的"金矿",正是这种跨专业、跨学科的熏陶和训练,给予了我很多原来不敢奢望的知识,在此,我要向邱老师表示我深深的感激!

我还要感谢我的副导师金自宁教授。在与金老师合作撰写《环境与能源法学》一书中,除了知识、逻辑思路和科研能力之外,金老师严谨治学、一丝不苟的科学精神和态度同样让我深深折服!此外,正因为有了同样本行从事法学专业研究的金老师指点迷津,使我能够摆脱跨专业、跨学科的困扰不断找准方向克服困难!让我难忘的,还有燕园那些曾经在我博士学业的综合考试、开题报告和预答辩环节给予我指导和帮助的栾胜基教授、马晓明教授、秦华鹏教授、陶虎春副教授、徐期勇副教授等。对于老师们无私的指点和帮助,学生永远铭记于心!

本书在实证调研中,还得到了西安市环保局张炳淳副局长、西安水务集团周文汉副总经理、西安市污水监测中心赵颖主任、西安清远再生水公司袁洛薇经理、兰州市污水监测中心鲁主任等的大力支持和帮助,在此向他们表示深深的感谢!

作为一名高等院校在职攻读博士学位的教师,我要深深感谢我的恩师和领导——强力教授和义海忠教授,有了他们奖掖后学、提携后辈的无私关心和帮助,才会让我有安心学习的环境和时间,谢谢二位老师!还要感谢我的硕士学位研究生导师王瀚教授和师母黄静副研究员,感谢他们在我求学道路上对我的关心和帮助!此外,西北政法大学樊林波副教授、冯颖博士等都给予了本书以大力支持!在此一并向他们表示衷心的感谢!

还要感谢实验室张清涛博士、李林军博士,以及王枫、黄水平、邹振东、王蓓等同门师兄姐弟妹,感谢你们一直以来对我的关心和帮助!也真诚感谢学院行政周姝老师、赵苑老师、张善发老师的帮助!感谢同宿舍的胡治晋博士、张乐陶博士,你们的陪伴始终是我博士求学生活中的一抹亮色。

本书进入出版程度并最终付梓要深深感谢法律出版社财经分社沈小英社长和刘晓萌编辑,是她们严谨认真和辛勤的工作才使本书能在尽可能短的时间内与读者见面!

最后,要感谢我亲爱的父亲和母亲一直以来给予我持续不断的爱、鼓励和支持,是二老始终不渝的帮助和扶持,才让我在求学的道路上一直坚持到今天！对于二老的恩情,我唯有以更加孜孜以求的勤奋和努力予以报答！感谢我的妻子为我分担了照料家庭和女儿的重担,让我能够全身心地投入研究工作！谢谢女儿涵涵,你的天真烂漫和笑意盎然始终是爸爸克服困难奋力前行的不竭动力和源泉！感谢我的其他家人、亲戚与好友,感谢你们对我的支持和帮助！

薛 亮

2017 年 3 月 29 日

图书在版编目(CIP)数据

城市污水处理业特许经营法律制度研究 / 薛亮著. --北京:法律出版社,2017
ISBN 978-7-5197-1715-5

Ⅰ.①城… Ⅱ.①薛… Ⅲ.①城市污水处理-污水处理厂-特许经营-经济法-研究-西北地区 Ⅳ.①D927.402.294.4

中国版本图书馆 CIP 数据核字(2017)第293612号

城市污水处理业特许经营法律制度研究
CHENGSHI WUSHUI CHULIYE TEXU JINGYING FALÜ ZHIDU YANJIU

薛 亮 著

策划编辑 沈小英
责任编辑 沈小英 刘晓萌
装帧设计 贾丹丹

出版 法律出版社
总发行 中国法律图书有限公司
经销 新华书店
印刷 北京京华虎彩印刷有限公司
责任校对 晁明慧
责任印制 吕亚莉

编辑统筹 财经出版分社
开本 720毫米×960毫米 1/16
印张 15.75
字数 263千
版本 2017年11月第1版
印次 2017年11月第1次印刷

法律出版社/北京市丰台区莲花池西里7号(100073)
网址/www.lawpress.com.cn
投稿邮箱/info@lawpress.com.cn
举报维权邮箱/jbwq@lawpress.com.cn
销售热线/010-63939792
咨询电话/010-63939796

中国法律图书有限公司/北京市丰台区莲花池西里7号(100073)
全国各地中法图分、子公司销售电话:
统一销售客服/400-660-6393
第一法律书店/010-63939781/9782 西安分公司/029-85330678 重庆分公司/023-67453036
上海分公司/021-62071639/1636 深圳分公司/0755-83072995

书号:ISBN 978-7-5197-1715-5 **定价**:50.00元
(如有缺页或倒装,中国法律图书有限公司负责退换)